교육통계 연구방법론

이광현

스토리텔링-쉽게 이야기로 풀어서 설명한
교육연구방법 Guide Book

박영
story

머리말

 학부와 대학원 수업을 하면서 이러한 학생들의 현실적 목적을 도와주기 위해서 가능한 한 쉽게 교육연구방법론을 강의하려고 노력해왔다. 이 책의 부제가 보여주듯이 말 그대로 강의해온 내용을 스토리텔링방식으로 이야기하듯이 정리해서 책으로 만들어보았다.

 교육연구방법 일반과 통계연구방법에 대해서 가능한 한 더 쉽게 강의를 해서 학부 4학년생들과 교육대학원에서 연구하는 현장 교사들과 일반 교육연구자들이 논문을 작성하는 데 있어서 불편함이 없게 하는 것이 이 책의 목적이다.

 그리고 통계분석을 수행해서 작성된 등재지 등의 학술논문을 읽을 때 통계분석결과 표를 이해하고 해석할 수 있게 도와주고자 하는 목적도 있다. 따라서 연구방법에 대한 전반적인 감을 잡을 수 있도록 그리고 어려운 수식이나 확률분포이야기 등은 생략하고 통계표를 읽고 해석하는 법을 익히도록 연구방법과 통계방법을 다소간 주입식/암기식으로 설명하였다.

 물론 수업 시간에 좀 더 효과적으로 강의를 진행하고자 하는 이유에서도 이 책을 작성하게 되었다. 가능하면 학생들과 함께 연구를 어떻게 하면 더 좋을지 이야기하기 위한 책이다. 따라서 책 중간에 '수업시간에 토론해보자'는 서술도 있으며, 간단한 퀴즈도 몇 개 있다. 당연히 이 책을 읽고 함께 수업시간에 논의를 할 내용들이다. 필자의 경험상 책 내용이 너무 많으면 끝까지 잘 읽지 않게 된다. 그래서 가급적 분량을 줄이려고 노력했다.

 '교육통계연구방법론'을 어려운 출판여건 속에서도 출간해준 피와이메이트에 진심으로 감사드린다.

2023년 3월 이광현

목
차

IV. 과학적 연구를 위한 노력들

V. 설문조사지 만들기

VI. 설문실시, 자료입력, 변수의 유형

VII. 변수 유형에 따른 통계분석방법 정리

Ⅷ. 숫자와 통계, 기술통계의 중요성과 한계

Ⅸ. 중다회귀분석을 위한 잔기술

X. 실험연구 디자인과 분석

XI. 마무리

I. 서문

1. 우리가 연구하는 목적

1 우리가 연구하는 목적

목적론적 사고는 우리가 현대사회에서 간혹 간과하는 사고방식이다. 세상이 워낙 시장경제의 큰 물결 속에서 움직이고 있기에 세상 일에 대해서 그 일의 진정한 목적과 의미 대신에 재정적 혹은 경제적 가치만을 우선시하기도 한다. 아마 연구분야도 그럴지 모르겠다.

예를 들어 한 제약회사의 재정적 지원을 받은 연구자는 해당 약품의 효과를 입증하기 위해서 많은 노력을 기울인다. 담배회사의 펀드를 받은 연구팀은 담배가 암과 상관이 없다는 연구결과를 산출하기 위해서 다각도로 연구를 수행한다. 또한, 커피산업과 연관된 연구는 커피의 긍정적 효과에 대한 연구결과를 제시하기 위해 노력한다.

최근에는 대학 사회도 연구결과의 숫자에 집착하여 많은 연구물을 산출하기 위해서 부단한 노력을 기울인다. 대학 평가나 교수의 승진업적평가 기준이 얼마나 많은 논문을 산출했는가이기 때문일 것이다. 그러한 기준은 연구자에게 압박으로 작용하게 되며 여러 부작용이 야기된다. 예를 들어, 얼마 전 모 장관의 자녀가 포함된 연구팀이 표절로 인해서 논문이 취소되기도 하였고 과거 어느 대학 교수는 데이터를 조작하여 사회적 물의를 일으키기도 하였다.

그러나 이러한 부정적인 상황이 발생하는 속에서도 좀 더 정교하고 훌륭한 연구를 하기 위해서 많은 연구자들이 부단히 노력을 하고 있다. 우리는 연구를 한다는 것이 어떠한 의미를 지니는지, 어떠한 목적을 지니는지에 대해서 늘 고민해 볼 필요가 있다.

그런 목적론적 사고와 관련해서는 아리스토텔레스가 제시한, "매우 훌륭한 플루트를 누구에게 주어야 할지를 정할 때 재력가도 아닌, 혹은 정치가도 아닌 최고의 연주자에게 주어야 한다. 그 기준은 플루트의 존재의 의미와 목적을 구현하기 위한 것"이라는 언급을 한번 되새겨 볼 필요가 있다[1].

유아교육이나, 초중등교육, 그리고 교육행정과 교육정책의 발전을 위해서 '사용가치'가 높은 논문을 작성하는 것이 필요한데 현실은 단순히 '교환가치'(승진을 위한 제출용, 업적평가용)를 위주로 한 논문을 작성하고 있는 것은 아닌지를 늘 고민해보게 된다. 사실을 고백하자면 필자도 이러한 교환가치를 위한 논문작성에서 자유롭지 않은 상황이긴 하다.

사회과학의 한 분야인 교육학 연구자들은 새로운 교육방법이나 교수법의 효과성, 교

---

1 아리스토텔레스. 정치학. 마이클 센델의 정의란 무엇인가에서 강조되고 있다.

사나 학생의 교육에 도움이 되는 다양한 (사회학적, 심리학적, 행정학적) 방안들을 발견하고 교육을 발전시키기 위해서 관련 연구를 부단히 진행한다.

새로운 발견은 관련 교육정책 발전과 학교현장 발전에 도움이 될 것이다. 따라서 가능하면 새로운 연구를 수행하여 교육발전에 도움을 주는 것을 연구의 목적으로 삼으면 바람직하지 않을까 싶다. 그럼에도 불구하고 일단 4학년 학부생이나 교육 대학원생들의 경우 눈앞에 논문을 작성해서 졸업을 해야 하는 현실이 있다. 그렇기에 일단 연구의 목적은 졸업 혹은 학위 취득이며 이 목적 역시 완전히 무시될 수는 없을 것이다.

Ⅱ. 퀴즈풀기

이 책은 논문 쓰기 위한 방법, 그리고 양적 연구방법에 대한 개괄적 이해를 통해서 학부 4학년생이나 교육대학원 석사과정 학생들이 통계분석 논문을 읽을 때 분석결과를 해석하고 이해할 수 있는 기초적인 감을 잡는 데 도움을 주기 위해서 쓰여졌다.

먼저 간략하게 양적 연구와 관련된 정의를 살펴보고 통계데이터의 유형에 대해서 간략한 이야기를 나눠보고자 한다. 그리고 마지막에 제시된 퀴즈를 각자 천천히 풀어보자.

① 통계연구방법의 정의

양적연구 혹은 통계연구방법은 프로그램이나 정책이나 새로 개발한 제품 등의 효과를 분석하기 위한 과학적 방법이다. 새로운 교수법을 개발했는데 그 교수법이 기존 교수법보다 효과가 있는지, 정부의 교육정책의 도입이 해당 효과를 가져왔는지를 (주로) 대규모 데이터의 분석을 통해서 과학적으로 입증하는 방법론이다.

② 통계데이터의 두 유형과 실험연구의 윤리적 문제

통계데이터는 여러 유형으로 구분된다. 시간적인 측면에서 종단데이터인지, 횡단데이터인지로 구분이 될 수 있으며, 실험을 통해서 얻어진 데이터인지, 비실험데이터인지로도 구분이 된다. 실험데이터를 종단 혹은 횡단데이터로 재 구분하는 것도 가능하다. 일단 인과관계 분석과 관련해서 살펴보면 통계 데이터는 크게 실험데이터와 비실험데이터로 구분해서 살펴보는 것이 중요하다.

실험데이터는 이공계열, 의학계열, 심리학 등의 학문분과에서 제반 요인을 통제하는 실험을 통해서 효과를 검증하고 입증하기 위해서 얻어진 데이터이다. 실험을 통해서 확보하지 못한, 즉 현실 속에서 일반적으로 주어진 데이터는 모두 비실험데이터로 구분된다. 비실험데이터는 대부분 일반적인 조사 데이터가 그에 해당된다. 교육분야의 예를 들자면 사교육비 조사 데이터, 국가수준 학업성취도 데이터, 교육개발원의 교육통계조사 데이터 등 대부분의 데이터가 비실험데이터에 속한다.

실험데이터는 인과관계 분석에서 매우 정확한 결론을 도출해내는 데 있어서 (실험설계가 적절히 잘 되어있다는 조건 하에서) 최적화된 데이터로 볼 수 있다. 자연계열에서 신 비료를 개발하고 식물 성장에 주는 효과를 검증해야 하는 사례를 들어보자.

동일한 식물품종의 씨앗을 가지고 토양, 기후 상태를 동일하게 만들어주고 한 비닐하우스에는 구 비료를, 다른 비닐하우스에서는 새로 개발한 신 비료를 이용해서 식물품종의 발육상태의 데이터를 수집해서 비교할 수 있다. 그러한 실험조건 하에서 얻어진 데이터를 이용해서 신 비료가 과연 구 비료보다 식물의 성장을 더욱 촉진하는지를 분석해서 신 비료의 성공 여부를 판단할 수 있을 것이다. 이 때 t-test로 일컫는 단순한 평균 비교만 하면 된다.

다른 변수들, 즉 식물의 성장에 영향을 주는 여타 요인들은 신 비료나 구 비료를 사용했다는 사실 외에는 동일하게 통제가 된 상태이기 때문이다. 이처럼 실험을 통해서 얻어진 실험 데이터는 인과관계 분석, 즉 우리가 알고 싶은 요인, 신 비료의 효과 등을 검증하는데 있어서 매우 유효한 데이터로 볼 수 있다.

교육학 연구에서도 새로 개발된 교수법의 효과, 혹은 교육정책의 효과를 검증하기 위해 실험데이터를 확보하는 경우가 있다. 그러나 교육학 분야 중에서 교육행정이나 교육정책 영역에서 실험데이터 확보는 예산이 많이 소요되며 실제로 실험하기에 어려운 조건이 존재한다. 특히 인간(학생)을 대상으로 하는 실험은 윤리적인 문제도 제기된다. 과거 미국에서 80년대에 시행된 학급규모 효과 연구인 STAR 프로젝트의 경우에는 상당히 많은 예산이 소요된 실험연구로 일컬어진다. 그러나 세부적인 정교함은 다소간 부족하기도 했다. 일부 학생들은 전학을 가기도 했으며, 교사를 정말 무작위로(Randomly) 골고루 교사역량을 고려해서 배치하기에는 어려움이 존재했다. 만약 21세기 현재 학급규모 효과를 실험한다고 하면 과대학급이나 과소학급에 배정된 학생의 부모들이 불만을 제기할 것이다.

궁극적으로 이러한 실험이 윤리적으로 옳은지에 대해(학생과 학부모들로부터 동의를 구했다 할지라도) 심각하게 생각해볼 필요가 있다. 학급규모 효과를 확인하기 위해서 학생들의 한번 뿐인 인생의 학창시절을 과대학급에서 보내게 하거나 소규모 학급에서 보내게 하는 것이 비록 무작위로 배치한다고 해도 정말 문제가 없는 것인지는 쉽게 장담할 수 없을 것이다. 학생들의 인생이 무작위로 결정되어서는 안되지 않겠는가.

학급규모 효과 실험을 시행한 80년대의 미국보다는 아마도 21세기 현재의 한국사회가 연구윤리에 더 민감하지 않을까 싶다. 따라서 교육행정이나 교육정책과 관련한 양적 연구분석 데이터는 실험을 통해서 확보하기가 어려우며 대부분 비실험데이터인 경우가 많다고 볼 수 있다.

물론 우리는 여전히 고교학점제 시범학교 운영 등을 통해서 학생들을 실험대상으로 삼고 있다. 그러나 실험학교가 아니라 시범학교라는 용어를 사용함으로서 별다른 문제가 없다고 '오인'하고 있는 것은 아닌지 돌이켜 볼 필요가 있다.

③ 퀴즈 풀기 ●

비실험 조사데이터는 여러 요인들을 제어하지 않은 데이터이기 때문에 교육정책의 효과 혹은 교육프로그램의 인과적 효과를 검증하는 데에는 한계가 있다. 이러한 한계를 극복하기 위해서 인과분석을 위한 통계 모형이 개발되어왔다. 대표적인 모델이 다중회귀분석이다. 그리고 더 고급화된 IV 모델, 종단데이터 분석모델(Fixed effect model 등)들이 개발되어 왔다. 이러한 고급화된 통계분석 모델은 이 책에서는 다루지 않는다.

이 책에서는 기본적인 연구의 개념과 변수 유형에 따른 추론통계모형들, 그리고 중다회귀분석에 대한 개괄적 이해를 위한 설명만 하도록 한다. 수리적 공식이나 확률분포 등의 머리가 아플 내용은 제외했다.

우리는 늘 조심스럽게 인과관계를 해석해야 한다. 왜 조심스러울 필요가 있는지를 함께 고민해보기 위해서 먼저 퀴즈를 내고자 한다. 퀴즈의 정답은 이 책, 교육통계연구방법론 강의의 맨 마지막 XI장에서 제시하고자 한다(XI장에서 제시되는 아래 퀴즈의 답을 이 책 중간부분을 미리 건네 뛰고 먼저 읽지 말 것을 당부하고자 한다).

○ 맥도날드의 매주 수요일 매출 증가의 원인은?

미시간 주립대학교의 경제학과 건물의 위치는 맥도날드와 길 건너편 남쪽에 자리잡고 있다. 그런데 희한하게도 맥도날드의 수요일 점심시간 대의 매출량은 다른 요일보다 더 많은 것으로 나타나서 점장은 늘 의아하게 생각하고 있었다. 월화수목 모두 수업이 12시에 끝나는 경우 학생들이 우루루 몰려나와서 북쪽에 바로 인접한 도로 건너편의 맥도날드와 그 근처의 식당으로 식사하기 위해서 걸어나가는데 하필이면 왜 수요일만 매출량이 더 높게 나타나는 것일까?

원인을 찾기 위해서 데이터를 조사, 수집하는 것이 필요하다. 그리고 중다회귀분석을 통해서 수요일 점심시간 대의 매출량 증가의 원인을 찾고자 한다. 어떤 데이터를 수집 조사해야할 것인가? 연구자는 수업시간의 구체적인 요일별 수강학생 수, 수업과목의 계열종류, 요일별 수강학생의 성별 비율, 인종별 학생 수 비율 등등을 수집하였다. 또 수집할 데이터가 있을까? 과연 수요일 점심시간에 맥도날드 매장의 판매량이 다른 요일 점심시간보다 증가하는 이유는 무엇일까?

⌕ 90년대 미국 범죄율 하락의 원인은?

미국의 범죄율은 90년대에 급작스럽게 감소하기 시작하였다. 그 원인에 대해서 몇 가지 원인 분석이 이루어진 바가 있다. 학계에서 분석한 범죄율 감소의 원인들은 다음과 같다.

> 경제상황의 호전
> 치안 정책의 혁신
> 경찰관 수의 증가
> 강력한 총기규제 정책
> 마약시장의 변화

마지막으로는 고령화 현상도 언급이 되었다. 즉 마피아 등 폭력배들이 나이가 들어서 범죄활동을 줄였다는 것이다. 그러나 이들 원인 외에 가장 중요한 원인이 존재한다. 가장 결정적인 원인은 무엇일까?

⌕ 학교결석률 감소를 위한 교육정책 방안은?

케냐에서 초등학교 학생들의 심각한 결석률을 줄이기 위해서 고민하던 중 학급당 학생 수 감축을 추진하였다. 당시 여러 물질적 지원(교과서 지원, 플립차트 등 지원)도 이루어졌는데 그다지 교육적 효과가 없었다. 그래서 과감하게 기존 지원보다 재정적으로 보면 훨씬 파격적인 지원으로 볼 수 있는 교사 수를 늘려서 학급당 학생 수를 축소하면 결석률 감소 효과가 나타날 것으로 판단하고 교사 수를 증가시켰다. 교사 수를 증가시키기 위해서는 교사 인건비가 상당히 투입된다. 교과서 무상지원과는 비교할 수 없을 정도의 많은 교육재정투입이 이루어진 셈이다. 그래도 과감하게 학급당 학생 수를 소규모로 만들었다.

그러나 교사 채용을 늘려서 학급당 학생 수를 과감하게 축소했음에도 불구하고 안타깝게도 초등학생들의 결석률이 감소하지를 않았다. 그런데 이후에 어떤 한 방책으로 결석률이 크게 감소하였다.

어떤 방책이 결석률을 크게 감소시켰을 것인가? 종단연구결과 그 방책으로 인해서 해당 학교 학생들은 10년이 지난 후에 당시에 지원을 받지 않은 학생들보다 소득이 20%나 더 높게 나왔다고 한다.

이 방책은 도대체 무엇일까?

Ⅲ. 논문 작성을 위한 한걸음 그리고 또 한걸음

연구자들은 책을 쓰기 위해서도 연구방법을 공부하기도 한다. 하지만 일반적으로 저서를 집필하는 경우는 좀 더 고전적인 연구방법인 문헌연구 방법을 취한다. 역사학자나 인류학자는 역사적 인류학적 현장의 탐방을 통해서 현장조사 연구를 하기도 한다. 최근에는 과학기술의 발전으로 탄소연대측정법 등을 이용해서 좀 더 정밀한 연구를 하기도 하지만 아무래도 역사학에서는 문헌연구가 중요할 것이다.

일단 교육연구방법론이라는 측면에서 사회과학 연구방법의 일환으로 교육연구법에 대한 이야기를 시작하도록 한다. 그중 논문을 좀 더 효과적으로 작성하기 위한 방법부터 이야기하고자 한다.

① 논문 작성을 위한 첫 단계: 연구주제 정하기 ●

언급한 바대로 연구방법을 공부하는 것의 주요 목적은 논문을 작성하기 위한 것이다. 논문 작성에서 가장 중요한 건 연구방법에 앞서서 먼저 연구주제 선정이다. 간혹 대학원생 동기들이나 선후배들은 서로 안부인사로 다음과 같이 물어본다.

"(논문)연구주제 정하셨어요?"

필자도 석박사과정에 있을 때 동료학생들을 만나면 기본적인 인사인 잘 지내느냐와 더불어 붕어빵의 앙금처럼(앙금없는 붕어빵은 붕어빵이 아니듯이) 논문 주제 정했느냐를 물어보곤 했다. 잘 지내느냐가 붕어빵의 겉살인 빵에 해당하는 부분이라면 논문 주제는 붕어빵 속에 들어가는 앙금, 혹은 단팥으로 봐도 될 정도로 중요한 사안인 셈이다. 석박사과정생에게는 최고의 관심사는 논문주제 정하기일 것이다.

연구주제를 정하기만 하면 '시작이 반이다'라는 말이 딱 들어맞는다. 상당 부분 석사 혹은 박사학위 수여를 위한 여정에 큰 걸음을 내딛는 셈이다. 교수들도 사적으로 만나면 요즘 어떤 논문을 쓰고 있냐는 질문을 주고 받기도 하는데 주제가 정해지면 논문 작성에서 절반의 걸음을 성큼 내딛는 것과 같다.

⚲ 고려해야 할 연구주제의 삼위 일체 요건

석박사 학위 논문을 작성할 때 연구주제를 정할 때 세 가지 요건을 고려해보는 것이 필요하다. 첫 번째로 주제가 구체적이어야 한다(Be Specific). 두 번째로는 교육적으로 활용도가 있어야 한다(Be Useful). 세 번째로는 수행할 수 있는 주제이어야 한다(Be Doable). 영문 첫 자를 따면 SUD라고 칭할 수 있다.

▬ 구체적이며 세부적인 연구주제, 논문주제를 정하자

구체성과 관련해서 이야기를 해보자. 고민 끝에 본인의 논문 주제를 '유아교사 근무여건 개선에 관한 연구'로 정했다고 해보자. 그런데 유아교사의 근무여건은 너무 포괄적이다. 근무여건에는 세부적으로 들여다보면 근무시간, 통근시간, 교사임금, 유아교사 1인당 아동 수(혹은 유아학급규모), 유치원 규모 등 여러 요인들이 있다. 이러한 모든 요인을 다 조사하고 일일이 개선 방안을 모두 만드는 것은 총괄적 정책 보고서와 유사하다.

이로 인해 연구시간도 많이 들고 논문의 진척이 잘 이루어지지 않을 것이다. 따라서 포괄적인 논문주제는 과감히 포기하고 세부적으로 유치원 교사의 근무시간 개선에 관한 연구, 혹은 유치원 교사 1인당 아동 수 감축방안 연구로 주제를 좁히는 것이 좋다.

▬ 교육학적인 의미, 교육정책에 주는 함의를 고민하자

이렇게 다소간 세부화한 주제는 일단 교육학적 활용성, 혹은 교육정책 유용성 측면에서도 적절해 보일 것이다. 그렇다면 연구주제를 좀 더 수정해서 '유치원 교사의 근무시간이 교사만족도에 미치는 영향'이라는 주제는 어떨까? 이는 좀 더 세부화된 주제이기도 하고 교사만족도를 증진시키기 위한 방안 중 근무시간의 영향력을 보는 연구가 된다.

더 세부적인 연구가설이며 학술적 성격도 강화되고 학계에 대한 기여 측면에서, 그리고 현실 교육현장의 변화 발전의 측면에서도 유용성이 높아지게 된다. 이어서 언급하겠지만, 이렇게 설명변수(이 주제에서는 근무시간)와 종속변수(교사만족도)로 구분해서 교육적 요인을 분석하고 교육제도나 학교현장을 개선하기 위한 방안을 연구함으로서 연구의 학술적 유용성(혹은 기여도)이 높은 연구를 하는 것이 필요하다.

따라서 연구주제의 세부성과 더불어 교육현장을 더욱 나아지게 하기 위한 교육학적 측면에서 유용한 연구주제를 고민하는 것이 좋다.

▬ 실제 수행할 수 있는 주제인지를 꼼꼼히 따져보자

마지막으로 실제로 연구를 수행할 수 있느냐를 고려해야 한다. 영어로 표현하자면 'Doable'한지를 살펴봐야 한다. Doable이란 표현은 과거 필자가 석사학위 과정 때 지도교수에게 노스캐롤라이나 차터스쿨에 대해서 분석하는 석사논문 연구주제를 들고 갔더니 지도교수님이 내게 질문할 때 사용한 표현이다[2].

"Is this Analysis Doable?"

Doable이란 단어를 처음 들어본 거라서 당황했던 기억이 지금도 생생하다. 지도교수는 네가 선택한 연구주제가 데이터 확보 등 여러 측면에서 과연 수행할 수 있는 건지를 물어본 것이었다. 지나치게 어려운 주제를 잡아서 막상 연구를 위한 데이터 수집도 어렵고 분석도 어려운 주제를 정하거나 실제 현실에서 연구를 수행하기에 적합한 데이터가 존재하지 않은 경우도 있다. 즉, 실행할 수 없는 조건으로 인해 좋은 연구 주제를 정했더라도 나중에 완전히 새로 연구주제를 다시 정해야 해서 논문작성이 늦어질 수도 있다. 따라서 본인이 정한 논문주제를 연구하는 것이 Doable한지에 대한 점검은 매우 중요하다.

Doable과 관련해서 예를 들어 '유아교사 1인당 아동 수가 아동의 정서발달에 미치는 영향'이라는 주제를 정했다고 가정해보자. 연구자는 유아교사 1인당 아동 수가 많은 유치원과 적은 유치원을 대상으로 해당 아동들의 정서발달 상황을 체크해서 비교 분석해서 유아교사 1인당 아동 수가 적은 유치원의 아동의 정서발달이 더 긍정적인지를 연구해보고 싶다. 그런데 안타깝게도 지역의 모든 유치원의 유아교사 1인당 아동 수가 12명으로 동일한 상황이라면 어떻게 할 것인가? 연구를 수행하기가 어려워지게 되는 것이다. 이러한 상황을 마주하게 되면 힘이 쭉 빠지게 될 것이다. 연구주제 정하기를 완전히 새로 시작해야 하는 것이다.

우리는 실제 연구실행이 가능한지, 관련 데이터를 구할 수 있는지를 고민하지 않고 주

---

2 미국의 듀크대학교 Helen F. Ladd교수가 석사학위논문 지도교수였다. 듀크 대학교 홈페이지에 가보니 명예교수로서 아직도 부지런히 연구하고 계신다. 예전에 2010년도 경에 보스턴의 미국교육재정학회에 갔을 때 만났었는데, 한국에서 개최된 학술대회를 2009년도 경에 참석하면서 고도(古都) 경주의 큰 무덤을 관광하셨다고 한다. 연세는 70대 중후반이실 것이다. 당시에 연세를 한번 물어보았는데(무례하고 이상했을 거다. 미국은 나이를 잘 안 물어본다). 당시에도 환갑이 넘으셨다.

제를 정한 뒤에 나중에 좌절하는 경험을 겪는 경우가 있다. 반드시 실행가능성도 염두에 두고 관련 데이터를 구할 수 있는지, 해당 데이터가 실제로 연구주제를 분석하는 데 이용이 가능한지 등을 살펴보면서 연구주제를 잡아나가도록 한다. 아니면 완전히 거꾸로, 실제 이용가능한 데이터들을 살펴보고 주제를 정하는 방법도 있다. Doable측면에서는 확실한 방법이기도 하다.

⌕ 선행연구 리뷰는 연구주제 선정의 첫걸음

연구주제를 발굴하기에 가장 좋은, 그리고 편리한 방법은 선행연구물들을 검토(Review)하는 것이다. 선행연구들은 다양한 이론들을 검증해서 제시하거나 다양한 가설들을 검증하고 있다. 가설들이 검증됨에 따라서 보편적인 이론이 만들어지게 되는데, 관련 연구물들을 살펴보면 본인이 작성하고자 하는 논문의 아이디어를 얻을 수 있다. 때로는 여러 연구들을 통해서 새로운 가설이 수립되고 검증되면 기존의 이론이 뒤집히고 새로운 이론이 정립되기도 하는데 본인이 그러한 과정에 기여할 수도 있을 것이다.

그래서 보통 석박사학생들에게 연구주제를 발굴하기에 가장 좋은 방법으로 선행연구를 쭉 살펴보라고 알려준다. 그 과정에서 간혹 대학원생들이 기존의 선행연구와 동일한 주제를 연구해도 되냐고 묻는 경우가 있다. 당연히 해도 된다. 그러나 가능하다면 (아니 어쩌면 당연히) 다른 데이터를 이용해야 하고 나름대로 학술적 기여도가 있는 논문을 작성하기 위해서 새로운 변수를 포함하거나 약간 다른 시각에서 접근하는 것이 좋다.

예를 들어 유아교육에서 모래놀이가 아동들의 정서발달에 긍정적 영향을 주는지에 대한 선행연구가 있다고 가정하자. 그런데 기존 선행연구들은 만 4세를 대상으로 한 연구가 대부분이다. 그렇다면 만 5세를 대상으로 해서 동일한 주제를 연구해보는 것이 학술적 기여도 측면에서 긍정적일 것이다. 그리고 다른 연령대를 대상으로 했기 때문에 다른 연구결과가 나타날 수도 있다. 혹은 표집 수를 더 늘린다던가, 기존 연구가 대부분 공립유치원에서 인근 놀이터로 이동해서 시행된 연구라고 한다면 모래놀이터가 갖추어진 사립유치원에서 수행을 하거나 뭔가 다른 측면에서 데이터를 조사하고 접근해보면 학술적 기여도가 발생할 수가 있다.

한번 가정해보자, 모래놀이가 아동들의 정서발달에 긍정적이라는 선행연구물이 있다.

그런데 연구내용을 잘 들여다보니 공립유치원에서 아동들을 데리고 인근에 모래놀이터가 있는 곳으로 이동을 해서 정서발달의 영향에 대한 연구를 진행했다. 공립유치원에서 인근 놀이터로 이동하는 과정에서 아이들은 새로운 야외활동으로 인해 소풍을 간 듯한 느낌이 들 것이다. 모래놀이가 아동 정서발달에 영향을 주었겠지만, 아마 소풍처럼 이동하는 과정 역시 아동의 정서발달에 일정정도 영향을 주었을 수도 있다. 이러한 연구 설계의 구체성을 잘 들여다보면 예상치 않은 요소들이 결과에 영향을 주는 경우를 발견할 수도 있다.

그런데 만약 본인이 바로 문만 열면 있는 모래놀이터가 있는 사립유치원에서 모래놀이가 아동들의 정서발달에 미치는 영향에 대해서 동일 연구를 수행했는데 통계적으로 유의미한 아동의 정서심리발달에 긍정적 영향이 없었다면(혹은 있었지만 매우 적다면) 아마도 학계에 논쟁을 일으키게 될 수도 있을 것이다. 연구방법론에서 기존 연구들이 간과한 인근 놀이터로의 이동이라는 요소가 모래놀이 그 자체보다 아동의 정서발달에 더 큰 영향을 준 것이 아닌가 하는 의문을 제기할 수 있을 것이다.

이처럼 선행연구를 참조해서 동일한 주제를 다른 데이터(위의 사례에서는 만 4세가 아니라 만 5세를 대상으로)나 다른 조건(공립유치원이 아닌 사립유치원)에서 수행하면 나름대로 학계에 기여도가 생길 수 있다. 그리고 뭔가 똑같이 베끼거나 따라하지 않았다는 측면에서도 연구자로서 양심의 가책도 좀 덜어질 것이고 새롭게 연구를 했다는 자긍심이 생길 것이다.

그래서 일단 선행연구물들을 잘 들여다 보고 뭔가 다른 데이터로 다른 착안점을 고려해서 연구를 진행해서 관련 주제 연구의 내용을 더 발전시키는 방향으로 주제를 찾아나가도록 하자.

◦ 선행연구를 잘 하기 위한 팁

▬ 검색엔진을 이용해서 '가장 최근에 발간된 논문'에서 참고문헌을 찾아나가자

이처럼 기존의 연구 주제를 가져와 연구하는 것은 문제가 되지 않으며 다양한 측면에서 새롭게 접근해서 동일 연구 주제를 수행할 수가 있다. 그렇다면 선행연구물들을 잘 살펴보는 방법이 필요하다. 일단 한국교육학술정보원의 학술연구정보서비스(Research Information Sharing Service, 이하 RISS)를 이용할 것을 권장한다. 홈페이지는 www.riss.kr이다. 아마 본인이 재학 중인 대학 도서관에서는 RISS 데이터 검색 창과 연계되는 배너를 제시하고 있을 것이다.

본인이 만약 사교육비가 학업성취도에 미치는 영향에 대해서 논문을 작성하려고 할 경우에는 사교육비 학업성취도, 두 단어를 RISS 검색창에서 입력하면 관련 학술논문, 학위논문 등의 목록들이 눈 앞에 펼쳐지게 된다. 그리고 해당 논문을 클릭하면 원문을 PDF 파일로 제공받을 수 있다.

[그림 Ⅲ-1]은 검색 결과 예시이다. 사교육비와 학업성취도를 주제어로 검색하면 국내학술논문은 약 60여편이 있는 것으로 나오며 학위 논문은 133편이나 되는 것으로 나타난다. 국내학술논문의 원문보기를 클릭해서 원문자료를 다운로드 받으면 된다. 보통 대학들은 학술정보교류협약이 이루어져있기 때문에 교내에서 접속하면 무료로 논문들을 다운로드를 받을 수 있을 것이다. 그러나 외부에서 개인적으로 접속하면 일정 정도 자료제공 비용을 요구받을 수도 있다.

그림 III-1 RISS 검색 엔진 창에서 논문 찾기 예시

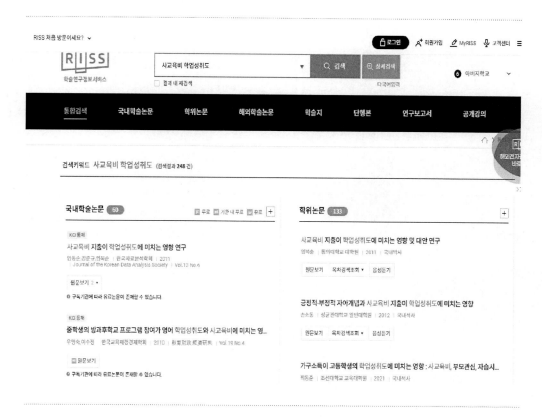

한편 정부 보고서도 최근엔 홈페이지가 개설되어서 관련 자료들을 제공하고 있다. 교육분야의 연구를 하다면 필자처럼 교육행정이나 교육정책연구를 하는 경우 정부 보고서도 상당히 중요한 참고문헌이 된다. 이 경우 프리즘(www.prism.go.kr)이라는 웹사이트에서 정부 보고서를 무료로 제공받을 수 있다.

[그림 III-2]의 프리즘 홈페이지의 중간의 검색 칸에 자신이 찾는 주제를 적어놓고 검색하면 관련 보고서 목록이 제시되고 역시 PDF 파일 등으로 무료로 다운로드를 받을 수 있다. 프리즘은 정부에서 공적 재원으로 운용하는 홈페이지이기 때문에 관련 보고서를 모두 무료로 제공한다.

그림 III-2 프리즘 홈페이지

구글검색엔진 역시 매우 강력해서 보고서 명을 치거나 논문 주제어를 검색하면 관련 자료들이 많이 제공된다. 구글 같은 인터넷 검색사이트 이용도 해볼 필요가 있다. 그리고 교육관련 정부출연연구소의 홈페이지에서도 여러 학술정보들이 제공되고 있다.

대표적인 교육분야관련 연구소는 다음과 같다.

> 한국교육개발원(www.kedi.re.kr)
>
> 한국교육과정평가원(www.kice.re.kr)
>
> 육아정책연구소(www.kicce.re.kr)
>
> 청소년정책연구원(www.nypi.re.kr)
>
> 한국직업능력연구원(www.krivet.re.kr)
>
> 국가평생교육진흥원(www.nile.or.kr)
>
> 한국교육학술정보원(www.keris.re.kr)

이들 교육연구소의 홈페이지에서 연구자료를 검색해보는 것도 연구의 첫 시작단계에서 도움이 될 것이다.

이렇게 논문들의 데이터 베이스화가 이루어지기 전에는 도서관에 가서 종이에 기입된 목록표를 확인해서 논문들이나 책을 일일이 수작업으로 찾아봐야 했기 때문에 논문 자료를 찾는 것만 해도 많은 시간과 노력이 필요했다. 그러한 '라떼' 시대와 비교하면 현재는 자료 찾기가 수월해져서 논문쓰기가 편리해진 것이 사실이다.

하나의 팁을 더 언급하자면, RISS 등을 통해서 본인이 사교육비와 학업성취도 효과 논문을 찾았을 경우 가장 최신의 논문부터 살펴보는 것이 좋다는 점이다. 학술논문들은 보통 선행연구를 수행해서 제시하기 때문에 가장 최신의 논문에 과거의 주요 논문들이 포함되어서 제시되고 있다.

물론 누락된 선행연구물들이 있겠지만, 최신의 논문 순서대로 리뷰를 해나가면서 과거에 어떠한 논문들이 있었는지를 논문의 맨 마지막 뒷 편에 제시된 참고문헌을 통해서 파악해 나가는 것이 편리하다. 가장 최근 연도에 발간된 학술논문의 맨 뒤의 참고문헌을 가서 관련 논문목록을 정리해 나가는 방식으로 선행연구를 읽어나가면 더 효과적인 선행연구를 해나갈 수 있다.

▬ KCI 등재지 논문 위주로 선행연구를 수행하자(물론 해외학술지를 찾아보면 더 좋다)

한편 앞의 RISS 검색결과에서 제공되는 대학학위논문들은 아무래도 한국연구재단의 한국학술지인용색인(Korea Citation Index, KCI) 등재(후보)지 보다는 학계의 리뷰가 더 엄격히 이루어지지 않은 경우가 많다. 학위 논문을 비하하는 것은 아니고 석박사 학위 논문 중에서 잘 작성된 논문들은 아무래도 KCI 등재(후보)지에 게재되는 경우가 대부분이기 때문에 가능하면 RISS에서 검색을 한 후에 등재지 위주로 선행연구를 하기를 권고한다.

현실적으로 석박사학위 논문의 경우 분량도 많아서 읽는데 시간이 많이 소요된다는 단점이 있다. 해당 석박사학위가 학술지에 게재될 경우에는 20페이지 내외로 주요 내용이 정리되어서 제시되기 때문에 아무래도 더 내용을 압축적으로 파악할 수가 있다는 장점도 있다.

학술논문 중에서 간혹 연구동향을 분석하는 논문들도 있는데, 대부분 등재지 위주로 연구동향을 분석한다. 석박사학위 논문보다는 학계의 동료검토(Peer Review)를 거친 연구 결과물들이 아무래도 연구동향을 더 직접적으로 반영하기 때문이기도 하다.

໐직관을 이용하거나 직관에 반하는 아이디어도 떠올려본다

선행연구를 통해서 연구주제를 선정하는 과정에서 직관을 잘 이용하는 것이 필요하다. 직관은 정의하기가 다소간 어려운 개념이다. 그러나 일반적으로 상식적인 혹은 감각적인 파악으로도 생각해볼 수 있다. 이 직관이라는 개념은 과거 브루너의 교육과정관련 서적에서도 등장한다. 구조적 이해와 대비되는 개념으로 볼 수 있다. 그런데 직관적 사고는 매우 포괄적인 지각을 기초로 해서 전개되는 것으로 앞에서 언급한 선행연구에 대한 검토 등 다양한 연구물들에 대한 지식에 기반하여 이루어질 수 있다[3].

교육연구에서 직관은 구조화된 접근과 더불어 중요하다. 예를 들어서 경제학에서 상품이 가격이 올라간다면 직관적으로 생각하면 상품의 판매량이 줄어들 것으로 생각해볼 수 있다. 교육학에서 학부모의 가계 소득이 증가하면 자녀의 사교육비 지출이 직관적으로 생각해보면 당연히 증가할 것으로 볼 수 있다. 교장공모제 학교의 학생들이 교육만족도가 높을 것인지도 직관적으로 생각하면 그럴 가능성이 높지 않을까 하는 직관적 생각이 들 수 있다.

물론 이러한 직관이 간혹 맞지 않을 수도 있다. 그러한 직관적 생각과 예측과 다른 결과가 산출되면 나름대로 그 원인을 체계적으로 분석하는 과정이 필요할지도 모른다. 작년에 노벨경제학을 받은 David Card의 경우 사람들이 일반적으로 생각하는 바와 다른 연구 결과를 자연실험적인 데이터를 이용해서 입증하기도 하였다. 우리는 임금이 오르면 고용이

---

3   브루너 교육의 과정. 이홍우 역 배영사(2017).

감소할 것이라고 생각한다. 그러나 그렇지 않은 결과를 발표함으로서 학계의 관련 논의에 기여를 한 바 있다[4].

　물론 이 분석결과에 대해서는 다른 여러 가지 해석과 의견이 제시될 수 있다. 중요한 점은 직관적 사고에 기반하여 예상치 못한 의외의 연구를 하는 경우에는 학술적 측면에서 기여도가 높을 수가 있다. 사회에 대한 이해에 도움이 되는 연구결과물들을 제공하기 때문이다.

　앞에서 언급한 교장공모제를 수행하면 이론적으로는 주인-대리인 모델, 혹은 신공공관리론에 의해서 학교교육이 좀 더 개혁이 되고 학생들의 학교교육 만족도가 높아져야 한다. 그런데 실증연구를 해보니 그렇지 않은 결과가 나온 바가 있다(나민주 외, 2008). 왜 그럴까? 여러 가지 이유가 있겠지만 직관적으로 생각해보면 개혁의 피로도이다. 공모교장이 학교의 역량을 잘 갖추고 개혁을 점진적으로 수행하면 좋겠지만 일단 4년이라는 짧은 시간 내에 학교를 변화시키기 위해서 많은 교육프로그램을 진행하는 방법이 있다.

　그런데 오히려 학생들이 그러한 다양한 교육프로그램을 그다지 반기지 않을 수도 있다. 실제로 연구결과 교사의 만족도는 떨어지는 것으로 나타나고 있다. 기존 이론에 의하면 당연히 교장공모제 학교의 학생과 교사 만족도가 높아져야 하나 그렇지 않으므로 직관에 반하는 상황을 파악하고 관련 원인을 잘 분석해서 논문을 작성하면 학술적 기여도가 있는 논문이 작성되게 된다. 직관을 이용하되 직관에 반하는 경우도 있지 않을까 고민해보면 좋을 것이다. 청개구리처럼 다르게 생각도 해보는 것이다.

◦ 설명변수(요인)와 종속변수(결과)를 요리조리 매칭시켜 본다

　직관적 사고는 아이디어와 연관이 되어 있다. 브루너는 "직관적 사고는 아이디어를 여러 가지로 결합하여 아직 그 타당성이 확인되지 않은 가설을 재빨리 생각해내는 것"이라고 언급한 바가 있다(브르너의 교육의 과정, 142쪽).

　연구자들은 다양한 측면에서의 시각을 가지고 고민해보는 것이 필요하다. 아이디어를 떠올리는 것이 중요한데 간혹 엉뚱한 생각도 나쁘지는 않다. 이 과정은 구조화된 접근과 융합시켜서도 가능하다.

4　David Card를 포함한 총 세 명의 경제학자는 2021년도에 자연실험연구방법을 이용하여 경제이슈(노동경제학의 이슈들)를 분석한 공로로 노벨경제학상을 수여했다.

이를 위한 하나의 방법은 요인(설명변수)과 결과(종속변수)를 다양하게 조합을 해보는 것이다. 이때 설명변수와 종속변수를 설정하는 체계를 만드는 것이 구조적 연구작업으로도 볼 수 있다.

일단 변수에 대한 설명부터 간단히 해야 할 것 같다. 설명변수는 영어로는 Explanatory, Independent, Control variable 등으로 불리우는데, 결과에 영향을 주는 요인들을 의미한다. 한국말로 설명변수, 독립변수, 통제변수 등으로 번역된다.

예를 들어 '교사의 기대수준이 학생의 학업성취도에 긍정적인 영향을 주는가?' 라는 연구문제가 있다면 교사의 기대수준이 설명변수(혹은 독립변수, 통제변수)가 된다. 그런데 통제변수는 우리가 살펴보고자 하는 주요 설명변수 외에 다른 통제해야할 설명변수를 의미한다. 교사의 기대수준이 학생의 학업성취도에 미치는 영향을 볼 때 만약 교사의 경력이나 학생의 선행학업수준 등을 동일한 조건에서 분석해야할 것이다. 그런데 사실 교사경력과 학생의 선행학업수준도 결과변수인 학업성취도에 영향을 미치게 된다. 연구주제상 이 두 설명변수는 통제적 의미를 갖기 때문에 통제변수라고 일반적으로 부르는 경우가 있다. 그러나 설명변수, 통제변수로 구분하지 않고 모두 설명변수로 일반적으로 부르기도 한다.

결과를 보여주는 변수는 영어로는 Dependent variable이라고 일반적으로 부르며 한국어로는 종속변수로 번역한다. 앞의 예에서는 학업성취도가 될 것이다. Variable은 변인이라고 번역하는 경우 결과를 의미하는 종속변수도 포함해야 하기 때문에 인과관계의 인이 아닌 단순하게 변수로 번역하는 것이 적절해 보인다.

논문 주제 설정방법을 계속 이야기해보도록 하자. 설명변수와 종속변수를 이리저리 매칭시켜보는 시도를 해보자고 언급했다. '사교육비가 학업성취도에 미치는 영향'이라는 주제는 설명변수가 사교육비이고 종속변수는 학업성취도이다. 거꾸로 학업성취도가 높은 학생이 사교육비를 많이 쓰는지도 한번 연구해볼 필요가 있지 않을까? 혹은 축구시합에서 선수교체하듯이 종속변수를 교체해서 학업성취도 말고 학생의 학교교육만족도에 사교육비 지출이 어떠한 영향을 주는지(혹은 어떠한 관계가 있는지)를 살펴보는 것도 괜찮은 연구 아이디어가 될 것이다.

필자는 교장지도성이 사교육비에 어떠한 영향을 주는지, 감소시키는지 증가시키는지를 한번 연구해본 적이 있다. 이는 일종의 조합적 사고를 함으로서 연구 주제를 만든 것이다.

표 III-1 연구주제 개발: 두 연구 주제의 복합

주제	설명변수	종속변수
교장공모제 연구	교장공모제 시행여부	교사 직업만족도 학생/학부모의 학교 만족도 학업성취도
사교육비 연구	가구소득 형제자매수 부모학력수준 일반고/특목고/자사고	사교육비 지출
교장공모제 연구+ 사교육비 연구	교장공모제 시행여부	사교육비 지출

선행연구를 검토해보니 교장지도성 효과 연구가 많이 있었는데, 사교육비가 종속변수인 연구는 없었다. 그리고 역으로 사교육비 지출에 미치는 요인에 관한 연구들에서 설정한 요인들로서는 가구소득변수, 방과후학교 등은 있었지만, 학교장 지도성 관련 변수는 없었다. 연구결과는 신통치 않게 나왔지만(약간 사교육비 감소에 학교장 지도성이 긍정적인 영향을 주는 것으로 나왔지만 통계적으로 유의하지 않게 나옴) 아무튼 이러한 두 아이디어의 조합적 시도는 해볼만한 것으로 볼 수 있다.

조합과 더불어 설명변수와 종속변수가 연구자의 관심에 따라 변경될 수도 있다. 예를 들어 아동의 자아효능감의 효과에 대한 연구를 할 경우 자아효능감은 설명변수가 될 것이다. 그리고 효과를 보여주는 변수들, 예를 들어 학업성취도가 향상된다던가, 학교만족도가 높아진다던가 하는지를 보기 위한 변수들이 종속변수가 될 것이다.

그런데 연구자가 자아효능감의 효과가 아니라 자아효능감을 증진시키기 위한 방안이 무엇인지를 연구하고 싶은 생각이 들 수가 있다. 이 때에는 자아효능감이 종속변수가 될 것이다. 그리고 기존 선행연구들을 살펴보고 자아효능감에 영향을 주는 설명변수들을 찾아내고 관련 연구를 진행해 볼 수 있을 것이다.

표 III-2 설명변수와 종속변수의 교체

주제	설명변수	종속변수
자아효능감이 설명변수인 연구	아동의 자아효능감	학업성취도 학교만족도

주제	설명변수	종속변수
자아효능감이 종속변수인 연구	가정소득수준 부모의 교육적 기대 학교변수(교사 1인당 학생수) 교사변수(교사의 열정, 만족도)	아동의 자아효능감

　　최근 한 연구는 교육복지정책사업을 여러 개 하는 학교의 경우, 예를 들어 1개의 정책사업을 하는 경우와 2개, 혹은 3개의 정책사업을 하는 학교 간 학업성취도에 차이가 있는지를 살펴본 연구가 있다[5]. 이것도 하나의 좋은 아이디어에 기반한 연구이다. 보통 교육정책 효과에서는 하나의 정책에 대한 효과만을 분석해왔는데, 동시에 유사한 교육복지정책 프로그램이 여러 개가 진행될 때와의 차이가 있는지를 살펴본 것이다.

　　이처럼 연구를 할 때 새로운 설명변수 설정, 혹은 설명변수와 종속변수의 방향 전환, 여러 접근 방식의 조합 등 다양한 접근으로 연구의 아이디어를 떠올리는 것을 시도해보면 좋다.

선행연구논문(혹은 참고문헌)이 없는 연구주제는 좋은 논문

　　앞에서 이야기한 선행연구 탐색과 함께 이야기해보자면, 선행연구가 없는 연구가 좋은 연구라는 해석도 가능하다. 새로운 주제를 개척한 것과 같기 때문이다. 요즘은 많은 학술연구물들이 축적되어 왔기 때문에 완전히 기존 선행연구들과 동떨어진 새롭고 창의적인 연구를 수행하기가 쉽지는 않다. 새로운 주제라고 생각했는데 RISS를 찾아보면 이미 선행연구가 이루어진 경우가 대부분이다.

　　과거에는 상대적으로 선행연구가 없는 유명한 연구물들이 많았다고 볼 수 있다. 대표적인 연구는 과학계의 경우 아인슈타인의 상대성 이론 논문이다. 이 논문은 총 30쪽인데 참고문헌 목록이 없다. 당시에는 근대과학의 초창기이기 때문에 참고문헌 자체가 많지 않았다. 완전히 새로운 이론연구를 한 경우에는 참고문헌이 없는 것이 당연하다.

　　교육연구에서도 1966년도에 발표된 피그말리온 효과 연구로 유명한 Rosenthan & Jabobson의 논문도 참고문헌이 매우 적다. 참고문헌 목록이 총 5편에 불과하다(그 중 4편은 Rosenthal이 저술한 책과 논문이다).

5　정설미, 정동욱(2022). 기초학력 지원을 위한 교육복지정책사업 조합의 시너지 효과 연구. 교육행정학연구, 40(1), 579–609.

21세기에는 완전히 새로운 연구를 개척해서 참고문헌이 없는 논문을 작성하기는 쉽지 않은 것이다. 그런데 만약 연구에서 관련 동일 주제에 대한 선행연구가 없을 경우에는 논문 작성 시 선행연구를 검토해서 수록하지 않아도 되는 것일까? 그렇지는 않다. 일반적으로 유사한 주제는 선행연구에 포함시켜서 소개하기도 한다. 완전히 동일한 연구 주제가 선행되지 않은 경우 유사한 연구주제는 있을 수 있다. 선행연구를 통해서 기존에 본인이 연구하고자 하는 주제는 없었다는 언급을 해주면 좋을 것이다.

여러 우여곡절 끝에 본인의 논문 작성을 위한 연구주제를 선정했다고 하자 그러면 다음에는 어떻게 데이터를 수집해서 분석할 것인가로 고민이 넘어가야 한다.

② 연구의 두 번째 단계: 데이터 확보 ●

○ 먼저 고민해야할 사항: 주어진 데이터 이용 혹은 설문지 개발

연구논문 작성 시에 앞에서 석박사 친구들끼리 만나면 "연구주제 정하셨나요?"를 안부인사의 패키지처럼 물어본다고 언급했다. 그런데 보통 연구주제가 정해졌다고 대답하면 곧장 이어지는 추가 질문이 있다. 바로 다음의 질문이다.

"데이터는 어떻게 구하실건가요?", "분석 데이타는 무엇인가요?"

만약 교육철학자라고 한다면 많은 철학저서들을 읽고 논문을 쓰겠지만, 대부분의 교육학 연구분야는 데이터 수집을 통해서 가설을 검증하고 요인을 분석하게 된다. 그렇다면 데이터 확보가 이제 논문 작성을 위한 여정에서 두 번째 핵심과제가 된다. 연구주제가 정해지면 '시작이 반이다'라는 말처럼, 절반이 진행된 것으로 볼 수 있다면 데이터 확보는 나머지 연구의 절반에 해당될 만큼 중요한 부분을 차지한다. 연구주제에 따른 데이터 확보가 이루어진다면 분석을 하고 산출된 결과를 바탕으로 결론을 작성하면 된다. 그러면 논문은 완성되고 대학원생들의 경우 학위과정을 무사히 마칠 수 있게 된다.

데이터 확보 방안은 두 가지다. 먼저 이미 조사된 데이터를 이용하는 방안이다. 두 번째는 연구자 본인이 직접 설문조사를 해서 확보하는 방법이다.

먼저 이미 조사된 데이터라고 한다면 정부기관이나 국책연구소 등에서 조사한 데이터를 의미한다. 2000년대 중반 이후 한국도 외국처럼 데이터 확보를 통한 교육정책연구의 중요성이 강조되면서 교육종단 데이터나 실태 데이터 구축이 교육분야에서 본격적으로 이루어졌다. 외국에서는 정책수립에서 가장 대표적으로 다음과 같은 말이 언급된다.

"Without data, your argument is just one of many opinions."

실증주의 흐름과도 이어지겠지만, 인간 세상에는 워낙 다양한 의견들이 존재하기 때문에 누구의 의견이 맞는지는 구체적 데이터가 증거로 제시되지 않는다면 그저 단순한 주장으로 그칠 수밖에 없다. 관련 의견이 단순한 주장이 아니라 객관적(객관성이라는 용어에 대해서는 논쟁이 있을 수는 있다) 진실이나 좀 더 보편타당한 검증된 이론이면 다른 주장들은 모두 기각될 수 있다.

예를 들어 학생부 종합전형이 과연 교육기회의 형평성을 보장해왔는지, 자유학기제가 교육격차를 완화했는지 혹은 심화시켰는지 등의 교육계의 쟁점에 대해서 데이터 없이 주장만 한다면 서로 목소리를 높이고 끝이 날 것이다. 그리고 교육제도의 발전은 더디게 될 것이다. 먼저 여기에서는 기존에 조사된 데이터 사용을 위한 정보를 주로 살펴보도록 한다.

한국도 교육연구를 위한 데이터가 잘 구축되고 있다

증거기반 정책 수립과 교육현장 개선을 위한 노력을 위한 데이터 수집은 한국에서는 2000년대 중반부터 국책연구소를 중심으로 이루어져왔다. 가장 대표적인 교육분야 데이터는 한국교육개발원의 학교실태 데이터이다. 2003년도 이후 매년 초, 중, 고 교육실태 조사를 한 전국규모의 표집 데이터로서 교육학 연구에 많은 활용이 이루어진 데이터이다.

종단 데이터 역시 수집되기 시작했다. 종단 데이터는 한 시점에서 끝난 조사 데이터가 아니라 동일한 표본을 매년 혹은 격년 등 주기적으로 추적해서 조사한 데이터를 말한다. 미국 등의 선진국들은 정책효과를 살펴보기 위해서 동일한 표본을 계속 장기적으로 추적 조사해서 관련 데이터를 구축해왔다. 예를 들어 미국은 1998~99년도의 유치원생의 종단

자료를 구축하고 있으며[6], 교육분야 외의 다른 분야인 노동시장 부문에서는 60년대부터 종단 데이터를 구축해 오기도 하였다[7].

이러한 종단 데이터는 교육연구발전에 매우 중요한 밑거름이 된다. 한국도 2005년도에 수집된 한국교육개발원 교육종단 자료가 교육연구에 많은 기여를 해왔다. 그리고 노동연구원의 노동패널데이터, 한국직업능력연구원의 KEEP 데이터, 육아정책연구소의 아동패널 데이터 등도 교육연구 발전을 위한 연구에 많이 활용이 되어왔다. 연구자로서는 이러한 데이터가 수집되어 제공되면 상당히 논문 작성을 용이하게 할 수 있게 된다.

다음 <표 Ⅲ-3>은 정부산하 국책연구소에서 구축해온 종단데이터들이다. 한국교육개발원에서는 학교실태조사 데이터도 구축해왔는데, 2015년도 이후에는 조사가 이루어지지 않았다. 그러나 최근에 다시 학교실태조사 연구를 수행할 계획을 가지고 있다고 한다.

표 Ⅲ-3 정부산하연구소의 종단 데이터 현황

연구소명	데이터 명	데이터 조사시기
한국교육개발원	학교실태조사 데이터	2003~2014
	한국교육종단데이터	2005년(1주기) 20013년(2주기)
직업능력개발연구원	교육고용종단데이터	2003년~ 1주기, 2주기
육아정책연구소	아동패널 데이터	2008년(본조사 시작)~
한국청소년정책연구원	한국청소년패널조사	2003~2008년
	한국아동청소년패널조사	2010~2016년(초1, 초4, 중1시작) 2018년(초4, 중1 시작)~
	다문화청소년패널조사	2011년~2019년
	학업중단청소년패널조사	2013년 패널 확정
한국고용정보원	고용패널 데이터	대졸자직업이동경로조사(2006년 이후~) 청년패널(2007년 이후. 2차패널)

주: 각 해당 연구소 홈페이지 참조

6 https://nces.ed.gov/ecls/kindergarten.asp

7 Solon(1992). Intergenerational Income Mobility in the United States

◦구축된 교육종단데이터 이용의 장단점

국책연구소에서 제공하는 여러 종단 데이터(그리고 한국교육개발원의 실태조사 데이터)는 각 데이터의 설계 내용에 따라 장단점이 존재한다. 한국교육개발원에서 제공하는 데이터에는 한국교육개발원이 개발한 학업성취도 검사문항을 이용하여 학생들의 학업성취도 데이터를 구축했다는 장점이 있다. 그리고 교사에 대한 설문조사도 이루어진 바가 있어서 교사관련 연구도 수행할 수가 있다.

한국교육고용종단 조사는 수능점수를 포함하고 있다는 장점이 있다. 한국청소년연구원의 종단자료는 심리적 변수가 많이 포함되어 있어서 교육심리 연구에 활용도가 더 높다. 육아정책연구소에서 구축한 아동패널은 유아시기부터 아동의 발달단계를 체계적으로 조사하고 있다는 장점이 있어 유아교육전공자들이 이용하면 좋을 것으로 보인다.

한편 이러한 주어진 조사 데이터의 단점은 본인이 원하는 연구주제 분석이 가능한 조사 내용(설문내용)이 포함되어 있지 않다면 사용할 수 없다는 것이다. 이 단점은 매우 치명적이다. 왜냐하면 해당 종단 데이터를 이용해서 본인의 연구 주제를 분석할 수 없고 따라서 논문도 작성할 수 없기 때문이다. 해당 데이터의 코드북(변수명, 변수정의, 변수유형을 정리한 파일)을 확인하면 본인의 연구주제를 반영한 설문조사 내용이 있는지 확인이 가능하다. 해당 기관의 홈페이지에 가면 코드북과 몇 년 전의 데이터를 무료로 제공하고 있기 때문에 먼저 코드북을 확인하는 작업부터 해야 한다.

만약 운 좋게 코드북을 확인한 결과 본인의 연구주제를 분석할 수 있는 조사 내용이 포함되어 있다면 최근의 종단 자료를 활용해서 논문을 작성해보면 좋을 것이다. 가장 최근 시점의 종단조사자료는 학술대회 발표신청을 하면 제공받을 수가 있다.

예를 들어 앞의 표에서 제시된 한국교육개발원의 한국교육종단데이터(Korean Education Longitudinal Study)의 경우 교육개발원 홈페이지에 가면 매년 학술대회 개최 안내가 이루어지고 있다[8]. 다른 종단데이터 역시 거의 매년 학술대회를 개최하고 있으며 연구계획서를 제출하면 최근에 추적조사된 내용이 포함된 종단데이터를 무료로 제공해준다.

---

8   관련 홈페이지는 https://www.kedi.re.kr/khome/main/research/selectSurveyDBNtcForm.do

○ 시도별 교육(종단) 데이터 구축의 명암

연구소들마다 다소간 경쟁적으로 진행되고 있는 종단조사데이터 구축은 시도교육청 차원에서도 최근에 추진이 되고 있다. 서울교육종단조사, 경기교육종단조사, 부산교육종단조사 등이 시행되고 있다. 이 역시 해당 시도교육청 홈페이지에 가면 자료를 구할 수가 있다.

서울교육종단연구자료는 서울시교육청 교육연구정보원 홈페이지에 가면 자료를 제공받을 수 있다[9]. 부산교육종단연구 자료는 부산시 교육청 홈페이지의 교육정책연구소 탭 아래 부산교육종단연구 자료 신청에서 확인이 가능하다[10]. 경기교육종단연구자료는 경기도교육연구원에서 제공한다[11]. 경기도의 경우 횡단조사자료인 교육개발원의 학교실태조사와 유사한 경기학교교육실태조사도 시행하고 있다.

지역 교육의 발전을 위한 이러한 종단 데이터 구축은 긍정적인 측면이 있으나 과연 국민의 세금이 투여되는 만큼 효과가 있는지에 대해서는 별도의 검토가 필요할 것이다. 그리고 이러한 종단 데이터 조사는 대학 진학 이후 그리고 특히 취업 이후 누락률(표본 대상이 연락이 단절되어 조사가 이루어지지 못해서 탈락되는 비율)이 크게 증가하는 경향을 보인다. 누락률을 줄이기 위해서는 조사예산이 더 증액되어야 하는데, 이렇게 분리되고 다양하게 국책연구소마다 분산된 종단조사는 분산된 만큼 조사 비용이 그렇게 풍부하게 책정되어 있지 않다.

초중등 교육과정 이후 대학교육, 그리고 향후 사회진출 이후의 교육 효과를 분석하기 위해서는 중장기 조사가 필수적이다. 이를 위해서는 현재의 여러 연구기관에서 분산적으로 시행되고 있는 종단 조사를 통합해서 예산의 규모를 늘리고 좀 더 효과적으로 수행하기 위한 고민이 필요할 것이다. 물론 이는 코앞에 주어진 과제인 석박사논문을 작성해야하는 대학원생의 관심사는 아니며 정부정책담당자가 고민해야할 사안이다.

○ 한국의 다양한 교육조사 데이터들

그리고 한국에서는 사교육비 조사를 국가통계기관인 통계청에서 수행하고 있다. 민간

---

9 www.serii.re.kr/

10 www.pen.go.kr/index.pen?menuCd=DOM_0000000118004001000

11 https://www.gie.re.kr/main/content/C0014-01.do

영역에 대한 여러 조사를 통계청에서 하고는 있지만 사교육비(학교 밖에서 수행되는 교육비) 조사를 국가통계기관이 하는 경우는 매우 예외적이다. 매년 약 18억이 투자되어(초창기 비용인데 현재는 더 조사비가 증액되어있을 수 있다) 2007년도 이후부터 조사가 이루어지고 관련 데이터가 구축되어 왔다.

통계적 사교육비 조사는 동일한 학생들을 대상으로 한 데이터가 아니기 때문에 종단 데이터는 아니다. 횡단 데이터로 볼 수 있는데, 시계열적으로 매년 조사가 이루어졌기 때문에 시계열 분석을 할 수 있는 장점이 있다. 통계청 홈페이지에서 관련 보도자료나 원자료를 제공받을 수 있다.

국가수준학업성취도 데이터는 주로 한국교육과정평가원에서 구축하고 있으며 교육부에서 에듀데이터로 불리우는 교육데이터를 구축해서 제공하는 서비스도 시행하고 있다. 전체 교육현황을 파악하기 위한 데이터는 한국교육개발원의 교육통계 홈페이지를 이용해야 한다.

한국교육개발원 교육통계서비스 센터(kess.kedi.re.kr)에서는 전국의 유초중등고등교육 관련 조사 데이터를 제공하고 있다. 교육통계연보, 교육통계연보를 분석한 교육통계분석 자료집, 취업통계 자료집 등 한국의 기본적인 전체 현황에 대한 교육통계 자료를 제공해주고 있다. 그리고 국제교육통계비교 데이터인 OECD 교육지표 자료집을 번역해서 제공해주고 있다. 학교 표집 조사를 할 경우 교육통계서비스 센터에서는 학교를 무작위 표집해주는 서비스도 시행하고 있다.

그리고 교육재정데이터도 특화되어서 제공되고 있기도 하다. 지방교육재정알리미 홈페이지(www.eduinfo.go.kr)를 가면 한국의 초중등 교육재정데이터가 제공된다. 시도교육청의 예결산 데이터 등이 제공되기 때문에 교육재정을 연구하거나 관련 주제로 학술논문을 작성하는 경우 지방교육재정알리미를 활용하면 된다.

마지막으로 최근 공공데이터 포털 시스템이 구축되어서 운영되고 있다. 홈페이지(www.data.go.kr)에서 공공데이터를 요청할 수가 있는데, 매우 광범위한 데이터가 제공되고 있다. 향후 공공데이터 포털 시스템 활용도 고민해 볼필요가 있는데, 해당 기관의 홈페이지에 가서 데이터를 찾아보아도 아직은 별다른 문제는 없다.

◦ 국책연구소에서 조사된 교육데이터가 맘에 안들 경우

다음으로 주어진 데이터를 이용하기가 어려운 상황이 있을 수 있다. 본인이 원하는 조사 내용이 포함되어있지 않을 경우, 그 밖에 여러 이유로 자체적으로 조사를 해서 데이터를 확보해야 하는 경우가 있다. 자체적인 설문조사를 통해서 데이터를 수집하는 것은 개인 연구자에게는 쉽지 않은 일이다.

교육대학원의 석박사생들 중에서 현장 교원인 경우 자신의 네트워크를 이용해서 조사를 하거나, 본인이 근무하는 학교의 학생들과 교사를 대상으로 설문조사를 해서 데이터를 구축하는 경우도 있다. 이 경우 표본 수가 충분히 확보되어야 하는데, 조사 과정에서 편의가 발생할 가능성도 있다. 하지만 현실에서 이러한 자체 조사 연구도 상당히 이루어진다.

질적 연구를 할 경우에는 연구자 본인이 직접 참여관찰을 하거나 심층면담 등을 해서 연구를 수행할 수도 있다. 질적 연구는 대부분 연구자 본인이 직접 연구자료를 확보하는 경우로 볼 수 있다. 자체적으로 데이터 수집을 수행하는 양적 연구는 설문문항개발과 설문조사를 통해서 개인이 200~300명의 표본을 확보해서 하는 경우가 일반적이다.

그렇다면 선행연구도 끝냈고, 선행연구를 통해서 혹은 여러 다른 방법을 통해서든 연구주제를 정했다고 가정하자. 그러면 관련 연구데이터를 수집할 것이다.

이젠 연구방법론을 짚어볼 차례이다. 물론 데이터 수집은 연구방법 설정에 따라서 수집방법이 달라지겠지만, 일단 연구방법에 대한 일정정도 이해를 하게 된다면, 논문을 완성하는데 어려움이 없을 것이다.

③ 연구방법: 양적 연구와 질적 연구 ●

학술활동을 하는 것은 많은 책과 논문을 읽고 박식해지는 것이라는 생각을 한다. 석박사학위를 취득해서 가방 끈이 길어진다는 것은 가방에 많은 논문들과 책들을 가지고 다니기 때문에 가방이 무거워져서 끈이 늘어났기 때문일 수도 있겠다. 그러나 정작 석사학위나 박사학위과정에 입문해서 공부를 하다보면 많은 책과 논문을 읽는 것 못지 않게 연구방법을 공부하는 것이 큰 과제로 다가오게 된다.

왜냐하면 새로운 사실을 발견해내거나 요인을 분석하거나 교육정책효과를 입증하거나 새로운 교수법의 효과를 검증하기 위해서는 연구방법을 잘 습득해야 하기 때문이다. 적절한 연구방법을 활용하여 연구를 수행하지 않으면 우수한 논문을 쓰고 졸업하기 어렵다.

연구방법은 크게 질적 연구와 양적 연구로 구분된다. 양으로 승부하지 말고 질로 승부해야 한다는 음식점을 떠올린다면 왠지 질적 연구가 더 좋아보일 수도 있으며 양이 많은 것이 좋다는 대식가에겐 양적 연구가 좋아보일 수도 있다. 그러나 액면상 그러한 해석은 정확하지는 않다.

양적 연구는 대규모 데이터를 이용하기 때문에 그런 비유가 어울리는 측면이 있을지는 몰라도 통계학을 이용한 연구방법을 의미한다. 질적 연구는 사례연구나 문헌분석 등 과거의 전통적인 연구방법으로 쉽게 이해해 볼 수 있다. 즉, 많은 책을 읽고 문헌사례를 수집해서 책을 쓰는 좀 더 고전적인 연구법이다. 물론 여기에 참여관찰이나 포커스 그룹 인터뷰, 해석학적 연구 등 다양한 질적 연구방법이 개발되고 발전해왔다.

그러나 학계에서는 양적(숫자적) 데이터를 이용하여 통계분석을 통해서 상관관계를 분석하거나 정책효과를 검증하는 연구가 큰 흐름임을 부정할 수가 없다. 물론 역사학, 인류학 저서인 사피엔스나 총균쇠 등을 읽어보면 광대한 문헌분석을 통한 통찰적 학술저서를 집필하는 것이 얼마나 중요한지를 되돌이켜보게 된다.

그러나 유발 하라리의 사피엔스에서 제시된 바와 같이 근대 과학이 인류의 변화 발전에 얼마나 지대한 영향을 미쳤는지를 우리는 간과해서는 안된다. 그 근대 과학의 핵심 속에 수학과 더불어 통계연구방법이 존재한다. 이처럼 실증주의 연구의 강화로 인해서 대규모 통계연구를 통한 인과관계 분석이 과학적 연구방법으로 많이 사용되는 배경에는 사회규모가 거대해지고 많은 데이터의 축적도 한 이유로 볼 수 있다. 요즘 빅 데이터 분석 유행도 그러한 경향을 반영한다.

한편 질적 연구방법의 상대적 일반화의 한계도 양적 연구방법이 더 많이 이용되게 하는 면도 있다. 예를 들어 유아교육에서 아동발달을 분석하기 위한 참여관찰과 같은 질적 연구는 여전히 유효하고 중요하지만 아무래도 연구결과의 일반화에 있어서는 그러한 소규모의 개별 사례를 탐색하는 연구결과는 한계가 있다. 많은 시간 동안 많은 사례연구들이 축적되어야 일정정도 일반화가 가능할 것이다.

교육학에서의 대표적 연구자인 피아제의 경우는 자신의 자녀의 성장을 관찰해서 아동발달에 관한 연구를 하기도 하였다. 질적 연구 방법을 사용한 것이다. 피아제의 자녀성장 사례 분석이 일반적인 사례로 학계에서 인정된 것은 다른 아동들과 큰 차이가 없는 성장을 보여주었기 때문일 것이다.

만약 피아제의 자녀가 모두 영재였다면 영재발달과정으로만 제한된 내용으로만 활용되었을 것이다. 그리고 만약 다른 아동의 발달 사례가 다르다면 아동성장 관련 이론도 변화되어야 할 것이다. 최근에는 식생활의 변화로 사춘기도 더 이른 시기에 오기도 한다. 피아제의 이론에 어느 정도의 변화가 예상되기도 한다.

통계연구방법은 질적 연구와 비교하면 짧은 시간에 대규모 데이터를 분석하여 연구자가 원하는 가설을 검증하는데 유효한 연구방법이다. 물론 이는 측정오차가 적고 모집단을 반영하는 표본을 획득했을 경우에 해당한다. 만약 우리가 아동발달에 대한 대규모 설문조사 자료나 학생 신체검사 혹은 발달조사 자료를 확보하고 있다면 질적 연구보다 더 효과적으로 빠른 시간에 일반화된 아동발달 이론을 확보할 수 있을 것이다.

따라서 양적 연구가 세부적인 혹은 내적인 섬세함에서 질적 연구보다는 부족한 부분이 있더라도 보편적인 이론을 확립하거나 프로그램 효과 분석, 교육정책평가에서 더 효과적인 연구방법임을 부정할 수 없다.

본인의 논문을 작성하기 위해서 어느 연구방법을 채택할 것인지는 연구주제와 연구목적을 더 효과적으로 달성할 수 있는지에 따라 정해야 한다. 그러나 최근의 주류적 연구경향은 양적 연구방법임은 부인할 수 없다.

그렇다면 이제 교육통계연구방법에 대한 감각을 잡기 위해서 연구의 큰 유형으로서 실험연구, 자연실험연구, 종단연구 등의 사례에 대해서 한번 살펴보도록 한다.

IV. 과학적 연구를 위한 노력들

진정한 인과관계 규명과 요인을 찾는 것은 쉽지 않다. 그렇다면 어떻게 연구를 하는 것이 교육정책 혹은 교육프로그램 등의 진정한 효과를 찾고 검증하기에 가장 좋은 연구인가? 정답은 우리가 흔히 알고 있는 실험연구이다. 그리고 실험연구를 통해서 얻어진 데이터는 매우 강력한 인과관계를 보여준다.

1 실험연구(Experiment)

실험연구는 여러 상황을 통제해서 연구를 하는 방법이다. 실험연구가 효과적인 인과관계 분석, 어떤 프로그램의 효과 분석을 위해 좋은 방법인 이유는 결과에 영향을 주는 다른 제반 요건들을 동일하게 만들어주기 때문이다.

"다른 모든 요인들을 동일하게 만들어준다"는 표현은 실험연구에서 뿐만 아니라 후에 살펴볼 비실험조사데이터를 이용한 통계연구에서도 매우 중요한 개념이다. 이 표현을 라틴어로는 "Ceteris Paribus"라고 하는데, 실험실의 조건을 가장 적합하게 구현하기 위한 가정이다.

일단 자연계열의 간단한 실험연구 사례를 살펴보자.

⚲ 자연계열의 실험연구

한 농업대학에서 새로운 비료를 개발했다고 가정하자. 과연 이 비료가 기존의 비료보다 더 작물성장에 도움이 되는지를 검증해볼 필요가 있을 것이다. 자연과학계열에서는 여러 조건을 동일하게 만들어주고 비료만 다르게 사용하여 효과를 검증하는 실험 환경을 만들 수 있다.

한번 신 비료의 효과검증을 위한 실험연구를 구상해보자. 두 비닐하우스를 동일한 토양과 동일한 습도, 동일한 온도 등 작물의 성장에 영향을 주는 모든 요인들을 동일하게 만들어주고 동일한 작물 씨앗들을 양쪽 비닐하우스에 심어준다.

이 때 조심해야할 것은 작물의 성장에 영향을 줄 수 있는 제반 상황을 동일하게 만들어줘야 한다. 심지어 씨앗을 심는 위치도 적당한 간격을 두어서 양쪽 비닐하우스에 동일하게 해줘야 한다. 씨앗이 서로 붙어 있으면 상호간 성장에 부정적인 영향을 줄 수도 있기 때문이다.

이렇게 동일하게 다른 모든 조건을 만들어주는 것은 다른 모든 조건들 혹은 요인들을 통제해준다는 말과 같은 의미이다. 영어로는 'controlling for other variables', 혹은 'keeping other variables constant' 등의 표현을 사용한다. 자, 그리고 비료만 두 군데의 비닐하우스에 다르게 뿌리고 작물의 성장을 측정한다.

그렇다면 양쪽 비닐하우스에 몇 개의 씨앗을 뿌리면 될까? 한두 개? 한두 개는 너무 수가 작다. 간혹 일부 씨앗은 겉보기와는 다르게 유전적으로 허약한 씨앗도 있을 수 있지 않을까? 그래서 가급적 충분한 씨앗을 심어주는 것이 좋다. 통계연구에서는 표본 수가 30개 이상이어야 하는 것으로 본다.

물론 더 많으면 좋지만 일단 연구예산의 제약도 있고 하니 기본적인 분포 등을 고려했을 때 표본 수가 30은 최소한 되어야 한다는 것이다. 양쪽 비닐하우스에 30개 이상씩 동일한 수의 씨앗을 심어준 후에 몇 개월 동안 성장을 관찰하고 측정하면 새로 개발한 비료의 성공여부를 판단할 수 있을 것이다[12].

이러한 실험 연구는 결과물인 작물의 성장에 영향을 줄 다른 모든 요건들을 동일하게 만들어줬다. 즉, 다른 여건들은 통제한 것이다. 따라서 작물의 성장(만약 cm로 측정한 작물의 길이)만을 측정해서 나중에 살펴볼 t-test를 통한 평균값의 비교만 해주면 된다. 통계적으로 유의하게 새로운 비료를 뿌린 곳의 작물이 더 크게 성장했다면 우리는 새로운 비료를 앞으로 활용하는 것이 좋을 것이라고 확신할 수 있다.

⚲ 인간을 대상으로 하는 실험연구의 설계

그럼 두 번째로 인간에 대한 실험 연구를 살펴보자. 새로 개발한 비료의 효과를 검증하기 위한 실험은 인간을 대상으로 하는 실험연구보다는 상대적으로 설계하기가 쉽다. 인간을 대상으로 하는 실험은 어려움이 많다. 왜냐하면 인간은 자유의지가 있으며, 뭔가 예측하기 어려운 행동을 하기도 하며 기본적인 인권보호 등 실험윤리적 측면에서 고려해야 할 사항들이 많기 때문이다. 물론 동물을 대상으로 한 실험도 최근에는 동물학대 등의 이유로 도전받고 있긴 하다.

----

12 Fisher, R(1935)의 The Design of Experiment은 실험설계의 원리를 선구적으로 제시하고 있다.

앞에서 새로운 비료를 검증할 때 사용하는 씨앗 역시 의식이 없다고 100% 확실하게 말할 수는 없지만, 확실히 인간은 좀 더 섬세하고 개성도 강하고 예측하기 어려운 행동을 하기도 한다. 인간을 대상으로 한 연구는 연구윤리문제 등으로 연구심의위원회(Institutional Review Board, IRB)에서 사전승인을 얻어야 하는 상황이기도 하다.

필자가 근무하는 부산교대는 규모가 작아서 자체적으로 위원회를 운영하지 않고 부산대의 심의위원회에 위탁해서 운영하고 있다. 모든 대학이나 연구소에서는 최근 안전이나 생명윤리 등을 점검하기 위해서 연구심의위원회, 혹은 연구윤리심의위원회 등의 명칭으로 IRB를 운영하고 있다. 이는 생명윤리 및 안전에 관한 법률의 제정(2021년 12월 30일 시행)으로 더욱 강화되는 추세이다. 일단 IRB의 승인이 이루어졌다는 가정 하에 다음의 인간을 대상으로 한 실험연구 사례를 살펴보도록 하자.

▬ 무작위 배정

대표적인 인간을 대상으로 하는 실험연구로는 의약 효과에 관해 검증하는 실험연구들이 있다. 물론 동물들을 대상으로 실험을 할 수도 있지만, 최종적으로는 새로 개발된 시약의 임상검증은 인간(환자)을 대상으로 한다.

일단 새로운 항암치료제가 개발되었다고 가정하자. 그러면 환자들을 대상으로 두 집단으로 나누어 앞에서 제시된 비료의 사례처럼 신약과 구약을 나누어주고 환자의 건강상태의 개선여부를 측정한다. 이 때 중요한 것은 말 그대로 약 배정을 무작위로(Random Assignment)해야 하는 것이다.

그런데 인간을 대상으로 하는 연구는 참여동의를 얻어야 한다. 환자들의 동의 없이 함부로 신약실험을 하는 것은 윤리적으로 문제가 된다. 만약 주변 친척이 항암치료를 받을 때 신약 실험에 참여하면 병원입원비와 치료비 전액이 지원되는데 참여 여부를 병원으로부터 제안을 받는다면 어떻게 할 것인가를 생각해보자. 아무래도 대부분의 환자와 환자 가족들은 신약이 검증이 안되어있고 더 상태가 나빠지면 어떻게 하나 하는 생각들과 실험대상이 되는 것 자체가 심정적으로 불편하기 때문에 참여가 꺼려질 것이다.

▬ 눈 가리고 테스트, 위약효과

이러한 실험연구에서 연구대상에 대한 처치집단(이 경우 신약을 처방받게 되는 환자집단, 실험집단이라고도 한다)이 될지에 대한 여부는 무작위로 배정된다는 것이다. 즉, 실험에 참가할 환자가 받아서 복용해야 할 약이 신약인지 구약인지를 알려주지 않는다. 그나마 구약이면 괜찮은데, 위약(Placebo)이 배정될 수도 있다. 아마 항암치료약실험에서는 비타민과 같은 위약을 주지는 않고 기존 약을 처방할 수도 있다. 그러나 확실한 신약의 효과를 확인하기 위해서 비타민과 같은 위약을 처방할 수도 있다.

만약 의약실험에 참여한 환자가 신약을 배정해달라고 요구하고 싶을 수도 있다. 만약 참여하기로 결정하고 참여하는 환자가 신약을 배정해달라고 요구하면 병원에서는 신약을 배정해줄까? 그렇지 않을 것이다.

실험연구는 일단 원칙적으로는 블라인드 테스트(Blind Test: 가능한 눈을 감고 해야 하는 실험. 과거 한 콜라회사에서 맛을 홍보하기 위해 눈을 가리고 어느 콜라 맛이 더 좋은지 실험한 사례를 생각해보자. 어떤 콜라를 먹는지 몰라야 한다)여야 한다. 즉 자신이 먹는 약이 신약인지 여부를 몰라야 한다.

그 약을 나누어주는 의사나 간호사 역시 자신이 환자에게 주는 약이 신약인지 구약인지 몰라야 한다. 왜냐하면 알게 모르게 표정에서 신약이면 뭔가 희망적이 눈빛이, 구약이면 뭔가 적극적이지 않은 눈빛이 읽혀질 수도 있다. 약을 나누어주는 간호사나 의사가 포커 페이스(Poker Face: 포커를 칠 때 어떤 패를 들고 있는지를 전혀 들키지 않는 표정 관리. 보통 사람들의 표정은 좋은 패를 쥐거나 안좋은 패를 쥐면 여하간 미세한 변화가 생긴다)를 잘 구사해야 하는데 포커 페이스를 구사하는 것은 진짜 타짜가 아니면 쉽지는 않은 일이다.

이렇게 실험에 참여한 연구자나 연구대상자(피험자) 모두 눈을 가리고 연구를 수행하는 것이 편향을 발생시키지 않게 하기 위해서는 매우 중요하다. 이렇게 모두 눈을 가리는 테스트를 단순 번역하면 모두 눈가리기 테스트(Double Blind Test: 이중맹검법이라고도 번역하기도 한다. 필자의 입장으로는 '맹검'이 번역의 적절성에 다소간 의문이 있는 단어라서 '모두 눈 가리기'로 번역한다)라고 한다.

왜 이렇게 눈 가리고, 즉, 모르게 해야 하는가?

만약 자신이 먹는 약이 기존 약(혹은 위약-비타민 같은 가짜 약)임에도 불구하고 신약이라고 거짓으로 알려줄 경우 환자가 기분이 너무 좋아져서 기쁨으로 인한 생체호르몬이 더 발산되어서 약효가 일시적으로 좋게 나타날 수가 있다. 그러나 그 효과는 신약 때문은 아니라 기쁨의 호르몬 때문일 것이다. 역으로 신약임을 알고 먹으면 삶에 대한 긍정적인 마인드, 즉 신약을 먹으니까 나는 더 빨리 회복할거야라는 기대감과 그로 인한 행복 호르몬의 생성으로 사실 신약이 별로 효과가 없는데도 불구하고 건강이 좋아지는 효과가 생길 수도 있다.

이 중 앞의 경우(위약인데 먹고 회복되는 효과)를 위약효과(Placebo Effect)라고 한다. 이로 인해 신약과 위약의 효과를 구분할 수 없게 된다. 두 번째 경우는 효과 없는 신약이 좋은 약으로 잘못 분석되는 문제가 생긴다. 이러한 위약효과는 심리학에서 보면 기대효과(Expectancy Effect)와 유사한 현상이다.

그러나 그런 기대효과는 의학에서는 지속적으로 나타나지 않을 경우가 있기 때문에 위험하다. 사람의 생명과 직결되는 의약품 개발에 사람들에게 나타날 기대효과를 기대하면서 개발할 수는 없는 일이다. 약품을 개발하지 않고 그냥 건강이 회복되기를 '기대'하라고 말하고 다니면 문제가 해결되면 얼마나 좋겠는가. 그러나 현실은 그렇지 않다.

사람은 아무튼 특별한 정신적 능력을 갖고 있기 때문에 약의 정확한 보편적 효과, 즉 어떠한 심리적 상태에서 약을 섭취해도 확실한 효능이 발휘되는지를 검증해야 한다. 따라서 어떤 약을 먹는지를 모르는 편이 약효 검증에 확실한 도움이 된다.

■ 호손효과 혹은 선택편향

하지만 그럼에도 불구하고 여전히 문제는 남는다. 본인이 실험 참여에 동의하고 '선택'할 경우 실험대상임을 인지하고는 있는 상태이기 때문에 그러한 인지상태가 연구결과에 어떤 편향을 가져올지는 연구자가 정밀히 점검해야 한다.

실험대상임을 인지하고 운동을 더 열심히 하거나, 잠을 더 잘 푹 자거나 하는 등의 행동의 변화가 발생하는 등의 예기치 못한 상황으로 실험결과에 편향이 발생할 수가 있기 때문이다. 이런 효과를 즉, 피실험자(실험대상자)가 실험 관찰되는지를 알면 다르게 행동하게 되는 경향을 호손효과(Hawthone Effect)라고 말한다.

호손효과는 교육행정연구에서는 인간관계론의 중요 연구로 거론되는데, 작업장의 전등 불빛을 더 밝게 하거나, 작업시간 조정과 같은 근무환경보다는 인간관계, 사기, 신념 같은 인간적인 요인이 조직의 생산성에서 더 중요하다고 보는 이론으로 인용된다[13]. 그러나 이 실험은 감독자에게는 면접조사가 행해지고 있어서 자신의 직원이 단순한 노동자가 아니라 감정을 가진 인간으로 취급해야 한다는 인식, 그리고 종업원들이 이러한 실험에서 자

---

13 Hoy & Miskel. Educational Administration: Theory, Research, and Practice. 5th.

신이 회사에서 매우 중요한 존재로 대우되고 있기 때문에 서로 협력하는 경향이 발생한 것을 설명해주는 이론으로 보는 것이 더 적절하다.

즉, 관찰되고 있기 때문에 피실험자들이 다른 행동을 보여주고 그에 따른 왜곡된 효과가 발생하는 현상을 설명하는 것으로서 봐야 한다. 이러한 사례를 보면 인간을 대상으로 하는 연구는 정말 눈 가리고 하기에는 매우 어렵다고 볼 수 있다.

한편 본인이 스스로 연구에 참여하게 됨으로 인해서 발생할 수 있는 편의를 경제학에서는 선택편향(Selection Bias: 선택편의라고도 번역한다)이라고 한다. 경제학에서 선택편향은 좀 더 내재적인 측면 혹은 특성을 고려한다. 즉 참여하는 사람들은 뭔가 더 적극적이고 그에 따라 비참여자보다 뭔가 다른 연구자가 잘 파악하기 어려운 내재적 특성이 있을 것이라고 본다.

▬ 선택편향 사례

예를 하나 들어보자. 지하철을 타면 병원에서 고혈압이 있거나 허리 디스크 증세가 있는 시민들의 임상참여를 광고하는 경우가 있다. 참여하면 치료비는 무료이며 교통비와 시급을 지급한다. 그 광고를 보고 임상에 참여하는 사람은 참여선택을 하게 된 여러 동기가 있을 것이다. 그러한 동기가 연구의 결과가 원하는 방향대로 나오지 않게 할 수도 있다.

예를 들어 고혈압환자인데 병원에서 실험적으로 치료받는 동안 술을 마시면 안된다고 주의를 주었음에도 불구하고 이틀에 한번씩 술을 사서 마시는 보이지 않는 상황이 있을 수 있다. 이 경우는 임상실험 참여 보상비를 받아서 술을 더 많이 먹으려고 참여한 경우일 것이다. 쉽게 말해서 술 값을 벌려고 참여한 것이다.

이러한 선택편향, 스스로 선택해서 참여하는 경우 보이지 않는 특성에 의해서 발생하는 편향을 더 정확히 표현하면 자기선택편의(Self-selection Bias)라고 한다. 선택편향에 Self한 단어만 추가해서 좀 더 구체화한 것 뿐이다.

사람은 이래저래 창의적이기도 하고 복잡한 존재이다. 참고로 앞의 비료 실험연구 사례에서도 만약 식물의 씨앗이 사람과 같은 그러한 인지역량을 갖고 있다면, 역시 씨앗들에게도 새로 개발한 비료가 있는 비닐하우스에 심어지게 되는지 아니면 구 비료가 있는 비닐하우스에 심어지는지를 알려주면 안된다. 몰래 무작위로 배정해서 씨앗들을 심어야 한다.

━ 무작위 배정의 정확한 의미

다시 신약 검증 사례를 이어가보자. 신약을 검증하기 위해서는 두 그룹의 환자들의 제반 요인들이 통제되어야 한다. 여기에서 말하는 두 그룹은 실험집단과 비교집단으로 일반적으로 일컫는다. 신약이 주어지는 집단은 실험집단(Experiment Group) 혹은 처치집단(Treatment Group)이라고 부르며 신약이 주어지지 않는 집단을 통제집단(Control Group) 혹은 비교집단(Comparison Group) 이라고 부른다.

이러한 실험에서는 위약과 신약을 섭취하는 것 외에는 다른 조건들이 동일해야 한다. 연령대도 두 그룹이 유사하게 분포되어 있어야 하고, 성별도 유사하게 골고루 분포되어야 한다. 그리고 건강상태도 가능하면 유사해야 한다. 신약을 받는 환자 그룹이 건강상태가 호전되고 있는 과정에 있다면 신약효과라기보다는 환자들의 개별적 건강상태가 치료효과를 가져오는 것일 수도 있다.

병실도 가능하면 유사해야 한다. 모두 1인실을 사용하거나 혹은 두 집단 모두 4인실을 사용하는 것이 좋다. 신약을 투여받는 환자들이 대부분 1인실에 있는 환자라면 모르는 일이다. 1인실은 아무래도 4인실보다 자유롭고 지내기에 편한 환경조건이며 이러한 환경조건이 환자의 컨디션에 영향을 주어서 약 효과의 차이를 만들어낼 수도 있다.

이처럼 유사한 두 집단에게 신약과 구약을 배정하기 위해서는 무작위 배정을 시행한 후에도 과연 두 집단의 특성이 유사하고 동일한 상태와 환경에 놓여 있는지 여부도 점검하는 것이 필요하다. 그런데 이처럼 인간을 대상으로 실험을 할 때에 동일한 조건을 만드는 일은 쉽지는 않을 것이다.

무작위 배정에 대해서 한번 그 의미를 되새겨보도록 하자. 무작위 배정은 통계학적으로는 모든 표본 대상 중에서 실험집단에 속하거나 통제집단에 속할 확률이 동일해야 함을 의미한다. 만약 100명의 환자가 있어서 50명, 50명씩 실험집단과 통제집단을 설정해야 할 경우에는 실험 집단에 속할 확률이 각각의 환자가 모두 1/2이 되게 된다. 만약 여성을 더 많이 배정할 경우에는 해당 성별 확률이 1/2이 안되게 된다.

우리는 흔히 무작위라고 한다면 마구잡이로 눈감고 뽑는 걸 상상하는데, 그건 정확한 개념은 아니고 시행하는 과정을 보여주는 것일 뿐이다. 모든 개인이 동일하게 선발될 확률을 가지고 있다면 무작위로 선발하면 두 집단의 배경이 서로 비슷하게 된다. 50명의 실험집단에 속하게 되는 환자의 평균연령과 평균 가구소득, 성별 비율이 나머지 50명의 통제집

단과 유사하게 된다. 그렇지 않다면 뭔가 무작위 배정이 잘 안이루어진 것이다. 정리하면

"무작위 배정은 모든 표본대상이 실험집단에 선발될 확률이 동일해야 한다는 것을 의미한다."

우리는 주사위를 던질 때 희한하게도 꼭 1번만 여러 번 나온다거나, 6번만 여러 번 계속 나오거나 하는 경험이 있을 것이다. 이는 본인 손목의 힘과 던지는 방식이 무작위가 아니라 습관화되어 고정되어있기 때문일 것이다. 동전을 여러 번 자주 반복해서 던지면 반드시 앞면과 뒷면이 확률이 50%여야 하는데, 몇 백번을 여러 번 던져도 이상하게도 앞면이 80%만 나올 수도 있다. 왜냐하면 자신의 손가락 던지는 힘이 앞면이 80% 정도 나오도록 본인도 모르는 사이에 근육과 손가락 튕기는 방향 등이 고정되어 있기 때문으로 봐야 한다.

즉, 주사위를 던지는 본인의 근육과 손가락의 편향으로 인해서 1 혹은 6자만 나오도록 되어 있는 것이다. 그러한 여건(손가락 힘과 근육의 편향성)으로 주사위의 1, 2, 3, 4, 5, 6번이 1/6로 나올 확률이 설정되어 있지 않기 때문에 무작위 주사위 숫자 추첨이 불가능한 상황인 것이다.

▬ 무작위 수열표나 컴퓨터를 이용

그래서 우리는 무작위 배정을 위해서 무작위 수열표(Random Digit)를 이용한다. '아니다, 나는 그까짓 무작위 수열표는 필요없다, 그냥 100명 중 실험, 통제 집단을 절반으로 구분하려고 할 때 눈을 감고 아무 번호나 외치면 될거야'라고 생각하고 실험을 진행할 수도 있다. 그러나 눈을 감고 본인이 무작위로 외치는 번호가 무의식중으로 자신이 좋아하는 숫자만 나올 수가 있다.

필자도 경험해 본 바인데, 한번 실제로 해보면 번호를 무작위로 단 하나를 선택하는 것도 쉽지 않다는 것을 깨달을 것이다. 어느 날 필자의 딸이 학교에서 마술을 배워왔다고 자랑하면서 무작위로 1~100번까지의 번호 중 아무 번호나 하나 머릿속에 생각하면 본인이 마술로 맞춰보겠다고 한 적이 있었다. 그런데 무작위로 번호를 마음 속에 정하는 것이 쉽지 않았다. 아주 약간의 머뭇거림의 시간이 걸렸고, 결국 38번을 정했는데, 생각해보니 카드 놀이할 때 좋아했던 숫자인 38(광땡)이었다.

따라서 이처럼 본인이 스스로 머릿속으로 만들어보겠다는 방법은 별로 좋은 생각은 아니다(그리고 아주 약간의 머뭇거리는 힘도 든다). 요즘은 컴퓨터 등을 통해서도 무작위 배정을 할 수 있다. 따라서 가급적 무작위 수열표나 컴퓨터 등을 이용하는 것이 좋다.

○ 교육분야의 실험연구 사례들1: STAR 프로젝트

이러한 실험연구는 교육연구분야에서는 그럼 많이 이루어져 왔는가? (교육)심리학 분야에서 어느 정도 많이 시행되어 왔다. 그리고 교육정책/교육행정 분야에서도 간간히 이루어져 왔다. 대규모로 이루어진 교육정책분야의 실험연구는 미국에서 80년대에 시행된 학급규모 효과 검증을 위한 실험연구이다. 이 실험연구의 명칭은 STAR(Student Teacher Achievement Ratio) 프로젝트인데, 학급규모 연구에서 가장 유명한 실험연구이다.

STAR 프로젝트는 학급규모 연구에서 기념비적인 실험연구이기 때문에 한편 살펴보자. 실험연구를 구체적으로 살펴보는 이유는 인간을 대상으로 한 교육연구에서의 실험설계가 어렵다는 것, 그로 인해 분석 역시 어렵다는 것을 생각해보기 위한 것임을 먼저 밝힌다.

1985년도에 시작된 STAR 프로젝트는 유치원 1년, 초등학교 1,2,3학년까지 이어졌다. 즉, 1985-1989년 총 4년 동안 실행된 실험인 것이다. 이 실험에 참여하기로 한 학교들의 아이들은 1) 소규모 학급규모 13~17명, 2) 정규 학급규모 22~25명, 3) 정규학급규모에 보조교사 배치 세 그룹 중에 무작위로 배정이 이루어졌으며 교사 역시 무작위로 배정이 되었다. 실험에 참여한 학교와 학생 등에 대한 기술 통계는 다음 <표 IV-1>과 같다(Finn, et al., 2001).

표를 보면 실험연구에 참여한 학교 수는 79개에서 76, 75개교로 아주 약간 감소함을 알 수 있다. 학급수는 소규모는 오히려 증가하고 정규학급 수는 초1에서 증가하고 그 이후 초등학교 3학년 시기에는 90개교로 감소한다. 학급규모 중간값은 거의 변화가 없지만 정규학급은 초등학교 3학년 때에 24명으로 2명 정도가 늘어나며 소규모 학급은 16명으로 한 명이 증가한다. 대상 학생 수를 보면 초등학교 1학년 때 약간 늘어난 후 초등학교 3학년때 약간 감소하지만 6,800여명대를 유지한다. 교육현장에서 이렇게 대규모의 실험을 하기는 상당히 어렵다.

표 IV-1 STAR 실험 연구 표본 수

	학년			
	유치원	초등 1학년	초등 2학년	초등 3학년
학교 수	79	76	75	75
학급 수	325	339	340	338
소규모	127	124	133	140
정규	99	115	100	90
정규+보조교사	99	100	107	108
학급규모 중간값				
소규모	15	15	15	16
정규	22	22	23	24
정규+보조교사	23	23	23	24
학생 수	6,325	6,829	6,840	6,802
소수학생비율	32.8	33.1	34.6	33.4
무료급식대상학생비율	48.3	50.2	48.8	48.4

출처: Finn, et al(2001).

이렇게 실험 조건을 4년 동안 유지하기 위해서는 재정투자가 많이 필요할 것이다. 당시 이 프로젝트를 주도한 테네시 주지사 알렉산더(Lama Alexander)는 교육을 최우선 정책과제로 삼은 주지사였다. 지금 생각해보면 무모한 도전으로 보이는 실험인데 당시 예산은 연간 300만 달러의 비용이 들었다(Mosteller, 1995).

그렇다면 4년간 총 1,200만 달러가 소요된 실험연구이다. 달러 환율을 1200원으로 가정하면 한화로 약 144억원이 소요된 것이다. 그런데 1980년대 중반에 한국의 경우 짜장면 값이 대략 500원이었는데, 지금 10배 이상이 오른 6~8천원하는 상황, 즉 물가를 고려한다면 아마도 현재 예산으로 최소 10배 정도인 1,440억원 이상은 될 것이다. 과연 우리가 1,440억원을 투자해서 학급규모 효과 실험을 할 필요가 있을까? 하는 의문이 들 수 있다.

그 이후로 이러한 대규모의 학생들을 대상으로 한 실험연구는 없는 것으로 보인다. 실험연구가 아닌 설문조사 연구, 예를 들어 한국교육개발원의 교육종단연구의 경우 6,000명 이상의 학생들을 대상으로 이루어지긴 했지만 점심시간이나 자율학습 시간에 40분정도면 시간을 내면 되고 이처럼 많은 예산이 투여되지 않는다. 당시 한국 교육종단연구의 예산은 1년에 2억원 정도 소요되었기 때문에 10년간 종단조사를 한다고 해도 20억원이 소요되며

IV. 과학적 연구를 위한 노력들

STAR 프로젝트 하나를 시행 안하면 새로운 종단 연구를 70번을 할 수가 있다. 돈, 재정이야기를 하니 왠지 째째한 느낌이 들기도 하지만 고려하지 않을 수가 없다.

　그렇다면 연구방법의 측면에서 좀 더 살펴보자. 위의 STAR 실험연구의 표본 수가 제공된 표를 보면 뭔가 부족한 점은 느껴지지 않는가? 앞의 실험설계의 적정성을 확인하기 위해서는 세 집단의 학급규모에 배정된 학생들의 가정 배경이 균등하게 분포하고 있는지, 즉 유사한지를 살펴봐야 한다. 그리고 저소득층 학생이나 소수집단 학생들이 각 학급규모별로 몇 퍼센트씩 배정되어 있는지를 보여주면 더 좋을 것으로 보인다. 다행히도 Krueger(1999)가 관련 데이터를 제시하고 있다.

　<표 IV-2>에서는 추론통계, F-test까지 한 결과인 유의확률 값(P-value)까지 포함시켜서 제공하고 있는데, 유의확률 값을 제외하면 기술통계분석 혹은 기초통계분석이라고 볼 수 있다. F-test를 통해서 세 집단 이상의 평균의 통계적 유의성이 있는지를 확인까지 했는데 안타깝게도 학생의 인종적 특성은 초등학교 1~3학년에서 세 집단 간에 차이가 존재함을 알 수 있다(나중에도 계속 설명하겠지만, p-value가 0.05보다 작아야 유의한 것으로 판단할 수 있다. p-value에 대해서는 반복설명을 계속할 예정이다).

표 IV-2 STAR 프로젝트 시작 당시 학생 특성

A. 유치원 때 STAR 프로젝트에 참여한 학생들				
변수(variable)	소규모	정규	정규+보조교사	P–Value
무료급식(Free lunch)	.47	.48	.50	.09
백인/아시안(White/Asian)	.68	.67	.66	.26
연령(Age in 1985)	5.44	5.43	5.42	.32
누락률(Attrition rate)	.49	.52	.53	.02
학급규모(유치원)	15.1	22.4	22.8	.00
백분위 점수(유치원)	54.7	49.9	50.0	.00
B. 1학년 때 STAR 프로젝트에 참여한 학생들				
변수(variable)	소규모	정규	정규+보조교사	P–Value
무료급식(Free lunch)	.59	.62	.61	.52
백인/아시안(White/Asian)	.62	.56	.64	.00

B. 1학년 때 STAR 프로젝트에 참여한 학생들				
변수(variable)	소규모	정규	정규+보조교사	P-Value
연령(Age in 1985)	5.78	5.86	5.88	.03
누락률(Attrition rate)	.53	.51	.47	.07
학급규모(초1)	15.9	22.7	23.5	.00
백분위 점수(초1)	49.2	42.6	47.7	.00

C. 2학년 때 STAR 프로젝트에 참여한 학생들				
변수(variable)	소규모	정규	정규+보조교사	P-Value
무료급식(Free lunch)	.66	.63	.66	.60
백인/아시안(White/Asian)	.53	.54	.44	.00
연령(Age in 1985)	5.94	6.00	6.03	.66
누락률(Attrition rate)	.37	.34	.35	.58
학급규모(초2)	15.5	23.7	23.6	.01
백분위 점수(초2)	46.4	45.3	41.7	.01

D. 3학년 때 STAR 프로젝트에 참여한 학생들				
변수(variable)	소규모	정규	정규+보조교사	P-Value
무료급식(Free lunch)	.60	.64	.69	.04
백인/아시안(White/Asian)	.66	.57	.55	.00
연령(Age in 1985)	5.95	5.92	5.99	.39
누락률(Attrition rate)	NA	NA	NA	NA
학급규모(초3)	16.0	24.1	24.4	.01
백분위 점수(초3)	47.6	44.2	41.3	.01

출처: Krueger(1999). 주. 미국 통계표는 0.6을 그냥 .6으로 제시하기도 한다.

  그리고 초등학교 3학년의 세 집단의 저소득층 학생비율(무상급식대상자)도 통계적으로 유의미한 차이가 난다. 특히나 실험에 참여했을 때의 학생들의 성취도는 백분위 점수에서 통계적으로 유의미한 차이가 난다. X장에서 언급하겠지만, 연구자들이 시험점수와 그에 미치는 영향들을 나름 통제하여도 처음 시작 점수의 차이는 이 세 집단에 학생들이 완전하게 무작위로 배정이 되었더라도 뭔가 다른 특성을 지닌 집단일 가능성을 보여준다. 따라서 데이터에 대한 정리 그리고 중다회귀분석 등을 수행하여 여러 배경변수들을 통제해줄 필요가 있었다. 여하간 실험연구로서 무작위 배정이 잘 이루어졌다고 보기에는 어려움이 있다. 이처럼 교육연구에서 대규모로 인간을 대상으로 실험연구를 디자인하는 것은 쉽지 않은 일이다.

한편 이처럼 종단적으로 4년간 연구하는 실험에서는 중간에 다른 주 등으로 이사를 가거나, 새로 전학을 오는 학생들도 있었으며 자신의 자녀를 소규모 학급으로 옮기는 경우도 있었다.

<표 IV-3>은 일종의 행렬(Matrix)표이다. 대충 어떻게 봐야 하는지 알 수 있을 것인데, 초등학교 1학년에서 2학년으로 진급할 때 정규학급에서 소규모 학급으로 옮긴 학생이 152명이나 된다. 소규모 학급에 계속 남아 있던 1,435명의 거의 10% 정도나 되는 비율이다.

전학을 가거나 하는 방법으로 소규모 학급으로 옮겼을텐데, 이처럼 실험이 진행되고 있다는 사실은 시의회에서 예산이 통과되고 주지사가 과감히 진행했기 때문에 학부모들은 모두 이 학급규모 효과 실험을 인지하고 있었을 것이다. 그래서 교육열 높은 한국처럼 맹모삼천지교를 실행한 미국 테네시 주의 학부모들도 있었던 것이다.

현실에서는 학교운영을 해나가야 하기 때문에 완벽한 실험은 쉽지 않다. 이탈률(Attrition Rate)도 전반적으로 꽤 높은 편이다. 이탈률을 보면 유치원과 초등학교 1학년에서 50%전후에 이른다. 그런데 왜 앞의 <표 IV-1>의 실험 기초통계표에서 표본 수는 큰 변화가 없는가? 이는 대체 표본을 확보했기 때문이다.

표 IV-3 학생의 이동: 학년이 올라갈 때 학급규모별 이동한 학생 수

A. 유치원에서 초등학교 1학년 진급				
초 1학년				
유치원	소규모	정규	정규+보조교사	계
소규모	1,292	60	48	1,400
정규	126	737	663	1,526
정규+보조교사	122	761	706	1,589
계	1,540	1,558	1,417	4,515

B. 초등학교 1학년에서 2학년으로 진급				
2학년				
1학년	소규모	정규	정규+보조교사	계
소규모	1,435	23	24	1,482
정규	152	1,498	202	1,852
정규+보조교사	40	115	1,560	1,715
계	1,627	1,636	1,786	5,049
C. 초등학교 2학년에서 3학년으로 진급				
3학년				
2학년	소규모	정규	정규+보조교사	계
소규모	1,564	37	35	1,636
정규	167	1,485	152	1,804
정규+보조교사	40	76	1,857	1,973
계	1,771	1,598	2,044	5,413

출처: Krueger(1999).

STAR 프로젝트의 연구결과 소규모 학급의 학업성취도에서 긍정적인 효과를 보이는 것으로 나타났다. 그렇지만 동시에 이 연구는 인간을 대상으로 한 교육연구에서 대규모 실험연구 설계와 진행이 얼마나 어려운 일인지를 보여준다. 학생들은 전학을 가기도 하고, 전학을 오기도 하고, 집안에 어려움이 생기기도 한다. 심지어 학급규모를 딱 맞추어서 설정하기도 어려웠다. <표 Ⅳ-4>를 보면 그 사실을 확인해볼 수 있을 것이다.

실험집단인 소규모 학급규모의 경우 평균 15.7명으로 학급당 학생 수 통계가 제시된다. 그런데 학급규모가 18명, 19명, 20명인 학급 수도 108개, 57개, 20개가 존재했다. 비교집단으로 볼 수 있는 정규규모 학급의 경우 평균 학급당 학생 수가 22.7명인데 학급규모가 실험집단과 유사한 16명, 17명, 18명 학급규모의 학급 수가 16, 17, 36개나 된다. 정규교사에 보조교사가 배치된 또 다른 비교집단의 경우는 10명대의 학급규모는 많지 않지만, 그래도 19명인 학급 수가 57개, 20명은 120개가 존재했다.

표 Ⅳ-4 STAR 프로젝트의 실제 세 집단의 학급규모별 분포 학급 수

실제 초1 학급규모	학급규모별 초등학교 1학년 학급 수		
	소규모	정규	정규+보조교사
16	256	16	0
17	561	17	0
18	108	36	0
19	57	76	57
20	20	200	120
평균 학급규모	15.7	22.7	23.4

출처: Krueger(1999). 세 집단(소규모, 정규, 정규+보조교사) 중 중첩되는 학급규모의 해당 학급수만 제시함. 표를 보면 정규학급규모로 분류되었음에도 불구하고 상당히 중첩되는 규모가 존재함.

결국 실험연구이긴 하지만, 완벽하게 실험을 설계하기에는 어려움이 있었다. 이러한 실험설계과정에서 생기는 잡음들(Noise), 즉 학생의 전학에는 선택편의가 들어가 있으며 근본적으로 눈뜨고 실험을 시행한(Non-Blinded) 문제, 기초통계분석 상에서의 학급규모의 분포상의 문제, 이탈률 등등을 다 점검해서 분석을 시도해야 하는 어려움이 존재한다.

하지만 언감생심이라고 했던가, 그나마 이런 시도조차 없었다면 학급규모 효과에 대한 치열한 연구와 논쟁은 없었을지도 모르겠다. 완벽하지는 않지만 정말 획기적인 시도이다. 문제는 실험연구설계와 진행을 위한 재정이다. 앞으로 이렇게 테네시 주처럼 많은 재정투자를 해서 대규모 교육실험을 하기에는 현실이 만만치 않다. 특히 코로나19 이후 인간 세상은 더욱 복잡해지고 경제적으로 어려워지고 있다. 게다가 윤리적 문제도 강화되고 있다.

᱆교육분야의 실험연구 2: 피그말리온 효과

교육행정,정책 관련해서 시행된 STAR 실험연구와 비교하면 대학의 실험실이나 학교현장의 한 교실에서 이루어지는 실험은 상대적으로 제반 요인을 통제하기가 쉽다. 그리고 몇 천명을 대상으로까지 표본을 설계하지 않아도 된다. 소규모로 상대적으로 적은 실험예산으로 시행할 수가 있다.

교육심리학 연구에서 가장 유명한 실험연구 중 하나는 피그말리온 효과 연구이다. 교

사의 기대가 학생의 성취도나 인지발달에 긍정적인 영향을 준다는 연구이다. 이 연구에서 아동의 일반능력(언어와 추론)을 검사해서 관련 인지능력을 살펴보았다. 연구의 디자인은 "소규모"로 한 학년이 3학급인 총 18학급으로 구성된 초등학교를 선택하였다. 그리고 모든 학생들을 대상으로 인지능력검사를 시행했는데, 학업역량 향상도를 예측하도록 디자인된 시험이라고 교사를 포함한 학교관계자들을 모두 속인다.

즉 이 시험결과를 통해 향후 어느 학생이 학업성취도 향상이 크게 보일지를 예측 가능하다고 속인 것이다. 사실 이 시험은 예측하는 시험이 아니라 그냥 현재의 지적역량을 측정하는 시험일 뿐이었다. 연구의 목적을 숨기고 진행한 실험인 것이다. 그래야 눈 가리기를 한 실험이 되는 것이다.

그리고 무작위 수열표를 이용해서 18개의 학급에서 각각 20%의 학생 리스트를 만들어서 담임교사에게 그 명단을 주고 성취도예측 측정 시험을 보니 이 학생들이 향후 성적이 크게 향상될 학생이라고 알려준 것이다. 물론 이 말도 거짓말이고 이 학생들은 실험집단이 되는 것이었다. 교사랑 학생 모두 눈을 가린 상태이다. 학생들은 뭔가 언어와 추론 시험을 봤지만 자신의 점수를 알지 못하며, 교사만 거짓으로 성적이 향상될 학생들의 명단을 알고 있는 상황이 된 것이다. 그리고 8개월 후 시험을 다시 본 결과는 <표IV-5>와 같이 나왔다.

표 IV-5 평균향상점수(Mean Gains in IQ)

학년	Controls		Experimentals		Diff.	t	p †
	M	σ	M	σ			
1	12.0	16.6	27.4	12.5	15.4	2.97	.002
2	7.0	10.0	16.5	18.6	9.5	2.28	.02
3	5.0	11.9	5.0	9.3	0.0		
4	2.2	13.4	5.6	11.0	3.4		
5	17.5	13.1	17.4	17.8	−0.1		
6	10.7	10.0	10.0	6.5	−0.7		
가중평균	8.4*	13.5	12.2**	15.0	3.8	2.15	.02

*학년당 평균 아동수 = 42.5
**학년당 평균아동 수 = 10.8
† p one-tailed(단측검증)

출처: Rosenthal and Jacobson(1966).

<표 Ⅳ-5>를 보면 실험집단과 통제집단 학생들의 인지검사 향상점수의 평균값이 비교 제시되고 있다. 그리고 나중에 살펴볼 t-test, 즉 두 집단의 평균값의 통계적 유의성 검사 값이 오른 편에 제시되어 있다. 추후에 설명하겠지만 두 집단의 비교는 t-test를 하게 된다.

표를 잘 보면 1,2학년만 성취도에서 통계적으로 유의한 차이가 있다. 즉, 유의확률은 0.05보다 작아서 저학년인 1, 2학년에서 실험집단, 즉 공부를 잘 할 아이들이라고 거짓말로 교사에게 알려준 그 아이들의 점수가 신기하게도 더 향상이 많이 된 것이다. 그리고 3~6학년 피그말리온 효과가 없는 것으로 나타나고 있다.

왜 이러한 결과가 산출된 것일까? 저학년 교사만 혹시 8개월 동안 그 20%의 명단의 학생들을 더 열심히 가르쳤을까? 해당 초등학교의 저학년에서 개별화 수업이 이루어질 수 있었다면 그런 해석도 가능하다. 그런데 왜 고학년은 별로 의미있는 차이는 없었을까? 고학년은 혹시 개별화 수업이 불가능했던 것일까? 하지만 60년대의 미국의 초등학교는 교사 중심 수업이 큰 흐름으로 저학년에서만 개별화 수업이 이루어졌다고 보기에는 어렵다[14].

이 논문에서는 몇 가지 해석을 제시한다. 일단 고학년은 해당 명단이 영어로 표현하자면 Fake list, 허위 명단임을 담임교사가 눈치챘을 수가 있다. 사실, 3학년 이상이면 해당 학교의 교사들 사이에서 누구누구는 공부를 잘 하고 누구누구는 좀 공부를 잘 따라가지 못한다 등의 사전 정보가 구축되어 있을 수 있다. 그래서 기대를 하지 않았다는 해석이다.

저학년에서는 실험집단 명단을 교사가 정말 성장가능성이 있는 아이로 보았을 수 있다. 아직 저학년들은 누가 공부를 잘하는지 못하는지 담임교사가 파악하고 있지 못하기 때문이다. 그리고 아무래도 어린 저학년의 경우 교사의 기대의 눈빛을 쏘이면 더 열심히 노력하는 일이 생겼을 수도 있다.

고학년은 이미 교사와 많이 부대끼면서 교사가 그러한 기대의 눈빛으로 쳐다보지 않았을지 모른다. 그리고 저학년은 다른 고학년보다 해당 학군에 최근에 이사왔을 수도 있으며 뭔가 다른 특성을 지녔을지도 모른다.

마지막으로 저학년을 담당한 담임선생님들은 무의식적으로 기대감을 가진 효과적인 다면적 의사소통 역량을 지니고 있어서 그런 결과가 나올 수도 있겠다. 즉 저학년 담임교

---

14 Cuban, L, How Teachers Taught, 이 책은 1890~1990까지의 미국 수업에서의 교사의 수업방식의 점진적이고도 매우 느린 변화를 보여준다. 60년대 후반과 70년대부터 학생중심의 교수법이 점진적으로 도입되면서 혼합적 교수법의 변화가 생긴다고 언급한다.

사의 특성이 고학년 담임교사와 다르다는 것이다.

이 해석들을 잘 들여다보면 교육통계분석은 많은 내공을 요구함을 알 수 있다. 혹시 다른 해석은 없을까? 그리고 한번 <표 IV-5>를 천천히 들여다보면서 전체 표본 수는 몇 명인지, 실험집단은 각 학년마다 몇 명일지, 등을 계산해보자.

만약 당시에 가능했다면 학생 인지능력시험이후에 아이들의 사회경제적 배경(가구소득 정도)을 간략히 조사했으면 어땠을까 하는 생각이 든다. 무작위 배정을 20%를 했지만 설마 저학년의 20%가 고소득층 자녀는 아니었기를 바랄 뿐이다. 그리고 여전히 무작위 배정을 학생들에게 했지만 앞에서 제시한 해석의 일환인 저학년 교사와 고학년 교사의 특성의 차이 같은 점은 통제할 수 없는 주어진 환경으로 볼 수도 있다.

이러한 교육심리학에서의 실험은 대상 학생 수가 STAR 프로젝트보다 훨씬 적으며 기간도 8개월로서 STAR 프로젝트의 4년이라는 기간보다 상대적으로 짧다. 따라서 연구비도 훨씬 적게 소요되었을 것이다.

교사가 편견을 버리는 것이 중요하고 모든 학생들에게 많은 기대감을 가지면 좋다. 하지만 교사들은 아마 그 과정에서 많은 좌절도 겪고 희망을 가지기도 하면서 살 것이다.

참고로 이 Rosenthal and Jacobson(1966)의 실험은 쥐를 대상으로 해서 일정정도 기대효과를 검증한 이후에 인간을 대상으로, 즉 교사와 학생들을 대상으로 시행한 실험이다. 분량이 너무 길어지는 관계로 쥐를 대상으로 한 실험은 어떻게 수행되었는지에 대해서 수업시간에 별도로 이야기해야할 것 같다.

2 자연실험연구 ●

ꞯ 자연실험의 사례1: 역사연구

자연적으로 일상생활에서 알게 모르게 실험이 이루어진 경우가 존재할까? 이 말은 현실에서 자연스럽게 제반 요건들이 통제되고 몇몇 요인들만 다르게 주어져서 어떠한 결과가 이루어졌는지를 살펴볼 수 있는 경우를 의미한다. 연구자가 특별히 노력하지도 않고 속된 말로 거저 먹을 수 있는 경우인데, 이런 경우 우리는 자연실험(Natural Experiment) 데이터를 확보할 수가 있다. 그리고 인과관계나 이론 등을 검증해볼 수가 있다.

자연실험은 계량연구뿐만 아니라 인류역사 연구에서도 등장한다. 대표적인 사례가 제레드 다이아몬드가 집필한 총균쇠에 등장한다[15].

> "모리오리족과 마오리족의 역사는 환경이 인간사회에 미치는 영향에 대한 단기간에 걸친 소규모의 자연 발생적 실험이라고 할 수 있다… 폴리네시아에 인간이 시작했을 때 바로 그런 실험이 진행되었다…"(총균쇠, 75쪽)

총균쇠의 75쪽 이후의 해당 부분(인간의 환경 적응력 연구를 가능하게 한 자연발생적 실험)을 읽어보기를 바란다. 핵심은 동일한 종족, 즉 유전적으로 혈연적으로 동일한 종족이 다른 환경 속에 다른 제도와 문화 등을 발전시키는 과정에 대한 정보가 제공된다. 우리는 인종주의적 편견에 사로잡히는 경우가 있다. 총균쇠를 읽어보면 사회발전, 인류역사에서 유전이나 핏줄보다 환경요인이 결정적으로 중요함을 알 수 있게 된다.

표 IV-6 역사적 자연실험: 자연환경이 경제양식과 제도, 문화의 차이를 야기한 경우

	지역적으로 거주가 분리	기후, 경제양식	제도, 문화
폴리네시아인	채텀제도로 이주: 모리오리족	한랭기후로 농경에서 수렵채집	작은 섬들—2000명의 소규모 인구유지, 평화롭게 공존, 중앙조직부재
	뉴질랜드 지속거주: 마오리족	온난한 기후로 농경유지	인구증가로 이웃집단과 전쟁. 위계/계층 형성

주: 총균쇠에서 제시된 소규모 자연실험 예시를 필자가 표로 정리함

이 경우는 인종 혹은 혈연적 요소가 통제가 된 실험이며 동일한 폴리네시아인이 뉴질랜드라는 기후조건에서 거주한 경우, 그리고 채텀제도라는 작은 섬으로 구성된 조건에서 거주한 경우에 어떠한 생활양식과 제도 문화의 차이가 발생하는지를 본 실험이다. 이 작은 자연실험의 과정과 '결과'는 책을 직접 읽어보기 바란다. 모리오리족은 안타깝게도 지구상에서 현재 존재하지 않는다.

---

15 제레드 다이아몬드, 총, 균쇠. 문학사상사. 김진준 옮김.

⚲ 자연실험의 사례2: 분단된 도시와 국가

이와 유사한 자연실험은 또 무엇이 있을까? 미국과 멕시코 전쟁에서 도시가 분리된 곳이 있다. 과거 멕시코의 도시였던 엘 파소 델 노르테가 북부는 미국의 도시 엘파소로 그리고 남쪽은 사우다드 후아레스로 분단이 되었다. 원래 혈연적으로 문화적으로 동질적으로 하나였던 도시가 중간에 국경이 생기고 두 도시로 분리된 것이다. 다만 절반(엘파소)은 미국이라는 국가의 정치경제체제, 다른 절반(사우다드 후아레스)은 멕시코라는 국가의 정치경제라는 차이만 존재한 것으로 볼 수 있다.

정치경제체제만 다르게 설정하고 다른 요소들(인족적 요인, 문화적 요인, 언어적 요인 등)은 통제한 후에 해당 두 도시의 발전이 어떻게 진행되는지에 대한 자연적 실험이 시작된 것이다. 결과는 미국의 융성과 함께 엘파소는 번영을 구가하고 사우다드 후아레스는 마약 등의 사회 문제가 많은 도시의 이미지를 갖게 된다. 정치경제체제의 차이는 인종적 정체성과 기후 조건, 문화 등이 동일한 과거의 엘파소 델 노르테를 완전히 다른 두 도시로 만든 것이다. 정치경제적 차이가 얼마나 많은 인간의 삶의 차이를 가져오는지를 보여주는 자연실험의 사례로 볼 수 있다[16].

어쩌면 한반도 역시 자연실험을 하고 있는 지역일 수도 있다. 남북 모두 고려-조선으로 이어지는 역사적 동질성을 갖고 있으며 언어도 동일하며 혈연적으로 동일한 두 개의 국가이다. 그러나 남쪽은 민주주의와 시장경제체제를, 북쪽은 전체주의 정치체제와 사회주의 경제체제를 도입해서 운영하고 있다.

미국과 멕시코 국경으로 분리된 도시인 엘 파소 델 노르테와는 달리 기후차이라던가 지리적 요건의 차이는 그러나 존재한다. 북한은 상당히 겨울에 춥고 농지면적도 남한보다 적다. 대신 자원은 상대적으로 북한이 더 많이 매장되어 있을 것이다. 여러 우여곡절이 있었겠지만, 이 사회체제의 자연실험(북-사회주의, 남-시장경제)은 북한이 인정하지 않을지도 모르겠지만, 시장경제의 승리로 끝난 것으로 볼 수 있다[17].

---

16 제도주의(Institutionalism) 시각에서 미국과 멕시코로 분리된 엘파소 도시 이야기를 다룬 다큐멘터리가 방영된 적이 있는 것으로 기억하고 있다. 이 부분은 그 다큐멘터리를 본 기억을 참조하였다.

17 물론 북한에 대한 미국의 경제제재 등 남북한의 경제발전의 차이를 야기하는 여러 요인이 있었을 것이다. 따라서 기후와 자원의 차이 등과 여러 사건들을 고려하면 남북한 경제체제에 대한 완벽한 자연실험이 이루어진 거라고 보기에는 어려움이 있긴 하다.

○ 교육연구에서의 자연실험: 밀워키 바우쳐 효과 연구

교육연구에서의 자연실험 사례는 무엇이 있을까? 자연실험은 여러 요인들이 통제되어서 진행된 경우를 의미한다. 자연상태에서 이렇게 완전히 통제된 상황은 쉽게 찾기에는 어려움이 있다. 일단 미국에서 학교선택권(바우쳐, Voucher) 효과 연구를 수행하기 위한 사례를 보자.

미국은 시장경제 논리가 강조되는 사회이다. 교육분야도 마찬가지인데 90년대 이후 차터스쿨, 바우쳐 프로그램 등 학교 선택권을 강화하는 교육개혁 프로그램이 등장하기 시작하였다. 바우쳐 프로그램은 일종의 쿠폰과 유사한 제도로서 학생들이 원하는 학교에 지원해서 입학하면 교육청으로부터 지급받은 학비쿠폰인 바우쳐를 학교에 제출하고, 해당 학교는 그 바우쳐를 교육청에 제출해서 학교운영비를 지원받는 제도이다[18].

미국에서 바우쳐 프로그램을 최초로 시행한 지역은 위스콘신 주의 밀워키라는 도시였다. 다만 세부적으로 바우쳐 프로그램에 대한 제한이 많았는데, 저소득층에게만 주어질 것, 사립학교에 지원하게 되며 해당 사립학교는 비종교계열이며 추가학비를 바우쳐 프로그램으로 지원한 학생에게는 받지 말 것, 학교 입학 정원에서 50%이내에서만 선발할 것, 입학정원의 50% 이상의 바우쳐 프로그램 학생들이 지원할 경우 무작위로 선발할 것 등의 조건을 달고 있었다(Witte, 1991).

한국에서 시행하고 있는 고교선지원 후추첨 제도도 바우쳐라는 학비쿠폰만 없지만 유사한 학교선택 제도로 볼 수 있다. 일반적으로 1, 2, 3지망으로 원하는 일반고등학교명을 적어내는데 본인이 원하는 1지망(지역전체 중에서 선택) 학교에 배정받지 못하면 2지망(학군 내에서 선택) 학교에 배정되고 이마저 안되면 3지망 학교에 대체적으로 배정되는데, 이 과정에서 무작위로 추첨이 이루어져 배정된다. 하지만 미국의 바우쳐 프로그램과 차이점이 더 많다. 미국의 경우 저소득층만 해당되며 비종교사립학교에 지원가능하며 해당 바우쳐 대상 사립학교는 입학정원의 50%이내에서만 입학시키는 조건 등 학교선택권 시행의 세부 제도는 매우 다른 점을 보여준다.

그렇다면 연구 문제를 한번 고민해보자. 학교선택권제도인 바우쳐 효과를 측정하기 위해서 어떻게 연구를 하면 될 것인가? 쉽게 가정해서 바우쳐가 학업성취도를 향상시키는지에 대한 연구를 한다고 가정해보자. 어떻게 연구를 하면 될 것인가?

------

18 원래 바우쳐는 복지분야에서 저소득층에게 지급하는 물품구매상품권이다.

일반적으로 바우쳐를 이용해서 본인이 원하는 학교에 입학한 학생들과 그렇지 않고 일반 공립학교에 배정받은 학생들과 비교하는 연구를 수행한다고 답변할 것이다. Witte(1991)의 1차년도 효과연구도 그렇게 분석했다. 일반 공립학교에 다니는 저소득층 학생들 중에서 무작위로 선택해서 성취도를 비교했다. 그리고 전체 공립학교 학생 성취도와도 비교분석을 수행하였다.

그런데 여기에서 다른 연구자들은 한 가지 아이디어를 고안해낸다. 만약 A, B, C라는 학교가 있다고 가정해보자. 이 세 학교에 입학정원의 절반이 100명씩인데, 인기가 좋은 학교여서 200명씩 지원했다고 치자. 그러면 무작위 추첨결과에 따라서 100명은 합격하고 나머지 100명이 탈락해서 인근 다른 학교에 배정된다. 연구자들은 이 과정이 일종의 자연실험이라고 보았다. 무작위 추첨을 해서 A, B, C 학교에 다니게 된 300명의 학생들의 성취도와 탈락한 300명 학생의 성취도를 비교해보면 된다는 것이다. A, B, C 학교에 지원한 학생들은 유사한 특성을 가지고 있을 것이며 무작위로 추첨했기 때문에 실험실에서 무작위로 배정한 것과 동일한 상황이라는 것이다.

이러한 아이디어를 제시한 연구자는 Green et al(1996)이다. 이렇게 분석하는 것은 일단 단순히 바우쳐를 이용하지 않고 일반 공립학교에 재학하고 있는 모든 학생들과 비교분석하는 것보다 자기선택편의(Self-selection Bias)를 통제하는 효과가 있다. 바우쳐 지원 합격자와 지원했지만 탈락한 두 집단 모두 교육열도 비슷할 것이며 유사한 특성을 가진 집단일 가능성이 매우 높을 것이다.

그러나 이 과정에서 운영상 매년 선택하는 학생들이 새로 생긴다는 점도 있었다. 당시 바우쳐 프로그램의 운영은 매년 학생들이 새롭게 지원하는 방식으로 운영이 되었다. 1학년 때 바우쳐로 비종교계 사립학교에 추첨되어서 다닌 후에 또 다시 해당 학교나 인근 다른 비종교계 사립학교에 지원하는 방식이었다.

하지만 이러한 과정은 모두 바우쳐 프로그램의 효과를 실험을 하기 위한 차원에서 시행된 것은 아니었다. STAR 프로젝트는 명백한 실험연구인 반면, 바우쳐 프로그램은 공교육에 경쟁요소를 도입하기 위해서 진행한 교육개혁정책이었을 뿐이었다. 입학정원 내에서 지원한 학생 수가 정원을 초과하면 무작위로 추첨해서 학생을 입학시킨 것은 실험연구를 하기 위해서가 아니라 공적 재원의 학비쿠폰으로 시행하는 바우쳐 제도, 즉 학생의 선택권을 보장하는 제도이기 때문에 학교가 학생을 선택해서 선발하는 것을 제한하는 차원에서 추첨을 한 것 뿐이었다. 이러한 추첨이라는 제도로 인해서 결과적으로는 자연실험적 연구를 할 수 있게 된 것이다.

그러나 자연실험연구도 쉽지는 않다. 당시 바우쳐프로그램에 참여한 사립학교들은 밀워키시에서 추가 학비를 받지 못하도록 하는 바람에 재정상 어려움을 겪었다. 학생 1인당 교육비도 밀워키 공립학교 평균은 당시에 6,656달러였는데, 이들 사립학교는 3,339달러 밖에 되지 않았다. 그로 인해 교사의 임금도 적었고, 매년 이직계획을 세우는 교사는 50%에 달했다. 게다가 학교를 이끄는 교장도 매년 교체되는 학교도 있었다. 특히 Juanita Vigil Academy라는 사립학교 한 군데는 90년도 가을에 63명의 바우쳐를 제공받은 학생을 입학시켰으나, 6개월 후에 종교교육을 해야 한다는 이유로 바우쳐 선택 학교로부터 탈퇴하겠다고 밝혔다. 그로 인해 해당 63명의 바우쳐를 갖고 입학한 저소득층 학생들은 밀워키 일반 공립학교로 옮겨야 했다(Witte, 1991).

따라서 이 바우쳐 프로그램 효과연구는 연구자의 주장대로 온전한 자연실험연구라고 보기에는 어려움이 있다. 비록 무작위로 두 집단(바우쳐 선택 시행 학생 vs 탈락한 학생)이 배정되었으나, 배정된 학교의 특성이 매우 달랐으며 중간에 63명이나 일반 공립학교로 옮기는 일까지 발생했기 때문이다.

표 Ⅳ-7 밀워키 바우쳐 효과 자연실험 연구

	정원 초과 지원 시	연구자의 학생 대상 구분	배정학교 현황	학생 배경 특성
바우쳐 지원학생 (저소득층학생)	추첨 입학	실험집단	비종교계 사립학교: 평균 교사 임금이 매우 낮음. 교장의 잦은 교체, 교사 이직 의향 높음. 학생 1인당 교육비 3,339달러	수학: 39.7 가구소득:10,860달러 모교육수준: 4.2 교육기대수준: 4.2
	추첨 탈락	통제집단	공립학교: 학생 1인당 교육비 6,656달러	수학: 39.3 가구소득: 12,010달러 모 교육수준: 3.9 교육기대수준:4.2

주: Green et al(`1996)에서 제시된 내용을 필자가 정리함. 학생배경특성에서 모교육수준 3=대학 수료, 4=대학졸. 교육기대수준: 4=대학, 5=대학원.

앞에서 살펴본 STAR 실험 연구와는 달리 1차년도의 총 분석 표본 수도 많진 않았지만 (통제집단, 실험집단 모두 합해서 약 750명), 자연실험 연구가 아니라 자연실험'적' 연구 혹은 유사(Pseudo)/반(semi) 자연실험 연구라고 봐야할 것이다. 하지만 당시 탈락한 학생을 통제집단으로 설정한 아이디어가 아니었다면 자연실험 연구의 사례로 거론되지는 않았을 것이다. 실제로 두 집단의 학생들은 매우 유사한 배경변인을 갖고 있었다. <표 IV-7>의 두 집단의 학생 배경 특성을 보면 유사함을 알 수 있다.

③ 종단연구(Longitudinal Study)

연구자의 엄밀한 설계에 근거한 실험연구, 그리고 현실에서 우연하게 발생한 사례를 통한 자연실험연구와 더불어서 인과관계를 분석하기에 적합한 자료는 종단연구 자료이다. 종단연구자료는 표집된 표본을 매년 시계열적으로 추적조사해서 변화를 관찰해서 관련 데이터를 축적한 자료이다. 종단(연구)자료의 반대되는 개념은 횡단(연구)자료이다. 횡단자료(Cross-Sectional data)는 한 시점에서 조사한 자료가 될 것이다. 만약 종단자료를 올해 구축해서 조사를 끝냈는데, 갑자기 예산지원이 끊겨서 후속 추적조사가 이루어지지 않게 된다면 횡단자료로 남게 될 것이다.

그런데 전반적인 물가 등의 자료를 매년 구축하는 경우도 있다. 이 경우는 동일한 표본을 국가단위로 본다면 종단자료로도 볼 수 있으나 동일한 개개인의 정보를 추적한 것이 아니라 매년 표집을 새롭게 해서 조사하는 경우이기 때문에 통상적으로 시계열 자료로 구분한다. 일반적으로 종단자료라고 한다면 교육학에서는 학생 단위의 표본을 매년(혹은 격년 등 주기적으로 긴 시간동안) 추적조사해서 구축한 자료라고 보면 된다.

○ 한국 종단연구자료

앞에서도 언급했지만 한국교육개발원 등에서 종단조사데이터를 경쟁적으로 구축하고 있다. 종단연구자료는 자연실험적 데이터의 성격도 가지기 때문에 인과관계 분석에서 유용하게 활용될 수 있다.

예를 들어보자. 요즘 그렇지 않아도 외고와 자사고 폐지에 대한 논쟁이 치열한 상황이다. 그런데 만약 중학교 3학년 학생 6천명을 표집해서 종단데이터를 구축했다고 가정해보자. 이들 중학생 중에서 성취도 상위권 학생 300명(표본의 5%)의 절반(150명)이 일반고로 진학하고 나머지 절반(150명)이 외고나 자사고로 진학했다고 가정해보자. 그렇다면 자연실험적 연구를 할 수가 있다. 종단조사를 매년 수행해서 일반고로 진학한 학생 150명과 외고/과학고로 진학한 학생 150명의 고등학교 내신등급점수, 그리고 수능점수, 진학한 대학명 등을 조사했다고 하자.

그렇다면 과연 외고/과학고의 학교효과가 존재했는지를 파악할 수 있다. 즉 일반고에 진학한 상위권 학생들보다 더 성취도를 증진시켰는지, 상위권 대학 진학률이 더 높은지를 보면 될 것이다. 만약 일반고에 진학한 상위권 학생들과 상위권 대학 진학률에서 차이가 없는 것으로 종단조사결과가 나온다면 굳이 외고/자사고에 자녀를 보낼 필요가 없다. 물론 대학에서 내신등급 위주로 선발해서 이와 같은 결과가 나올 수도 있다. 상대적으로 외고/자사고는 내신점수가 높게 나오기 어렵기 때문에 대학입시에 불리하게 작용한다. 그렇다면 수능점수만을 놓고 비교해보아도 된다. 수능점수 역시 비슷하게 산출되었다면 결과적으로 외고/자사고에 비싼 학비(일반고보다 3배)를 지불하고 자녀를 보낼 필요는 없다[19].

종단자료에서 각 학생개인의 배경은 변화하지 않는다. 여학생이 남학생으로 변하지 않고(물론 성전환 수술을 하는 경우가 있지만 이는 통계적으로 매우 드물다), 간혹 집안의 경제가 기울기도 하지만 이 역시 전체 표본에서 보면 적은 비율일 것이다. 일반고 진학자 150명과 외고/자사고 진학자 150명의 가정배경과 개인특성은 크게 변화하지 않는다. 따라서 두 집단은 성취도가 상위권 학생이며 그에 따라 배경특성도 유사할 가능성이 높기 때문에 진학한 고등학교만 다르다는 점 외에는 일종의 실험집단과 통제집단의 성격을 갖는다. 외고/자사고 효과를 보는 것이기 때문에 외고/자사고 진학자가 실험집단이 되는 것이고 일반고 진학자는 통제집단이 되는 것이다. 하지만 외고/자사고를 선택해서 입학하는 경우이기 때문에 보이지 않는 자기선택편의가 존재할 수 있다.

종단조사 자료 역시 완전한 자연실험 데이터로 보기에 어려운 상황이 나타날 수 있다. 외고/자사고에서 일반고로 중간에 전학을 가는 경우도 있을 것이다. 그리고 드문 경우라

---

19 고교무상교육이 시행되지만 외고와 자사고는 해당이 안될 수가 있다. 그러면 일반고의 3배를 학부모가 그대로 지출해야 한다. 기존에는 일반고 학비가 150만원이면, 자사고는 450만원, 즉 300만원의 차액을 더 지불해야 하지만, 이젠 450만원을 더 학비로 지출해야 한다.

고 언급했지만 아무래도 가정의 변화(부모가 이혼을 한다던가, 사업에 어려움을 겪는다던가)가 있을 가능성도 존재한다.

따라서 종단조사자료는 학생의 가구소득을 매년 조사하고 학생의 학업공부시간, 사교육비 등을 추적조사한다. 만약 이러한 기타 요소들에 변화가 생긴다면 통계적으로 통제를 해주어야 한다. 그리고 상대적으로 설문조사나 성취도 테스트를 하는 경우도 있지만 조사시간이 많이 걸리지는 않기 때문에 실험과정에서 나타나는 호손효과는 크게 걱정하지 않아도 된다(물론 고려는 해야 한다).

다만 문제는 종단조사자료의 경우 노동시장에 진입한 이후, 즉 대학졸업이후에는 누락율, 혹은 이탈율이 커지는 문제가 있다. 현재 한국은 종단자료가 중장기적으로 잘 구축되어 있지는 않은 편이다. 따라서 진정한 종단자료가 되기 위해서는 현재 지나치게 분산되어 있는 종단조사를 통합하거나 기존 종단자료의 추적 조사를 면밀히 하기 위한 예산의 추가 배정 등 다양한 대책모색이 필요하다.

○ 미국의 터먼의 영재 유전 종단 연구

한국의 교육종단연구가 시작된지 15년이 되었고 나름 오랜 시간이 흘렀다고도 볼 수 있다. 그러나 미국에서는 아주 오래된 종단연구와 종단데이터들이 한국보다는 많이 존재한다. 가장 대표적인 종단연구는 영재 연구와 관련한 Lewis Terman의 캘리포니아 영재 유전 연구이다. 이 연구는 1921년도에 시작되었으니 근 100년이 막 지났다. 엄청난 화제가 되었다고도 볼 수 있는 이 연구는 IQ(아이큐)라는 용어를 학계에 그리고 대중에 심은 터먼이 추진한 연구이다.

이 연구의 표본은 캘리포니아 학교의 약 1,528여명의 학생들인데 일반 학생이 아니라 당시에 개발된 IQ 테스트 결과 140이상의 영재로 볼 수 있는 학생들이었다[20]. 터먼은 IQ시험의 창시자답게 IQ에 대한 엄청난 신뢰를 갖고 있었다. 즉 아이큐가 높은 아이들은 향후 국가의 리더 혹은 중요한 일을 하는 사회적으로 성공한 인생을 살 것이라는 신념이 있었다. 그 신념을 확인하기 위해서 종단연구를 추진한 것으로 볼 수 있다.

....

20 Oden, M.H.(1968). The Fulfillment of Promise: 40-year Follow-Up of the Terman Gifted Group. Genetic Psychology Monographs,77, 3-93.

당시 아이큐 시험결과 140이상의 높은 아이큐를 가진 종단연구의 대상이 된 아동들을 터마이트(Termites)라고 불렀다. Terman의 이름을 변형하여 일종의 애칭으로 연구대상자를 칭한 것인데 Termites를 영어 사전에서 찾아보면 흰개미란 뜻도 가지고 있다. 마치 한국 연구자 중 이개민이라는 학자가 연구대상자를 개미라고 애칭화한 것과 비슷한 것이다.

사실 흰개미는 보이는 것처럼 귀엽지만은 않은데 나무집을 다 갉아먹을 수 있는 터미네이터와 같은 존재이기도 하다. 터먼이라는 이름을 따서 만들다보니 터마이트, 흰개미로 부르게 된 것은 우연의 일치겠지만, 당시 아이큐 시험을 통과한 터마이트들은 흰색 피부를 가진 백인아동이 대부분이었다. 다른 피부색을 가진 아이는 일본 학생 4명, 흑인 학생 1명, 인디언 학생 1명, 멕시코계 학생 1명 밖에 없었다[21].

연구방법 측면에서 종단연구를 하는 연구자는 조사에 필요한 경우만 연락을 취하고 해당 아동의 성장 현황(교육, 가구소득, 내적동기, 진학현황 등)만 조사하고 분석해야 한다. 그런데 터먼의 경우는 그렇지 않았다. 연구자로서의 선을 넘은 일들을 했다. 터마이트들 중에 일부 학생들의 대학입학을 위해서 추천서를 써주기도 했으며, 한 아동의 경우 가정 폭력으로부터 벗어나 좋은 집안에 입양되도록 법원에 편지를 써주기도 했다.

일본 학생 한 명은 제2차 세계대전 때 터먼의 보증으로 구금당하는 어려움도 피할 수 있었다[22]. 흥미롭게도 터먼의 종단 연구의 뒤를 이어서 연구를 수행한 Sears 교수도 터마이트 중의 한 명이었다. 가정 폭력으로부터 벗어나 새로운 좋은 집안에 입양되게 해준 그 운 좋은 터마이트는 나중에 유명한 영화감독이 된 에드워드 드미트릭(Edward Dmytryk)이다.

따라서 터먼의 종단연구자료는 엄청난 반향을 일으킨 연구이지만 연구자가 연구대상과 접촉하는 등의 문제로 다소간 자연적이지 못한 문제가 있다. 이는 어찌보면 연구실에서 실험내용을 다소간 조작하는 것과 비슷한 상황으로도 볼 수 있다.

한편 영재의 유전성에 대한 연구이기 때문에 일반 학생과의 비교를 통한 연구를 하기에는 어려운 측면도 있다. 그렇다면 아이큐가 높은 아이들은 모두 성공적인 삶을 살았을까? 터먼의 종단연구결과는 그렇지 않았다.

터먼의 종단 데이터는 아이큐를 통제한 후에 다른 요인들이 아이들이 삶에 미치는 영

---

21 Kaufman, S.B.(2009). The Truth about the "Termites". Leslie, M.(2000). The Vexing Legacy of Lewis Terman. Stanford Magazine. 뉴욕타임즈 1995년 3월 7일자 기사 75 Years Later, Study Still Tracking Geniuses 등을 참조.

22 2차 세계대전 당시 일본의 진주만 공격으로 미국과 일본이 전쟁에 돌입하고 그에 따라 미국 내 일본인들은 모두 감시대상이 되고 어려움을 많이 겪게 된 바가 있다.

향력을 보여준다. 아이큐는 완전히 동일하지는 않아도 최상위권에 속하는 아이들이었기 때문에 통제되었다고 볼 수 있다. 만약 그들의 삶이 모두 성공적이었다면 아이큐 검사결과 점수는 사람들의 인생의 성공을 규정짓는 매우 강력한 요인이 되는 것이다.

그리고 그러한 결과가 나오기를 터먼은 원했다. 그러나 안타깝게도 터먼의 기대대로 결과는 나오지 않았다. 참고로 일단 터마이트들 중에서 노벨상 수상자는 나오지 못했다. 당시 아이큐 검사결과에서 140 이상이 나오지 못해서 터마이트가 되지 못한 학생인 William Shockley가 노벨물리학상을 받게 되었는데, 만약 윌리엄 쇼클리가 아이큐가 높게 나왔다면 터마이트들 중에서 노벨상 수상자가 나올 수 있었을 뻔 했다.

1968년도에 발표된 추적 연구 논문에서는 터마이트들의 직업분포를 보여준다. 종단연구가 시작된지 40년의 추적조사결과에서 직업분포는 다음과 <표 IV-8>같았다. 이 결과는 60년도에 조사된 결과인데, 당시 터마이트들의 중간 연령(Median Age)은 약 49세였다(Oden, 1968).

표 IV-8 터마이트들의 직업 분포: 1960년 설문조사 결과

직업 지위	남자		여자	
	N	%	N	%
A. 직업 구분(미네소타 스케일)				
그룹1: 전문직	344	45.3	159	26.6
그룹2: 공직, 경영, 반전문직(Semi-professional)	294	38.7		
그룹3: 소매업, 사무직, 단순기술직 등	80	10.5		
그룹4: 농업 등	12	1.6		
그룹5: 단순직 등	8	1.1		
사업관련 직업(여성)			94	15.7
소계	738	97.2	253	42.4
B. 무직, 혹은 시간근로제				
1. 은퇴(여성은 무직이면서 가정주부 혹은 경제적 독립)	6	0.8	277 (가정주부 271)	46.4
2. 비정규 시간근로	8	1.1	64	10.7

직업 지위	남자		여자	
	N	%	N	%
3. 건강상의 문제로 근로 불가능	7	0.9	3	0.5
소계	21	2.8	344	57.6
총계	759	100	597	100

출처: Oden, M.H.(1968). The Fulfillment of Promise: 40-year Follow-Up of the Terman Gifted Group. 16쪽과 23쪽을 필자가 편집, 정리함.

표를 보면 아이큐가 아무리 똑같이 높을지라도 여성은 사회제도와 문화적 요인(남성중심의 직업체제, 결혼하면 직장을 그만두는 문화 등)으로 인해서 무직인 경우가 절반에 이른다. 그러나 남성은 대부분 취업활동을 하고 있다.

한편 향후 사회생활에서 성공한 100명의 터마이트들과 성공하지 못한 100명의 터마이트들에 대한 비교도 제시하고 있다. <표 IV-9>를 보면 아이큐가 인생의 성공의 모든 것을 보장해주지는 못함을 알 수 있다. 학력수준, 그리고 학부에서의 성적, 학부에서의 전공, 과외활동 등이 인생의 성공에 영향을 주는 것을 알 수 있다. 즉 아무리 아이큐가 좋아도 전공을 어느 영역을 선택하느냐, 과외활동에 적극적으로 참여하느냐 등의 적성과 성격이 중요한 영향을 준다.

표 IV-9 성공한 100명과 성공하지 못한 100명 중 대졸자의 특성 비교(비율)

	성공(92명 대학졸)	실패(40명 대학졸)
졸업 연령		
21세 이전	41.3	25
21−21.9세	33.7	22.5
22세 이후	25.0	52.5
평균 B학점 이상 비율	91.8	55.6
우등 졸업	63.3	10.8
학부전공		
사회과학	35.9	60.0
이공계열	38	10.0
자연과학	10.9	5
인문학	10.9	17.5

	성공(92명 대학졸)	실패(40명 대학졸)
법	4.4	5
과외활동 평가		
매우 적극적	18.0	5.4
적극적	59.5	35.2
소극적 혹은 안함	22.5	59.4

출처: 상동

종단연구는 이처럼 나름 실험실에서 일정 요인을 통제하고 다른 요인들의 영향력을 중장기적으로 분석하는 연구와 비슷하기 때문에 큰 장점이 있다. 사람들의 인생에서 교육적 변수들의 영향력과 중요성을 분석하는데 큰 도움이 되며, 따라서 교육연구와 관련해서는 상당히 중요한 연구결과를 산출하는 데 기여할 수 있다.

마치 신 비료의 효과를 살펴볼 때 씨앗들이 어떻게 자라나는지를 시간을 두고 관찰하는 것처럼, 사람의 인생이 여러 주변 가정환경변수들과 교육환경변수들 등에 의해서 어떻게 변화발전하는지를 관찰하는 것과 유사한 측면이 있다.

다만 엄격한 통제를 하지 않은 비실험조사데이터로서 일정정도 한계가 있다. 터먼의 영재 종단 연구(정확히는 영재의 유전 연구)는 통제집단이 설정되어 있지 않기 때문에 미국의 동일 세대의 전체 인구집단의 경향과 비교하는 방법을 취하긴 했다.

그리고 연구자인 터먼이 터마이트들의 인생에 상당히 개입을 했으며, 사실 터마이트들은 본인이 영재로서 판별되었고 연구대상의 일원이 되었다는 주관적 의식으로 인해서 실수할 경우 '난 영재인데 왜 이런 실수를 하지'라며 인생에서 부담을 느끼거나, 어려운 일에 부닥쳤을 때 '난 해낼 수 있다'는 자아효능감의 발현으로 인해서 일종의 호손효과가 있었음을 부정할 수는 없다.

따라서 편향(Bias)이 있는 일정정도 한계가 있는 데이터이긴 했지만, 최초의 긴 시간동안 추적조사된 종단연구로서 상당히 큰 파급을 불러일으킨 연구자료이다. 터먼의 종단연구자료는 해당 터마이트들이 모두 사망할 때까지 조사되고 연구될 것이라고 한다. 2021년도가 연구가 시작된지 100주년이 되는 해이기 때문에 아마 생존자는 거의 없을 것으로 보이지만 연구종료의 공식발표는 아직 필자가 확인하지 못했다[23](생존자가 있다면 110세 전후가

---

23 혹시 확인하신 분 있으면 leekwang@bnue.ac.kr로 알려주시면 감사드린다.

되었을 것으로 보인다. 1921년도 연구시작 시점에 터마이트들은 10대 초반이었다).

개인적으로는 한국의 교육종단연구자료도 이처럼 40년 후까지 그리고 심지어 대상자 가 사망할 때까지 추적조사가 잘 이루어졌으면 하는 바램이 있다.

지금까지 실험연구, 자연실험연구, 종단연구 등에서 설명을 하였다. 점검 퀴즈를 내고 자 한다. 수업시간에 함께 이야기해보면 좋을 것 같다.

퀴즈1

EBS 홈페이지에 접속하면 "다시 학교"라는 다큐멘터리가 있다.
'다시 학교 1부 가르치지 않는 학교'의 동영상을 시청하면 중간에 재미있는 실험을 시행하고 있다.
해당 실험의 연구주제는 무엇인가? 그리고 실험설계를 어떻게 했는가? 즉 비교집단과 실험집 단을 어떻게 구성했는지, 그리고 결과 측정을 어떻게 했는가? 이에 대해서 정리해보도록 한다.
잘 주의를 기울여서 해당 프로그램을 시청하도록 한다.

*EBS 홈페이지에 접속하기 위해서는 본인의 아이디와 비밀번호를 만들어서 회원가입을 해야한다.

퀴즈2

〈표 Ⅳ-9〉를 보고 교육관련 변인이 인생의 성공에 어떠한 영향을 주는지에 대해서 살펴보도록 하자. 과연 어떤 요인이 중요한 것인가?

퀴즈3

피그말리온 효과 분석결과 표를 잘 분석해보도록 하자. 혹시 통계분석방법상에서 문제는 없을 까? 그리고 결과를 어떻게 해석하면 좋을 것인지 함께 토론해 보자. 교사라면 교육현장에서의 경험, 그리고 본인이 교사가 아니어도 과거 학교생활의 경험을 떠올려 보자.

퀴즈4

학급규모 감축 효과를 검증하기 위해서 기획된 STAR 프로젝트에서는 다음의 상황이 발생했다. 이는 실험연구에 여러 문제를 발생시켰다.

괄호 안에 실험연구에서 발생하는 문제점에 대한 용어들을 정리해보시오(예: OO편향).

*STAR 프로젝트 실험에 참여할 학교를 모집했다: (   )

*학부모와 교사들이 실험이 이루어지는 것을 알게 되었다: (   )

*중간에 10% 이상의 학생들이 타 지역(state)으로 전학을 가게 되었다: (   )

V. 설문조사지 만들기

앞에서 언급한, 실험연구, 자연실험연구, 종단자료연구 등은 일정정도 인과관계분석에 효과적인 자료를 확보해서 수행하는 연구이다. 그러나 현실에서 실험을 하기 어렵거나 자연실험연구를 하기에 어려운 경우가 많다. 그나마 종단자료 연구는 다행스럽게도 국책연구소에서 구축하고 있으나 본인의 연구주제를 포괄하지 못하는 조사내용으로 인해서 사용하지 못하는 경우도 생길 수 있다.

따라서 개인 연구자가 일시적으로 한 시점에서 조사하는 자료인 횡단자료(영어로는 Cross-sectional Data라고 부른다)이자 비실험조사자료(비실험자료는 영어로는 Non-experimental Data라고 부른다)를 이용해서 논문을 작성하는 경우가 많이 생긴다. 이러한 비실험조사자료를 이용해서도 연구를 잘 수행하면 좋은 논문을 작성할 수 있다.

학부 4학년 수업과 교육대학원 수업을 하면서 학생들이 기존의 선행연구를 참조해서 연구주제를 설정하고 직접 설문조사를 수행해서 논문을 쓰는 경우를 많이 보았다. 설문조사를 수행하려면 상당히 부지런해야 하는데, 게으른 필자의 입장에서는 이렇게 직접 설문조사를 수행하는 대학원생을 보면 대단하다는 생각이 들어서 격려를 해주고 싶다.

이 장에서는 그렇다면 이러한 횡단조사자료이자 비실험조사자료 수집을 위해 개인 연구자가 수행하는 설문조사지 만들기에 대해서 간략한 내용을 담고자 한다.

① 설문조사 안내문구, 배경조사문항, 기타 고려사항 ●·············

설문조사를 작성하는 것은 일단 앞에서 연구주제 선정과정에서 언급했듯이 본인의 논문 연구 주제가 정해졌다는 것을 전제로 한다. 그리고 이론적 배경에 대한 연구가 충분히 수행되어 있다는 것을 전제로 한다. 이러한 이론적 배경에 대한 연구가 없을 경우 설문조사 작성에서 어려움을 겪게 된다.

설문조사지는 대략적으로 다음의 포맷으로 구성되어진다.

- 설문조사 안내 문구
- 설문응답자의 배경조사(성별, 연령대, 가구소득 등)
- 설문내용

-간단한 종료 안내 문구

간단한 종료 안내 문구는 "응답하시느라 수고 많으셨습니다" 등의 한 두 줄의 말로 끝나기 때문에 설문조사 안내문구 작성, 배경조사내용 작성, 그리고 핵심은 설문할 내용 작성이다.

무엇보다도 우리가 유념해야할 점은 비실험자료를 구축하는 설문조사라고 해도 앞에서 제시된 실험연구의 장점(편향을 없애는 장점)을 살리도록 조사를 수행해야 한다는 점이다.

즉,
-가능하면 눈 가리기(Blinded)조사가 되면 좋을 것이며,
-조사 대상자가 무작위(Random Sampling)로 선정되고,
-스스로 자진해서 조사에 참여하는 것이 아니어서 자기선택편의(Self-Selection Bias)가 발생하지 않는 방향으로 설문이 이루어져야,

더 좋은 설문조사 자료가 수합될 것이다. 이러한 시각에서 설문지를 개발할 때는 가능하면 눈 가리기 조사가 될 수 있도록 하는 것이 좋다. 그리고 문항이 연구이론에 근거하여 타당성이 있어야 한다. 이러한 점을 고려해서 주의해야할 점을 살펴본다.

ᗑ 눈 가리기가 된(Blinded) 조사 안내문을 만들자

사실 설문조사 안내 문구는 우리가 크게 신경을 쓰지 않는 부분이다. 설문조사 안내 문구에 대해서 다음의 사례를 살펴보자. 고교학점제 효과 연구를 위해서 다음과 같은 설문조사 안내 문구를 만들었다고 가정해보자.

표 V-1 고교학점제 운영 현황 설문조사 안내문 예시

안녕하십니까?

본 설문조사의 목적은 현재 교육부가 중점적으로 추진하고 있는 고교학점제 효과 연구를 위해서 진행되고 있습니다. 정부는 2025년도까지 점진적으로 고교학점제를 현장에 안착화하기 위해서 시범지구 사업 등을 운영하고 있습니다.
설문문항은 고교학점제에 대한 교사의 인식조사 내용으로 구성되어 있으며 응답하는데 소요되는 시간은 20분 내외입니다. 여러분이 대답한 결과는 향후 한국의 교육발전을 위해 유용하게 활용될 것입니다.
아무쪼록 성실한 답변 부탁드립니다.
감사합니다.

2022년 10월

※본 조사와 관련하여 문의사항이 있으면 아래의 번호로 연락하시기 바랍니다.
　고교학점제 연구팀
　전화: 051-500-7290 이메일: leekwang@bnue.ac.kr

　　우리는 설문조사를 하기 위해서는 위와 유사한 안내 문구를 설문지 맨 앞장에 작성한다. 그런데 위의 안내 문구를 보면 연구의 목적을 너무 '직접적으로' 제시하고 있다. 만약 설문지를 받은 교사가 고교학점제 시범연구학교에 근무할 경우 고교학점제 시범학교의 일원으로서 긍정적으로만 답변을 할 가능성도 있다.

　　고교학점제를 시행하지 않는 일반학교에도 이 설문문항을 제공하고 조사할 경우, '우리 학교는 상관없다'는 생각으로 응답을 불성실하게 할 가능성도 있다. 어느 방향이든지 간에 위의 안내 문구는 실험연구로 치자면 연구대상자에게 이 약이 위약, 신약인지 등을 알려주는 것과 같은 문제가 발생한다. 소위 블라인드가 되지 않음으로 인해서 호손효과도 나타날 수가 있으며 불성실한 응답도 유도하게 될 수도 있다.

　　따라서 전반적인 학교현황 조사나 학교운영실태 조사 등으로 약간 설문 목적을 포괄적으로 해서 세부적인 연구목적을 가리는 것이 좋다. 즉 블라인드로 안내하는 것이 응답자의 편향적 답변을 유도하지 않게 될 것이다. 다음처럼 전반적인 학교현황 혹은 학교실태를 조사하는 안내문구로 수정하면 좋지 않을까 싶다.

표 V-2 설문조사 안내문 예시: 포괄적으로 작성한 사례

안녕하십니까?

본 설문조사의 목적은 현재 한국교육의 발전을 위한 학교운영 실태조사 차원에서 진행되고 있습니다. 학교 역량을 진단하고 미래의 교육발전을 위해서 본 설문조사를 실시하고 있습니다. 설문문항은 교사들이 학교현황에 대한 인식 수준을 조사하는 내용으로 구성되어 있으며 응답하는데 소요되는 시간은 20분 내외입니다. 여러분이 대답한 결과는 향후 한국의 교육발전을 위해 유용하게 활용될 것입니다.

아무쪼록 성실한 답변 부탁드립니다.

감사합니다.

2022년 10월

※본 조사와 관련하여 문의사항이 있으면 아래의 번호로 연락하시기 바랍니다.

학교교육발전 연구팀

전화: 051-500-7290 이메일: leekwang@bnue.ac.kr

◦ 응답대상자와 선정은 연구이론과 Doable, 타당도를 고려

응답대상자를 교사로 할 것인지, 학생으로 할 것인지 등 대상자 선정의 경우는 연구이론에 근거해서 한다. 동시에 Doable, 타당도 등을 고려해야 한다.

예를 들어 '교사의 열정이 학생의 수업태도에 미치는 영향'을 연구한다고 가정해보자. 이 경우 교사의 열정을 측정·조사해야 하고 동시에 학생의 수업태도를 조사해야 한다. 보통 자기보고 응답식으로 리커트 척도로 조사를 하게 되는데, 교사에게 본인의 열정과 자신이 지도하는 학생들의 수업태도를 조사하게 하는 방법이 있다. 두 번째 방법은 학생을 대상으로 자신의 수업태도를 체크하게 하고 학생이 느끼는 담임교사의 열정을 체크하게 하는 방법이 있다. 그렇다면 교사를 대상으로 할 것인가? 아니면 학생을 대상으로 설문조사를 실시할 것인가?

대상설정은 선행연구에 근거하여 정하거나 혹은 현실적으로 Doable, 실행가능성을 근거로 하거나, 타당도에 근거하거나 중에 택해볼 수 있다. 선행연구를 점검해보니 교사들을

대상으로 한 연구가 대부분이거나 역으로 학생설문조사를 근거로 한 연구가 대부분이거나 하면 대부분의 연구경향을 살펴보고 그 경향을 따라서 설문조사 대상으로 설정하면 된다. 그러나 잘 들여다보면 그렇게 대상을 설정하는 이유가 있을 것이다. 이 연구과제, 즉 '교사의 열정이 학생의 수업태도에 미치는 영향'의 경우는 학생을 대상으로 하는 연구를 하는 것이 적절할 것이다. 그 이유는 다음과 같다.

먼저 학생을 대상으로 할 경우 표본을 확보하는데 상대적으로 용이하다. 앞에서 통계분석에서 30명이상이어야 한다고 언급했다. 그런데 교육대학원생들은 보통 설문조사를 200명, 많게는 300명 선에서 실시한다. 교사들을 대상으로 2~300명 조사하기 위해서는 여러 학교들을 알아봐야 하고 쉽지 않은 일이다. 그러나 학생들의 경우 한 두 개 학교만 섭외하면 설문조사 표집이 충분히 쉽게 확보가 된다.

그러한 Doable한 시각에서도 학생을 선택하는 경우도 있겠지만, 교사의 열정을 타당도 있게 측정하는데 있어서는 교사 자신보다는 학생이 측정하는 것이 더 바람직하다. 실제 학생들은 어느 교사가 더 열정적으로 수업하는지를 잘 안다. 교사는 본인의 열정을 과장해서 응답할 가능성이 아무래도 높다.

학생의 수업태도는 역으로 학생이 불성실하게 혹은 과장해서 응답할 가능성이 있다. 하지만 학생들은 설문결과에 따른 이득이 그다지 없다. 자신의 태도가 좋던 나쁘던 뭔가 성실하게 응답하면 연구조사를 하기 위해서 학교에 방문하신 분이 사은품을 준다는 이야기를 듣는 순간 열심히 응답할 가능성이 높다.

따라서 이 연구문제는 교사대상으로 하느냐 학생대상으로 하느냐에 있어서 다소간 장단점의 교환(Trade-off)이 있을 수도 있지만 학생대상으로 하는 것이 표본 수 확보라는 Doable한 측면에서나 연구데이터의 타당도 등을 고려할 때 적절할 것이다.

⚲ 연구대상의 특별한 상황

연구분야 혹은 연구주제의 특별한 상황으로 조사대상이 제한되는 경우도 있다. 예를 들어 유아교육연구에서는 Doable한 측면에서 보면 주로 교사나 학부모가 유아들의 행동 특성을 관찰해서 연구해야 하는 경우가 많다. 아동들에게 조사지를 배포해서 조사하기에는 어려움이 있다. 다만 연구자나 교사가 아동들에게 그림을 보여주고 어느 것이 더 좋은

지 등을 파악하는 연구와 같이 아동들을 대상으로 일정정도 연구자료를 구축할 수는 있을 것이지만 이는 만 4~5세 정도 아동들에게나 제한적으로 가능하다.

또 한편으로는 다문화학생에 대한 학교생활 적응에 대한 연구의 경우도 다문화학생에게 직접 설문지를 조사해서 분석할 수도 있겠지만, 학부모나 담임교사가 다문화학생들의 학교생활 적응을 조사해서 분석하는 것이 더 타당할 수 있다. 다문화학생의 경우 본인이 설문지를 응답할 경우 아마도 문항을 보는 순간 자신이 '조사대상이 되고 있구나'라고 쉽게 분위기를 파악할 수 있다. 이로 인해서 불성실하게 응답할 가능성도 높아질 수 있어서 조사결과의 타당성이 낮아질 수도 있다. 즉, 이 경우는 조사의 대상과 연구내용의 특성상 눈 가리기가 어렵게 되는 경우로 볼 수 있다.

그렇다면 학교장이나 유치원 원장의 지도성 연구의 사례는 어떨까? 지도성 연구를 하기 위해서는 지도성을 측정해야 한다. 교사를 대상으로 설문조사를 해서 교장/원장 지도성을 측정하는 것이 좋을까 아니면 교장이나 원장에게 직접 본인의 지도성을 어떻게 생각하는지 조사해서 측정하는 것이 좋을까? 너무 명약관화한 질문이다. 교장이나 원장은 아무래도 매우 긍정적으로 응답할 것이다. 따라서 교사설문을 통해서 조사를 해야 한다[24]. 측정하고자 하는 것을 제대로 측정하지 못해서 타당도가 낮은 조사데이터가 생성될 것이다. 타당도는 측정하고자 하는 것을 정확히 측정하는 것을 의미하며 이처럼 조사대상을 잘 고려해야 타당도가 높은 조사를 수행할 수가 있다.

○ 내적 타당도와 외적 타당도

잠깐 여기서 간략히 타당도에 대해서 설명을 하도록 한다. 타당도는 외적 타당도와 내적 타당도로 구분해서 이야기해볼 수 있다[25]. 타당도(Validity)는 영어로는 Valid, 즉 유효하냐는 의미를 갖는다. 외적 타당도는 외적으로도 유효하냐, 즉 연구결과가 보편적으로 다른 모든 사례에서도 적용되고 일반화될 수 있는지를 의미한다. 만약 한 특정 지역에서 수행한 연구는 해당 연구 지역 외에서는 적용되지 않을 수가 있다. 연구결과가 보편성을 갖지 못

---

24 임현정 외(2011). 학교교육 실태 및 수준 분석(III): 초등학교 연구 등 제반 모든 학교장 지도성 연구는 교사 대상 설문지를 통해서 교장의 지도성을 측정한다. 그러나 외국에서는 자기보고식 측정도 한다(주현준 외, 2014).

25 Campbell(1957). Factors relevant to the validity of experiments in social settings. Psychological Bulletin, 54(5).

하면, 즉 외적 타당도가 낮으면 이론으로 발전하기에는 어렵다.

내적 타당도의 경우 연구설계가 적절히 이루어졌는지에 따른다. 연구설계가 잘못되거나 잘못된 가설 등으로 문항이 정확하게 구성이 안되어있는 등의 문제가 생기면 연구 결과의 내적 타당도가 떨어진다고 이야기할 수 있다. 그냥 이 책에서 타당도를 굳이 내적/외적 타당도를 구분하지 않고 타당도가 높은 조사를 해야 한다고 적는 이유는 이 두 개념이 사실상 연결되기 때문이다. 내적 타당도가 낮으면 당연히 외적 타당도도 낮을 수밖에 없다. 연구설계에 문제가 있고 통제해야할 변수를 잘 설정하지 못한 실험연구결과는 결과적으로 일반화하는데에 어려움이 따르게 된다.

외적 타당도가 낮은데 내적 타당도가 높은 연구가 있을 수 있을까? 물론 개념적으로는 있다. 일반화하기에는 어렵지만 얼핏 연구설계가 잘 이루어진 연구도 있는데, 이 경우는 매우 예외적인 현상이 도출된 연구결과이다. 하지만 연구설계가 잘 되었고 내적 타당도는 높아보여도 일반화하기 어려운 결과라면 보편화되고 실용화되기에는 어려운 연구결과로서 활용도는 낮아지고 연구자의 관심에서 멀어지게 된다.

⚲ 설문응답자의 특성 혹은 배경 조사 문항은 연구이론에 따라 포함

설문지의 맨 앞부분이나 맨 뒷부분에는 응답자의 기초적인 배경변인을 조사하는 문항이 포함된다. 보통 배경문항들도 설명변수가 되기 때문에 우리가 살펴보고자 하는 종속변수에 영향을 주는지에 대한 이론적 검토에 따라서 포함시켜야 한다. 그리고 기초적인 통계분석, 즉 기초통계분석에서도 응답자의 특성을 파악하는 데 있어서 필요한 변수인 경우에도 포함시킬 필요가 있다.

보통 교사를 대상으로 한 설문조사에서는 당연히 성별, 경력, 담임교사여부, 담당과목(중등교사인 경우), 부장교사 여부, 근무하는 학교규모, 학교급지 등을 조사한다. <표 Ⅴ-3>은 배경조사 문항 예시이다.

표 V-3 배경 조사 문항 예시

---

1. 성별 : ①남 ②여
2. 교육경력 : ① 5년 이하 ② 6~10년 ③ 11~ 15년 ④ 16~20년 ⑤21년 이상
3. 연령: ① 20대 ② 30대 ③ 40대 ④ 50 대 이상
4. 학교규모 : ① 6학급 이하 ② 7~11학급 ③ 12학급~ 18학급 ④19학급 이상
5. 학교급지: ① 가급지 ② 나급지 ③ 다급지 ④ 라급지
6. 학위: ① 학부졸 ② 석사졸 ③ 박사졸
7. 석박사 전공: ① 교과교육학 ② 일반 내용학 ③ 교육심리 · 상담학 ④ 교육행정학
        ⑤ 교육과정평가 ⑦기타( )
8. 담임교사 여부: ①담임 ②비담임
9. 부장교사 여부: ①부장교사 ②교사

이론적으로 보았을 때 연구주제가 부장교사 여부를 통제해서 살펴봐야 하는 내용이면 응답자(여기에서는 교사) 배경조사에서 부장교사 여부를 조사해야 한다. 하나의 예를 들자면 교사의 행정업무 부담을 조사하는 연구라고 할 경우에는 교사가 근무하는 학교규모를 배경조사에 포함시켜야 한다. 행정업무 부담은 학교규모가 커질수록 감소하는 경향이 있다[26]. 학교규모는 총학생수를 조사해도 되며, 위의 예시는 학급수를 조사하는 경우이다. 학교규모의 경우 초등학교인지, 혹은 중고등학교인지 등 학교급에 따라서 예시 응답의 학급수를 설정한다.

위의 경우는 중학교 사례인데, 최근 소규모 중학교도 많아졌다면 전반적인 분포를 고려해서 ①번 응답을 6학급 이하가 아니라 3학급 이하를 추가로 포함시키는 것도 고려해볼 수 있다. 혹은 그냥 학급 수를 기입하게 하여 연속변수로 만들어도 된다. 최근의 연구에서는 학교규모를 교사 수로 조사하여 분석에 포함시킨 사례도 있어서 근무하는 학교의 교사 수를 조사해서 분석을 해도 큰 무리는 없을 것으로 보인다[27].

만약 '교사의 학력수준이 교사만족도에 미치는 영향'을 연구하는 경우에는 당연히 배경조사내용이 학력수준을 포함시켜야 할 것이다. 그리고 담임 여부 역시 마찬가지다. 이러한 교사들의 배경조사 내용은 연구주제에 따라서 기존 선행연구에 근거하고 이론을 살펴

---

26 오영재, 박행모(2005). 농촌 소규모 중학교의 행정인력 운용 구조 개선에 관한 연구. 한국교육학연구 11(1). 오영재(2004). 초등교사들이 선호하는 학교의 조건과 그 이유. 교육학연구, 42(3), 349–374
27 권순형(2021). 교사의 행정업무 투입 시간에 영향을 미치는 요인 분석. 지방교육경영, 24(2), 153–180.

보고 빠짐없이 포함시켜야 한다.

위의 예시 표를 보면 교사의 학력수준과 함께 전공도 조사하고 있다. 아마 교사의 전공에 따른 교사의 만족도나 여타 요인을 분석하기 위한 목적도 포함된 것으로 추측해볼 수 있다. 특별히 연구의 주제와 상관이 없는 경우는 굳이 배경조사문항을 복잡하게 많이 집어넣을 필요는 없다.

예를 들어 만약 교사의 전공에 따른 현황을 분석할 필요가 없을 경우 위의 표에서 8번 석박사전공문항을 포함시킬 필요는 없다. 문항이 많아지면 아무래도 응답시간이 많이 소요되고 응답의 신뢰성도 낮아질 수가 있다. 연구의 이론적 검토에 따라서 효율적인 배경문항을 작성할 필요가 있다.

⚲ 응답률을 고려한 문항 설정 필요

한편 응답을 구간으로 조사할지 아니면 그냥 기입해서 연속적인 값으로 조사할지도 고민해볼 필요가 있다. 교사들이 성실하게 잘 기입해서 무응답이 거의 없을 경우에는 연속된 값을 조사하는 것이 좋다. 그러나 교사들이 귀찮아하거나 무응답을 할 가능성이 높은 경우 앞에서 제시된 예시의 연령대 조사처럼 ① 20대, ② 30대, ③ 40대, ④ 50대 이상 등으로 범주로 구분해서 조사하는 것이 나을 것이다.

특히 학부모 대상으로 가구소득을 조사하는 경우가 있을 수 있는데, 이처럼 구체적인 값을 기입하도록 요구하는 조사문항 포함여부에 대해서는 많은 고민이 필요하다. 만약 응답자인 학부모의 입장에서 생각해본다면 가구소득 금액을 직접 만원단위로 혹은 원단위로 숫자를 기입하는 것은 다소간 민감한 내용이기도 해서 응답하기가 꺼려지질 수 있다.

이러한 민감한 정보들은 학부모들이 불성실하게 응답할 가능성이 높으며 무응답률도 높게 나올 수 있다. 그렇다면 ①200만원 이하, ②300~400만원이하, ③400~500만원 이하, ④500~600만원 이하, ⑤ 700만원 이상 등으로 범주로 구분해서 번호를 선택하게 하는 것이 무응답을 줄일 가능성이 높다. 따라서 이러한 구체적 정보의 경우 직접 값을 입력하게 할지 아니면 구간을 설정해서 조사를 할지를 신중하게 고민해서 결정해야 한다.

② 설문문항 쉽게 만드는 방법 ●·······································

설문문항은 연구의 목적을 구현하기 위해서 필요한 문항, 즉 측정해야할 내용을 효율적으로 만들어야 한다. 그리고 실험연구에서 보았듯이 우리가 통제해야할 요인들 역시 조사대상에 포함시켜야 한다. 앞에서 살펴본 배경변수 조사도 통제해야할 요인인지를 함께 고려하여 조사해야 한다. 만약 학생의 자아효능감에 미치는 요인에 가정배경과 더불어 교사의 격려와 열정이 영향을 준다면 교사의 열정을 측정하는 문항도 만들어야 한다.

나중에 중다회귀분석(Multiple Regression Analysis)에서 설명하겠지만 통계분석과정에서 기술적으로 다른 변수들을 통제한 후에 결과에 영향을 미치는 주요 변수의 고유의 영향력을 살펴볼 수 있기 때문이다. 그리고 연구자의 개인적 편견이나 의도가 노골적으로 드러나는 문항을 만들면 안된다. 연구이론에 근거하여 정확하게 측정할 수 있는 문항개발을 해나가는 것이 필요하다. 일단 이러한 가정 하에 설문문항을 효과적으로 만들기 위한 몇 가지 방법을 제시한다.

○기존 연구자들이 개발한 측정문항을 그대로 사용하자

설문문항은 연구주제에 따라서 관련 측정문항을 만든다. 그런데 일반적으로 관련 측정문항은 리커트 척도로 측정하는 문항들을 사용하는데, 기존 선행연구를 참조해서 만드는 것이 편리하다. 대학원생들은 간혹 기존에 개발된 문항을 지도교수와 협의하는 등의 과정을 거쳐서 문항을 변경하는 경우도 있다. 그런 경우에는 향후 정확하게 변경한 합리적 근거를 제시해야 한다.

기존에 개발된 문항들은 요인분석이나 신뢰도 분석 등을 통해서 일정정도 학술적 검토를 거쳐서 개발되었기 때문에 그대로 사용하는 것을 권고한다. 물론 박사과정에 있으면서 새로운 추가적 개념 포함 등을 통해서 문항을 조정할 수도 있을 것이다.

이 경우는 개발된 예비문항을 설문조사와 확인적 요인분석을 통해서 이론적으로 개념화하고 적합하지 않은 문항은 제외하는 등의 과정을 거쳐야 한다. 보통 박사과정 수준이면 이러한 과정을 거쳐서 문항을 조정하거나 개발하면 될 것이나, 석사과정에서는 기존 문항을 그대로 사용하는 것으로도 충분하다(물론 문항의 출처를 밝혀야 한다).

그렇다면 예를 들어 만약 본인의 연구주제가 학생의 그릿(Grit, 열정/끈기)이 학업성취도에 미치는 영향을 살펴보고자 하는 것이라고 가정하자. 그러면 Grit 관련 선행연구를 참조해서 기존에 연구자가 개발해 둔 해당 문항을 그대로 사용하면 된다.

Grit 측정문항을 예시로 보면 다음과 같다[28].

표 V-4 Grit 측정문항

	전혀 그렇지 않다	그렇지 않다	보통이다	그렇다	매우 그렇다
관심의 지속. Consistency of Interests					
나는 한 가지 목표를 세워놓고 다른 목표를 추구한 적이 종종 있다.	⑤	④	③	②	①
나는 새로운 아이디어와 프로젝트 때문에 기존의 것에 소홀해진 적이 있다.	⑤	④	③	②	①
나는 몇 개월 이상 걸리는 일에 계속 집중하기 힘들다.	⑤	④	③	②	①
나의 관심사는 해마다 바뀐다	⑤	④	③	②	①
나는 어떤 아이디어나 프로젝트에 잠시 사로잡혔다가도 얼마 후에 관심을 잃곤 한다.	⑤	④	③	②	①
나는 몇 개월 이상 걸리는 프로젝트에 집중하는 것이 매우 어렵다.	⑤	④	③	②	①
노력의 인내. Perseverance of Effort					
나는 몇 년이 걸리는 목표를 성취한 바가 있다	①	②	③	④	⑤
나는 좌절을 극복하고 중요한 도전에 성공한 적이 있다	①	②	③	④	⑤
나는 내가 시작하는 일이 무엇이든지 반드시 끝낸다.	①	②	③	④	⑤
실패는 나를 좌절시키지 않는다.	①	②	③	④	⑤
나는 노력가다.	①	②	③	④	⑤
나는 근면성실하다.	①	②	③	④	⑤

출처: Duckworth, A.L. et al.(2007).

....

28 Duckworth, A.L. et al.(2007). Grit: Perseverance and Passion for Long-Term Goals. Journal of Personality and Social Psychology, 92(6), 1087-1101.

Grit은 끈기/열정으로 번역되는데, 문항 구성을 보면 끈기와 열정의 두 영역으로 구성되었기 때문이다. 끈기와 열정을 모두 포함한 적절한 한국어가 있다면 번역하면 좋을 듯한데, 연구자들이 마땅히 찾지를 못한 것으로 보인다. 깡다구는 어떨까? 하는 생각이 들기도 하는데, 적합한 단어인지는 모르겠다. 여하간 개발된 문항을 그대로 사용해서 연구를 하면 된다. 너무 문항을 뜯어 고칠려고 하지 말자.

그런데 사실 연구를 하기 위해서 외국의 유명한 학술지에서 제공되는 문항들을 보다면 약간 뭔가 불편한 느낌이 들기도 하다. 위의 그릿문항을 다시 한번 들여다보자. '관심을 잃거나 집중하는 것이 어렵다'거나, '집중하기 어렵다'거나, '소홀해진 적이 있다'라는 문항 등은 확실히 부정적 상황을 묻는 문항들이다. '해마다 바뀐다'는 문항의 느낌 역시 별로 안좋다. 변덕스러운 느낌을 준다. 그런데 처음 문항, '다른 목표를 추구한 적이 종종 있다' 는 이 문항은 부정적인 문항으로 볼 수 있을까?

그릿 연구를 추진하면서 그릿 측정 문항을 개발한 더크워스는 이 첫 번째 문항을 포함시킨다. 통계적으로 요인분석을 하면 사실 이 문항은 포함시켜도 문제가 없게 산출된다. 그리고 다른 한 문항을 제외한다. 한편, 그릿 측정 문항에서 인내영역에서도 더 보완된 문항이 있다. 더크워스의 그릿 저서에 나와 있다. 한국어판으로 번역되어 있으니까 읽어보면 파악할 수 있을 것이다. 일단 해당 책(2016년도 발간된 그릿 저서)에서 제공하는 문항들과 비교해보면 파악할 수 있을 것이다[29].

그런데 흥미로운 점은 그녀의 2016년도에 발간된 그릿 저서의 부제목은 The Power of Passion and Perseverance이다. 즉 열정과 인내이다. 위의 <표 V-4>를 보면 열정(Passion)이 아니라 관심의 지속(Consistency of Interests)로 표현이 되어 있다. 그리고 두 번째 영역은 인내이긴 한데, 노력의 인내로 약간의 어감의 차이가 존재한다.

연구를 진행하면서 초기에는 '관심의 지속'이라는 개념을 과감하게 더 적절한 단어인 '열정'으로 수정한 것으로 해석해 볼 수 있다. 그리고 노력의 인내에서 노력은 그냥 제외했다. 인내와 끈기면 충분하다고 판단했던 것 같다. 간혹 교육심리의 측정이 인간심리를 정확하게 파악하는지에 대한 의문이 들 정도로 이렇게 개념과 용어를 보완하고 문항도 보완하는 것은 일반적이다.

참고로 더크워스의 연구 내용 중 하나는(그릿 책에 맨 처음 대표적인 사례로 제시하고 있다)

---

29 그릿: IQ, 재능, 환경을 뛰어넘는 열정적 끈기의 힘 (김미정 옮김). 비즈니스 북스.

미국의 육군 사관학교에 합격한 생도생들을 대상으로 혹독한 훈련과정(비스트)을 통과한 생도생들과 탈락한 생도생들을 대상으로 그릿점수를 비교분석했는데, 아무래도 끈기와 인내 점수가 더 높은 생도생들이 통과할 확률이 확실히 높았다고 한다.

나중에 Ⅷ장에서 기술통계를 제시해주는 것이 필요하다는 내용이 있는데, 더크워스의 논문을 보면 이들 사관학교 생도생들의 배경에 대한 기초통계에 대한 내용이 잘 제시되고 있지 않다. 즉, 분석에 사용한 학점, 군사수행점수, 자기통제(self-control) 변수, 총괄후보점수(수능점수, 지도성역량점수 등으로 종합한 점수) 등에 대한 기술통계값이 제공되었으면 하는 아쉬움이 있다.

그리고 더크워스 역시 자기통제 변수는 기존 연구자가 개발한 문항인 자기통제스케일(The Brief Self-Control Scale, BSCS: Tangney, Baumeister, & Boone, 2004)을 그대로 이용했다. 완전히 독립적이고 기존 개념에 속하지 않는 새로운 심리를 측정하려면 문항을 개발해야 하지만, 자기통제와 같이 기존 연구자가 개발한 문항이 존재한다면 출처를 인용해주고 그대로 사용하면 된다.

○ 문항의 유형: 긍정적 문항, 부정적 문항

그런데 앞에서 잠시 언급한 문항의 묻는 느낌을 다시 잠깐 논의해보자. <표 Ⅴ-4>를 보면 열정은 부정적인 상황을 점검하는 문항이고 끈기는 긍정적인 자세를 점검하는 문항이다. 이런 경우 우리는 보통 5단계 리커트 척도로 측정하는데 긍정적인 응답을 5점 척도로 부정적인 응답을 1점 척도로 설정하여 분석을 수행한다. 그런데 부정적인 상황을 묻는 경우면 응답이 '매우 그렇다'이면 5점 척도 값이 긍정이 아니라 부정인 셈이다. 따라서 역코딩을 해주어야 한다. 역코딩은 5를 1로 4를 2로, 2를 4로 1을 5로 응답값을 변환해주는 것이다.

그런데 위의 저서에서 제시된 10문항의 그릿 측정 항목 표를 보면 자동으로 변환이 되도록 점수를 미리 설정해두었다. 응답자는 오른편이 매우 그렇다, 왼편은 매우 그렇지 않다라고 인지하고 응답하면 된다. 그러나 간혹 어떤 섬세한 응답자는 왜 동그라미 1, 2, 3, 4, 5의 순서가 앞의 여섯 문항과 뒤의 여섯 문항이 다를까 하고 의문을 품을 수가 있다. 그러한 궁금증이 응답을 적절히 하는데 방해가 될 수도 있다. 따라서 실제 조사할 때는 모두

①②③④⑤의 순서대로 설문지에 적은 후에 나중에 연구자가 통계프로그램을 사용해서 해당 문항(여기서는 앞의 6문항)의 응답 값을 역코딩해주는 방식으로 통계처리를 해주는 것이 좋을 것이다.

역코딩해야 할 문항을 섞어주는 것: 문항의 신뢰도 점검, 응답자의 태도 점검

그리고 또 하나 생각해볼 점이 있다. 실제 조사할 때 위의 12개의 문항을 제시된 순서대로 그대로, 즉 열정과 끈기 두 영역을 구분된 위의 순서대로 그대로 조사하는 것이 좋을 것인가? 사람들은 응답할 때 유사한 문항이 반복되면 다소간 지루하게 여기기도 하고 깊이 생각안하고 유사하게 '약간 그렇다'를 그대로 응답하는 등의 불성실한 응답을 할 가능성이 있다. 따라서 약간 문항의 의미가 변화되도록 섞어서 제시해주는 게 좋다. 특히 부정적인 상황을 묻는 응답과 긍정적인 상황을 묻는 응답이 섞여서 제시되면 다소간 긴장하고 문제를 아무래도 신경써서 읽으면서 성실하게 응답할 가능성이 높아진다.

그런데 그렇지 않고 대충 응답을 불성실하게 한다면 추후에 신뢰도(크론바흐 알파, Cronbach-a)검사에서 신뢰도가 낮게 나온다. 신뢰도가 낮은 것은 문항에 문제가 있거나(문항이 이론에 근거하여 제대로 만들어지지 않은 경우), 혹은 응답자가 불성실하게 응답했을 경우이다. 신뢰도가 낮은 문항은 변수로 만들어서 사용하면 안된다. 말 그대로 문항에 대한 응답의 신뢰성이 낮기 때문이다.

일반적으로 문항개발은 이론에 근거하여 전문가협의회 등을 거쳐서 심혈을 기울여서 이루어지기 때문에 문항 자체의 문제로 인해서 신뢰도가 낮게 나오는 경우는 거의 없다고 보면 된다. 예를 들어 앞의 그릿 문항에서 끈기에 해당하는 문항으로 "나는 무슨 일을 하던지 스스로에 만족한다"라는 문항을 개발했다고 가정해보자. 이 문항은 이론적으로나 현실적으로 보았을 때 끈기와 상관없는 내용, 즉 내적만족도 혹은 자아성취감을 묻는 내용이지 끈기와 상관이 없다. 이런 문항이 포함되면 신뢰도가 낮게 나오게 된다.

따라서 문항 자체의 내용보다는 응답자의 불성실한 태도가 원인이 되는 경우가 많다. 예를 들어 "나는 노력가다"라는 문항에 '매우 그렇다'로 응답하고선 다음 문항에 부정적인 태도를 묻는 문항, 예를 들어 "나는 근면성실하지 않게 적당히 일한다"를 제대로 읽지 않고 '그렇다'로 응답하는 경우가 있으면 신뢰도 값이 낮게 된다. 다른 예로서 다음의 교사만족도 문항을 보자.

표 V-5 교사 만족도 측정 예시 문항세트1

문항	전혀 그렇지 않다	그렇지 않다	보통이다	그렇다	매우 그렇다
1) 우리 학교에서 기대감을 갖고 하루하루를 맞이한다.	①	②	③	④	⑤
2) 우리 학교에서의 교직생활은 나 자신의 발전에 도움이 된다.	①	②	③	④	⑤
3) 다시 직업을 선택하면 교사를 절대로 선택하지 않을 것이다.	①	②	③	④	⑤
4) 교사는 지속적으로 자극을 받아 전문성을 키우며 아이들을 가르치는 일로서 보람된다.	①	②	③	④	⑤

*한국교육개발원의 학교실태 문항 일부를 수정하여 예시로 제시함.

표 V-6 교사 만족도 측정 예시 문항세트2

문항	전혀 그렇지 않다	그렇지 않다	보통이다	그렇다	매우 그렇다
1) 우리 학교에서 기대감을 갖고 하루하루를 맞이한다.	①	②	③	④	⑤
2) 우리 학교에서의 교직생활은 나 자신의 발전에 도움이 된다.	①	②	③	④	⑤
3) 다시 직업을 선택하면 교사를 역시 선택할 것이다	①	②	③	④	⑤
4) 교사는 지속적으로 자극을 받아 전문성을 키우며 아이들을 가르치는 일로서 보람된다.	①	②	③	④	⑤

*한국교육개발원의 학교실태 문항 일부를 수정하여 예시로 제시함.

위의 두 표에서 제시된 교사 만족도 측정 문항 세트 중에서 어느 문항 세트를 이용해서 설문조사를 하는 것이 나을지 생각해보자. 두 세트의 차이점은 3)번 문항이다. 첫 번째 세트에서는 3)번을 부정적으로 묻는 문항이지만 두 번째 세트는 3)번 문항이 긍정적으로 된 문항이다.

응답자가 문항세트1을 응답할 때 만약 설문답변이 귀찮아서 1,2,3,4번 모두 '④번 그렇다'로 문항을 꼼꼼히 읽지 않고 모두 일직선으로 응답을 하게 된다면 당연히 신뢰성있는 답변이 되지 못한다. 그리고 이렇게 답변한 값을 분석하면 당연히 통계적으로 의미있는 분석결과가 산출되지도 않고 타당도가 낮은 결과가 산출되게 된다.

크론바흐 알파 검사라는 신뢰도 점검 분석을 하게 되면 문제가 있는 문항이나, 이러한 응답의 불성실한 점, 신뢰성 정도를 파악할 수 있는 신뢰도 점수가 산출된다. 기준은 1점이면 완벽하게 신뢰도가 높으며, 일반적으로 0.7점 이상이면 '다소간 관대한' 기준으로 설문의 신뢰도가 있는 것으로 평가한다. 그러나 교육학계에서는 '아주 관대하게' 0.6이상을 일단 사용할 수 있는 기준으로 본다. 심리학계에서는 0.8을 기준으로 제시하기도 한다[30]. SPSS에서 분석-척도분석-신뢰도 분석을 클릭해서 문항을 설정해주고 확인을 누르면 값이 산출된다.

또 다른 사례를 보자. 2014년도 한국교육개발원에서 학교실태조사를 위한 설문지에서 교사를 대상으로 학생들의 학습태도를 조사한 문항이 있다. 이 문항은 첫 문제와 세 번째 문항이 긍정적인 태도를 물어보고 있으나 나머지 4문항은 학생들의 부정적인 태도를 물어보는 문항이다.

표 V-7 학생들의 학습태도 조사 문항

	전혀 그렇지 않다	그렇지 않다	보통이다	그렇다	매우 그렇다
1) 배우려는 자세가 되어 있다.	①	②	③	④	⑤
2) 수업시간에 딴 짓을 한다.	①	②	③	④	⑤
3) 과제를 잘 해 온다.	①	②	③	④	⑤
4) 결석을 자주 한다.	①	②	③	④	⑤
5) 지각 또는 조퇴를 자주 한다.	①	②	③	④	⑤
6) 수업 중 졸거나 잠을 잔다.	①	②	③	④	⑤

출처: 한국교육개발원의 학교실태조사의 교사대상 설문문항. Cronbach-A: 0.754.

---

30 Nunnally, J. C., & Bernstein, I. H. (1994). Psychometric theory (3rd ed.). New York, NY: McGraw-Hill.

배우려는 자세가 잘 되어 있으면 아마 결석도 자주 안하고 수업시간에 딴 짓도 덜할테고, 수업 중 졸거나 잠을 자지도 않을 것이다. 그렇다면 2, 4, 5, 6번 문항을 역코딩을 해주어서 분석을 해야 한다. 역코딩 해서 분석한 결과 크론바흐 알파 값이 0.754가 산출된다. 따라서 교사들이 일정정도 성실하게 응답한 것으로 볼 수 있다.

♀ 신뢰도 검사의 한계

그런데 크론바흐 알파 값이 1이 되는 경우는 어떤 경우일지를 생각해보자. 만약 교장지도성을 측정하는 세 개의 문항을 개발했는데 첫 번째 교사는 세 문항을 모두 4로 체크하고, 또 다른 교사는 모두 3으로 체크했다. 그리고 다른 교사 역시 모두 3으로 동일하게 체크한 경우에는 크론바흐 알파 값이 1로 산출된다. 그렇다면 응답자마다 사실 세 문항에 대해서 모두 동일한 상태로 평가하는 것인데, 이는 두 가지 가능성이 존재한다.

교사가 모두 응답하기 귀찮아서 불성실하게 동일한 값으로 체크하는 경우이다. 아니면 3문항이 거의 비슷해서 교사가 특별히 다르게 편차를 두어서 체크하기 어려울 경우이다. 다음의 교장지도성 측정 문항이 두 번째 사례가 될 것이다. 교사 입장에서 청렴, 깨끗, 청탁받지 않음 등은 상당히 유사해서 특별히 '매우 그렇다', '그렇다' 등을 오고가면서 체크할 필요가 없을지 모른다. 그냥 그렇다만 모두 체크하거나 보통이다로만 체크하게 될 가능성이 높다. 이런 경우는 그냥 한 문항으로만 지도성을 조사해도 상관이 없을 것이다.

표 V-8 너무 유사한 교장지도성 문항 사례

교장 지도성 문항	전혀 그렇지 않다	그렇지 않다	보통이다	그렇다	매우 그렇다
1) 우리학교 교장은 청렴하게 학교를 이끈다.	①	②	③	④	⑤
2) 우리학교 교장은 깨끗하게 학교를 이끈다.	①	②	③	④	⑤
3) 우리학교 교장은 청탁을 받지 않고 학교를 이끈다.	①	②	③	④	⑤

그래서 이 크론바흐 알파는 다소간 좀 모호한 측면이 있다. 1이 되면 사실 완전히 부실한 응답이거나 문항이 거의 동일한 내용이어서 여러 문항으로 만들 필요가 없음을 알게 된다. 우리는 조사대상이 일정정도 심사숙고하면서 일정정도 다른 응답을 부분적으로 한다는 전제하에서 0.6 이상이면 안심을 하는 것 뿐이다. 0.6이하면 이 경우는 정말 아무 생각 없이 ①②③④⑤를 무작위처럼 단순히 찍고 있는 경향이 커진다는 것을 의미한다. 아니면 정말로 문항이 내용 타당도 측면에서 문제가 있는 것이다.

한편 문항 수가 증가하면 크론바흐 알파 값이 증가하는 경향이 있다. 따라서 크론바흐 알파라는 신뢰도 검사 값은 단순한 참고자료 혹은 안심하는 자료정도로서 사용하면 될 것이다. 즉, 0.6이상이면 안심하되, 0.9가 넘어가고 1에 가까이 가면 문항을 한번 살펴보고 응답자의 응답 패턴을 직접 눈으로 살펴보면서 구체적인 응답자의 응답경향을 분석해보는 것이 좋다. 0.6미만이면 문항을 재검토하고 수정보완해야 할 것이다.

○ 리커트 척도의 탄생

리커트 척도 탄생에 대한 설명을 간략히 하고 넘어가자. ①②③④⑤로 '전혀 그렇지 않다, 그렇지 않다, 보통이다, 그렇다, 매우 그렇다' 등의 5단계로 측정하는 이 척도는 교육심리연구에서나 교육행정학연구 등에서 자아효능감 측정, 그리고 앞에서 제시된 사례인 그릿 측정, 학생의 학습태도 측정, 교장지도성 측정 등 제반 교육적 현상을 측정하는 도구로서 광범위하게 이용이 된다.

사회심리학자인 랜시스 리커트(Rensis Likert)가 1932년도에 정치적 태도(Attitudes)를 측정하기 위해 개발한 이 문항은 이젠 거의 보편적으로 모든 분야에서 사용되고 있다. 그의 이름을 따서 리커트 척도라고 일컫고 있다. 당시의 논문에 제시된 문항 몇 개를 살펴보자.

<표V-9>를 보면 당시 2차 세계대전 발발 직전 상황에서 정치적인 입장 혹은 태도를 묻는 문항임을 알 수 있다. 요즘은 흔히 볼 수 있는 설문조사문항인데, 왼편에 강한 동의/찬성, 오른편에 강한 부동의/반대로 체크하게 해두었다.

표 V-9　최초의 리커트 척도(1932년)

16. 기회가 있는 모든 남자들은 시민군훈련캠프에 입대해야 한다				
Strongly Approve (1)	Approve (2)	Undecided (3)	Disapprove (4)	Strongly Disapprove (5)
17. 회원국이든 아니든 미국은 국제연맹의 인도주의적 및 경제적 프로그램에 적극적으로 협력해야 한다.				
Strongly Approve (5)	Approve (4)	Undecided (3)	Disapprove (2)	Strongly Disapprove(1)
중략				
20. 미국은 세계에서 가장 거대한 군대와 해군 항공 함대를 보유해야만 한다.				
Strongly Approve (1)	Approve (2)	Undecided (3)	Disapprove (4)	Strongly Disapprove (5)
21. 옳건 그르든 우리는 조국을 위해 기꺼이 싸워야 한다.				
Strongly Approve (1)	Approve (2)	Undecided (3)	Disapprove (4)	Strongly Disapprove (5)
22. 우리는 세계 형제애를 고려할 수 있는 것을 감당하기 전까지는 조국에 대한 충성을 위해서 노력해야 한다.				
Strongly Approve (1)	Approve (2)	Undecided (3)	Disapprove (4)	Strongly Disapprove (5)
23. 우리나라는 어떤 상황에서도 전쟁을 선포해서는 안된다.				
Strongly Approve (5)	Approve (4)	Undecided (3)	Disapprove (2)	Strongly Disapprove (1)

출처: Likert(1932). 일부 문항만 제시함

　요즘은 리커트 척도 문항에서는 일반적으로 오른 편에 강한 동의를 설정한다. 그리고 앞에서 제시한 그릿의 사례처럼 코딩 값을 사전에 역으로 제시해놓은 문항들도 보인다. 응답값이 높을수록 평화주의적 입장이 되도록 코딩을 하게 되어 있음을 알 수 있다.

　그렇다면 혹시 궁금하지 않은가? 이전엔 어떻게 측정을 했는지? 그 이전엔 어떤 사안에 대한 태도에 대한 찬성의 입장과 반대의 입장을 표현해주는 문항을 여러 개 만들어서 각 문항에 대해 예/아니로로 응답하게 하고 문항별 가중치 값을 주어서 최종 태도점수를 산출하는 방식을 취했다(Thurstone 척도라고도 한다). 예를 하나 들자면 과거에 영화에 대한 태도에 대한 측정문항을 제시하면 다음 〈표V-10〉과 같다[31].

표 V-10 영화에 대한 태도 점수 측정 문항

문항번호	부여점수	문항	동의/부동의 (yes/no)
4	0.2	영화는 범죄발생의 가장 중요한 원인이다.	(yes/no)
8	2.7	영화들은 그저 무해한 여가보내기일 뿐이다	(yes/no)
10	4.0	영화의 영향력은 확실히 긍정적이다.	(yes/no)
15	0.0	영화를 보러가는 것은 죄를 짓는 것이다.	(yes/no)
17	4.3	영화는 오늘날 예술의 가장 중요한 형태이다.	(yes/no)
21	1.3	영화를 보러가는 것은 돈 낭비하는 바보같은 짓이다.	(yes/no)
23	0.6	영화들은 아이들에게 완전히 나쁜 존재이다.	(yes/no)
28	2.3	뭔가 좋은 것을 찾을 수 있다고 확신한다면, 나는 영화를 관람하러 자주 갈 것이다.	(yes/no)
33	1.0	영화관람은 나쁜 취미활동이다.	(yes/no)
35	3.1	전반적으로 영화는 꽤 괜찮다.	(yes/no)
39	4.4	영화는 일반 국민들을 위한 가장 좋은 교육 기관 중 하나이다.	(yes/no)
40	0.8	청년들은 담배, 술 등을 영화를 보고 배운다.	(yes/no)

출처: Thurstone(1930). 일부 문항만 제시함

상당히 오래전에 개발된 문항이다. 과거에 리커트 척도 개발 이전에 태도를 측정하는 방법을 보여주는데, 태도에 대한 문항에 동의(1)/부동의(0)를 묻고 해당 번호에 가중치와 유사한 부여점수가 통계적으로 계산되도록 설정되어 있으며 그에 따른 태도 점수가 산출이 된다.

요즘 같으면 리커트 척도를 이용해서 각 문항별로 영화에 대한 태도를 묻고 5단계 척도로 응답을 요구할 것이다. 이 때 부정적 문답은 역코딩을 할 것이다. 사실 리커트 척도보다는 위와 같은 측정방식은 문항별로 세부적인 부여점수가 있어서 태도를 더 정밀하게 측정하는 장점도 존재할 것이다. 그러나 부여점수를 산출하는 과정에서 복잡한 측면이 있기 때문에 리커트 척도를 이용한 태도 측정이 대중적으로 활용된다.

....

31 Thurstone, L.L.(1930). A scale for measuring attitude toward the movies. The Journal of Educational Research, 22(2), 89–94.

그렇다면 이러한 Thurstone의 태도 측정방법은 완전히 사용하지 않는가? 그렇지는 않다. 요즘에 교육지표/지수 개발과 관련해서 문항을 개발한 후에 위와 같은 가중치를 부여해서 지수를 산출한다. 즉, 지수개발에서 이러한 방법은 남아 있다고 볼 수 있다. 이 경우 단순히 예/아니오보다는 4단계 척도로 해서 영역별점수를 산출해서 가중치 점수를 곱해서 관련 지수를 산출하기도 하며 다양한 방법이 존재한다.

대표적인 예로 교육만족도 지수 산출, 학생역량지수 산출 등이 있다[32]. 가중치 점수는 전문가 의견조사(분석적 위계분석 등)나 통계적 방법(주성분분석)을 이용하는데 산출해보면 가중치를 부여할 경우나 부여하지 않을 경우나 큰 차이가 나지 않기도 한다.

그런데 이러한 복잡한 방식보다는 오히려 상대적으로 이해하기 쉬운 방식으로(물론 그렇다고 아주 쉽고 단순하게 산출하는 것은 아니다) 산출하는 교육관련지수가 더 유용하게 사용되기도 한다. 대표적인 지수는 국가별 인적개발지수(Human Development Index)이다. 인적개발 지수 산출은 기대수명지수와 문해율과 초중고 재학률, 국민 1인당 소득 등의 단 4개의 통계 값을 이용해서 상대적으로 간략히 산출한다. 복잡한 점수 혹은 지수 값 산출은 이해하기 어렵고 그에 따라 활용되지 않는 경우도 많다. 인적개발지수의 경우는 사람의 태도를 측정하는 것은 아니며 객관화된 국가별 현황을 비교가능하게 보여주는 지수 사례이다.

⚲ 리커트 척도는 5단계 위주로 설정한다

설문조사에서 인식상태를 일반적으로 5단계로 측정하는데, 3단계, 4단계, 그리고 7단계로 측정하는 경우도 있을 수 있다. 인간의 인지나 태도, 입장을 측정하는데 있어서 세부적인 상황 등에 따라서 4단계로 측정하는 경우도 있을 수 있다. 중간의 ③에 해당하는 '보통이다', 혹은 '그런 편이다'로 언급되는 이 응답은 중립적인(Neutral) 태도를 의미한다. 적극적이지도 않고, 부정적이지도 않은 사실상 말 그대로 보통인 경우이다. 이러한 중간적 태도를 포함할지 여부는 연구자가 이론에 근거해서 응답의 하나의 선택지로 포함시키는 것이 필요한지를 정해야 한다.

그런데 간혹 이론적 근거보다는 다소간 정치적 입장, 혹은 응답자의 찬반을 강요하는

---

32 김창환 외(2014). 한국의 교육지표, 지수 개발 연구(Ⅲ): 대학생 역량지수 개발 연구. 김양분 외(2005). 교육만족도 지표 지수개발 연구 등 많은 지표 혹은 지수 개발 연구 등이 이러한 태도 점수 산출과 사실상 동일한 태도 점수 산출로 볼 수 있다.

듯하게 ③보통이다,라는 응답을 제외하고 4점 척도로 문항을 만드는 경우도 있다. 하지만 일부 사람들은 혹은 상당히 많은 사람들은 보통으로 생각하는 경우도 많다. 자아효능감, 즉 자신이 어떤 일을 해낼 수 있다는 믿음을 측정하는 경우도 중간적인 입장이 있을 수 있으며 그릿의 경우도 마찬가지다.

즉, 영어로 표현하면 "Just so so"(그저 그런) 상황이 있을 수 있다. 그다지 긍정적이지도 그다지 부정적이지도 않은 경우 말이다. 따라서 일반적으로 '보통이다'라는 중간 단계가 포함된 5단계 척도를 사용해서 인지를 파악하는 것이 적절한 경우가 대부분이라고 보면 된다. 4점 척도를 사용할 경우에는 '보통이다' 혹은 '그저 그렇다'라는 인식상태가 존재하지 않는다는 근거를 이론적으로 논의하고 제시하는 것이 필요하다. 그러나 이 경우 대부분 비판을 받는 경우가 많다. 아무래도 '보통이다'라는 중립적인 입장이 존재하는 경우가 많다고 볼 수 있다.

어떤 경우는 7단계로 혹은 9단계로 조사하면 더 정확하지 않을까? 라는 생각도 들 것이다. 하지만 7단계로 세분화된다고 해서 응답자가 더 정밀하게 자신의 심리상태나 학생이나 교장에 대해서 인식을 잘 구분해서 응답한다고 보기에는 어려움이 있다. 한번 7단계 척도를 만들어 보자.

표 V-11 7단계 척도로 만들 경우: ②③⑤⑥은 어떻게 표현해야 할까?

문항	전혀 그렇지 않다.	?	?	보통 이다	?	?	매우 그렇다
이 교과를 공부하는 것이 즐겁다	①	②	③	④	⑤	⑥	⑦
이 교과를 공부할 때에는 시간가는 줄을 모른다	①	②	③	④	⑤	⑥	⑦
이 교과는 나에게 시험 성적과 관계없이 중요하다.	①	②	③	④	⑤	⑥	⑦
이 교과는 내가 좋아하는 과목이다	①	②	③	④	⑤	⑥	⑦

출처: 한국교육개발원 학교실태조사 설문문항

이 문항을 보면 학생의 내적동기, 혹은 교과의 즐거움을 측정하는 문항임을 알 수 있다.

일단 먼저 생각해볼 것이 ①~⑦ 위의 물음표 칸에 뭐라고 표현하면 될 것인가? 특히 2, 3과 5, 6은 뭐라고 적는 것이 좋을까? 물음표를 해두었는데, 좋은 표현을 알려주면 정말 감사할 것 같다. 왜냐하면 이 간격을 채우기 위한 표현이 마땅치 않기 때문이다[33]. 그래서 보통은 이런 경우, 즉 5단계를 넘어가는 척도를 사용할 경우 다음과 같은 화살표를 이용하기도 한다.

표 V-12 7단계 척도 설문지 구성 예시: 화살표로 표시

문항	전혀 그렇지 않다	←		보통이다	→		매우 그렇다
이 교과를 공부하는 거의 즐겁다	①	②	③	④	⑤	⑥	⑦

그런데 이 경우 과연 '전혀 그렇지 않다'와 '보통이다'의 중간에 위치한 부정적인 입장을 ②, ③으로 2등급으로 더 나눌 때 '②와 ③에 대한 인식의 차이'가 '①과 ②의 인식의 차이'는 어떠한 차이가 있을까라는 문제를 고민해볼 필요가 있다.

굳이 부정적 인식을 '전혀 그렇지 않다'와 '그렇지 않다'의 두 단계에서 3단계로 측정한다고 해서 과연 더 섬세하게 측정이 될 것인가? 보통을 제외하고 부정의 2개의 응답과 3개의 응답의 선택지에 과연 차이가 있을까? 응답하는 학생이 전혀 그렇지 않다와 ②와 ③의 차이를 적절히 구분해서 응답할 것인가? 사실 그렇게 응답하는 것이 쉽지는 않을 것이다.

학생들마다 너무 주관적으로 ①, ②, ③ 응답을 옮겨 다닐 수도 있다. 오히려 실제 측정 오차가 많이 생길 수도 있다. 응답자들은 설문조사문항을 읽고 응답할 때 많은 시간을 들이고 일일이 섬세하게 따져가면서 응답하지 않는 것이 일반적이다. 따라서 5단계 척도를 이용해도 연구내용과 결과에서 효과성을 보면 큰 문제가 없다고 봐야 한다.

◦ 리커트 척도를 사용할 것인가? 혹은 우선순위를 1,2번 선택하게 할 것인가?

대부분의 설문문항들은 배경변인 외에는 리커트 척도를 이용해서 설문문항을 개발하고 분석한다. 그러나 일부 설문조사 문항 개발 과정에서 간혹 대학원생들이 고민하는 사

---

33 사실은 해당 표현이 있다. 필자는 이를 수업시간에 구두로 알려준다. 한번 생각해보자.

항 중 하나가 우선 순위를 파악하고 싶은 경우이다. 예를 들어보자. 다음의 문항– 어떤 교육방법이 제일 중요하게 생각하느냐를 파악하고자 하는 경우이다.

표 V-13 우선순위 선택 문항 예시1

문1〉 다음 중 만 5세 유아들을 위해서 가장 중요하게 적극적으로 이루어져야 할 교육방법이라고 생각하는 것을 체크하시오.(하나만 선택)

① 실내에서 놀이 위주 활동 교육
② 실외에서 체험 경험 활동 교육
③ 실내에서 책, 교재 위주 교육

필자가 간략히 만들어 본 문항이다. 이렇게 교육방법을 범주별로 제시하고 우선 순위를 파악하는 경우에는 빈도분석을 하게 된다. 즉 몇 퍼센트의 응답자들이 ①번을 답했는지 등을 보는 것이다. 그러나 이러한 우선순위 설정은 분석에서 나중에 보겠지만, 카이스퀘어 테스트를 하거나 더미 변수로 만들어서 분석을 할 수 있겠지만 다소간 분석의 폭을 제한받게 된다.

그래서 우리는 우선순위 하나(혹은 1, 2 순위)를 선택하게 하는 설문보다는 각 문항에 대한 동의정도를 리커트 척도로도 파악하는 문항으로 전환하는 것이 향후 분석과정에서 더 유용해질 수 있는 데이터를 확보할 수 있다. 즉 〈표 V-14〉와 같이 만들어서 제시하는 것이다.

표 V-14 다음의 만 5세 유아들을 위한 교육방법에 대해서 중요하게, 적극적으로 이루어져야 하는지에 대해서 응답하시오.

유아 교육방법 문항	전혀 동의하지 않는다	동의하지 않는다	보통이다	동의한다	매우 동의한다
1) 실내에서 놀이 위주 활동 교육을 가장 중요하게 시행해야 한다	①	②	③	④	⑤
2) 실외에서 체험 경험 활동 교육을 가장 적극적으로 시행해야 한다	①	②	③	④	⑤

3) 실내에서 책, 교재 위주 교육을 가장 적극적으로 시행해야 한다	①	②	③	④	⑤

또 다른 사례를 보자. 다음 문항은 교직선택 동기를 무조건 하나만 선택하게 하는 문항이다.

표 V-15 우선순위 선택 문항 예시2

문2) 선생님께서 교직을 선택하신 가장 큰 동기는 무엇입니까?(하나만 선택)

① 사회적 평판이 좋아서
② 직업의 안정성
③ 시간적인 여유
④ 가르치는 일이 좋아서
⑤ 급여, 연금 등 대우가 좋아서
⑥ 기타: (   )

출처: 한국교육개발원 학교실태조사 교사 설문지.

마찬가지로 이 경우는 (내재적 동기 혹은 외재적 동기 등으로) 더미변수로 만들거나, 교사의 배경과 응답과의 상관관계를 보기 위해서 카이스퀘어 테스트를 하게 된다. 한편 ⑥기타의 경우 여러 다른 이유가 무엇이 있는지 일일이 들여다보고 코딩을 고민해야 하고, 어떻게 활용해야 할지 고민을 하다가 결국은 ⑥기타 응답 내용은 사용하지 않고 버리는 경우가 많이 생긴다.

연구의 목적상 혹은 이론적 논의를 위해서 동기 하나만을 선택하게 해야 하는 것이 중요할 수도 있다. 그러나 교직 선택에 있어서 여러 동기를 동시에 고려하는 경우도 많을 수 있다. 따라서 리커트 척도로 측정하는 것도 고려해볼 필요가 있다.

표 V-16 　다음에 제시된 각 교직 선택의 이유에 대해서 응답하시오.

교직동기	전혀 그렇지 않다	그렇지 않다	보통이다	그렇다	매우 그렇다
1) 사회적 평판이 좋아서 교직을 선택함	①	②	③	④	⑤
2) 직업의 안정성 때문에 교직을 선택함	①	②	③	④	⑤
3) 시간적인 여유(방학, 정시 퇴근)가 있어서 교직을 선택함	①	②	③	④	⑤
4) 학생을 가르치는 일을 좋아해서 교직을 선택함	①	②	③	④	⑤
5) 급여, 연금 등 대우가 좋아서 교직을 선택함	①	②	③	④	⑤

<표 V-15>의 문항을 <표 V-16>처럼 리커트 척도로 조사를 하게 하면 향후 상관분석과 회귀분석 등으로 분석을 좀 더 확대할 수가 있다.

물론 연구의 목적상 확실하게 하나의 대안을 선택해야 하는 경우 우선순위 하나만을 선택하도록 문항을 개발하는 것이 적절할 것이다. 예를 들어 최근에 교육감 선거제도 개선방안을 마련하는 것이 중요한 연구과제일 경우에는 리커트 척도로 묻는 것보다 확실한 개선방안을 하나 선택하게 하는 것이 더 나을 것이다. 다음 <표V-17>과 같이 하나의 방안을 묻고 가장 많은 응답이 나오는 방안을 분석해서 논문에서 제시하는 것이다.

표 V-17 　교육정책 개선방안 선택 문항 예시

문) 다음 중 교육감 선거 개선방안 중 가장 적절한 방안이라고 생각하는 것을 하나 선택하시오.

1) 현행 직선제 유지
2) 시도지사와 러닝메이트제로 전환
3) 전체 학교운영위원회 위원들의 투표로 선출
4) 초중고에 재학중인 자녀가 있는 학부모만의 투표로 선출
5) 시도지사가 전문가를 임명
6) 시도의회에서 교육감 선출

그 밖에 여러 대안들을 살펴봐야 하는 경우도 위와 같이 택1을 하게 하는 문항을 만들어야 할 것이다. 이를 위해서는 선행연구와 지도교수와의 협의를 통해서 선택방안을 잘 만들어서 제시해야 하는 과제가 있다. 이 문항의 경우는 향후 살펴보겠지만 빈도표 분석과 카이스퀘어 테스트를 해야 한다. 혹은 더미변수로 변환시키거나 해서 종속변수로 설정해서 로지스틱 회귀분석 등을 수행할 수도 있다(로지스틱 회귀분석은 이 책에서는 다루진 않는다).

3 **마지막 잔소리: 설문 문항개발은 이론 검토를 충분히 거쳐야 한다** ●⸱⸱⸱⸱⸱⸱⸱⸱⸱⸱⸱

설문조사지 개발은 기존의 문항을 이용하는 것이 좋다고 앞에서 소개했다. 아무래도 학술지에 발표된 논문들에서 사용한 문항은 신뢰도 측면에서 그리고 내용 타당도 측면에서 전문가들의 검토를 통해서 승인된 것으로 볼 수 있다. 그런데 지도교수와 함께 혹은 혼자서 새로운 문항을 만들 수도 있다. 이를 위해서는 선행연구와 이론에 대해서 깊이 있는 연구가 필요하다.

⸰ 다중지능 측정 리커트 척도를 만들기, 문제 없을까?

한번 생각해보자. 교육학에서 가장 많이 인용되고 인기있는 이론인 다중지능이론에 근거하여 다중지능측정문항을 개발하는 것은 가능할까? 다음과 같은 리커트 척도 문항을 개발하고 싶은 생각이 들 수도 있다. 예술지능을 측정할 때 이런 문항을 사용하면 되지 않을까? 필자가 대략 만들어보았다.

표 V-18 하워드 가드너의 다중지능 중 예술지능 측정 문항: 이렇게 만들 수 있을까?

문항	전혀 그렇지 않다	그렇지 않다	보통이다	그렇다	매우 그렇다
나는 그림그리기를 좋아한다	①	②	③	④	⑤
나는 예술가처럼 사고한다	①	②	③	④	⑤
나는 예술작품의 가치를 잘 파악할 수 있다.	①	②	③	④	⑤
나는 미술관 관람을 좋아한다	①	②	③	④	⑤

주: 필자가 대략적으로 만들어 봄

다중지능이론의 주창자인 하워드 가드너는 다중지능이론을 측정하는 이러한 리커트 척도 문항을 개발했을까? 아니다. 이러한 측정문항으로 파악하는 것은 매우 피상적이라고 보았고 적절하지 않다고 보았다. 그의 다중지능연구들은 대부분 질적 연구, 특히 다양한 능력을 보여주는 사례연구들을 수행하여 다중지능이론을 연구하였으며 그러한 세밀한 질적 분석을 하는 것이 필요하다고 보았다. 다음의 하워드 가드너의 언급을 읽어보자.

"대다수의 다중지능검사들은 실제로 선호를 측정하며 이는 자기 보고에 기반한다. 그러나 이러한 방식은 관심 있는 지능들에 대한 신뢰할만한 지표가 되기 어렵다. … 나는 선다형 문제에서 정답을 선택하는 지필평가보다는 한 사람이 또래 집단 내에서 어떻게 행동하는지 직접적으로 살펴보는 측정에 훨씬 더 관심이 많다." (하워드 가드너, 지능이란 무엇인가, 30주년 기념 서문)

하워드 가드너가 물론 다중지능을 측정하거나 평가하는 연구를 수행하지 않은 것은 아니다. 하워드 가드너가 수행한 프로젝트 제로의 경우 초등학교 고학년과 고등학교 시절의 예술적 학습을 문서화할 수 있는 평가도구 개발이 목적이기도 했다.

이러한 다중지능에 대한 평가도구는 앞에서 필자가 간략히 만들어낸 네 문항과 같은 리커트 척도와 같은 자기보고에 근거한 측정도구는 아니다. 예술에 대한 세부적 평가방법은 하워드 가드너의 논문을 모은 저서인 마음의 발달과 교육의 13장 제로베이스 예술교육: 아트 프로펠 소개를 참조할 것을 권유한다[34].

----

34 하워드 가드너의 마음의 발달과 교육(함정현 역, 학지사)에서 제13장 참조.

하워드 가드너의 다중지능이론을 충분히 연구했다면 자기보고식 문항보고는 제대로 된 다중지능 측정방법이 아니라는 것을 알게 될 것이다. 관찰방식과 다양한 상황에서 아동들의 활동을 파악하는 방식이 타당함을 알 수 있을 것이다.

따라서 문항개발을 만약 새롭게 하려면 관련 이론들을 충분히 탐구하고 이해한 뒤에 수행해야 한다. 최근까지의 교육행정학에서 파악하고자 하는 다양한 행정영역이나 교육심리학에서의 아동의 심리관련 측정문항들은 대부분 개발이 되어 있다. 대학원생이 석사논문을 작성하기 위해서 지도교수와 일정 정도 문항을 수정보완하거나 첨삭을 할 수 있는 있겠지만, 완전히 새롭게 개발하는 것은 상당한 이론적 작업을 요구한다.

그래서 이론을 완전히 파악하지 못한 상태에서 문항을 개발하는 것보다는 기존에 개발된 문항을 이용해서 설문조사와 관련 연구를 수행하는 것을 권장한다. 물론 멋진 이론을 만들어내고 그 이론을 검증하기 위한 문항 개발이나 연구방법을 고안하면 금상첨화일 것이다.

이론 검토에 따른 문항 개발의 과정을 보여주는 마지막 사례로 교직(교사직무)만족도 문항을 살펴보자. 만약 교직경력이 교직만족도에 미치는 영향을 연구한다고 가정하면, 기존에 개발된 교직만족도 문항을 사용하면 된다. 그러나 만약 새롭게 개발할 경우 만족도에 대한 이론적 개념부터 연구해나가야 하는데, 이러한 작업은 별도로 연구자가 수행해야 한다.

노종희(2001)의 교직만족도 측정 문항 개발 연구를 보면 이러한 이론적 개념화 작업이 얼마나 중요한지, 그리고 시간이 많이 소요되는지를 보여준다. 노종희(2001)는 기존 선행연구들을 분석해서 다음과 같이 여러 이론들과 선행연구들에 제시된 개념을 정리하고 있다.

표 V-19 교사직무만족도 개발을 위한 검토이론들

구분	내용
직무만족 내용이론	Porter(1961)의 욕구계층이론 Herzberg(1969)의 2-요인이론
직무만족 과정이론	Adams(1963)의 공정성 이론 Vroom(1964)의 기대이론
직무만족 연구의 접근방법	일반관계모형, 격차모형, 통합모형
직무만족의 차원	보수, 부가혜택, 근무조건, 안전성, 상사 관계, 동료관계, 학생 관계, 감독, 과업, 승진기회, 자율성, 도전감, 성취

출처: 노종희(2001)에서 논의된 내용을 필자가 요약·정리함.

노종희(2001)는 본인이 다방면으로 검토한 관련 이론들과 문헌들을 참고하여 총 28개의 교사의 직무만족도 문항을 개발하였다. 개발된 문항은 다음 <표 V-20>과 같다. 사실 문항수가 적지는 않다. 지도교수와 상의하여 교직의식과 보상영역에 대한 만족도 조사로만 한정해서 연구할 수도 있다. 개발된 문항이 너무 많을 경우 연구의 효율적 진행을 위해서 기존 문항을 사용하되 일정정도 문항 수의 범위를 조정하면 된다.

표 V-20 교원 직무만족도 문항

구분(영역)	문항
보상	−나는 일한만큼의 보수를 받고 있다고 생각한다 −사회적으로 적절한 대우를 받고 있다고 생각한다 −후생복지가 적정하게 주어지고 있다고 생각한다 −자녀 교육비에 대해서 걱정을 많이 한다*
발전성	−시간만 나면 연수에 참여한다 −교수학습에 관한 토론을 많이 한다 −최신 교육정보에 자주 접한다 −교재연구를 충실하게 한다
교직의식	−교직생활에 보람을 느낀다 −가르치는 일이 재미있다 −교사로서 자부심을 느낀다 −교직을 전문직이라고 느낀다
업무부담	−수업부담이 과중하다* −학생지도가 힘겹다* −사무처리에 시간을 많이 빼앗긴다* −잡무가 많다*
자율성	−업무수행에 있어서 간섭을 받지 않는다 −교수학습에 관한 사항을 독자적으로 결정한다 −교육문제에 대해서 자유롭게 대처한다 −학교밖으로부터의 요구에 시달린다*

출처: 노종희(2001). *표시는 역코딩해서 분석.

그렇다면 다음 장에서는 설문조사지를 다 만들었다고 가정하고 설문조사 실시, 그리고 조사된 설문지 응답자료를 가지고 데이터 입력 등을 하는 과정에 대해서 살펴보도록 한다.

VI. 설문실시, 자료입력, 변수의 유형

1 **설문조사실시 대상 표집-무작위 선정** ● ···

설문조사는 어떻게 해야 할까? 앞에서 언급한 조사대상자의 효율적 선택이 필요하다. 교사를 대상으로 할 것인지, 학생을 대상으로 할 것인지, 학부모를 대상으로 할지 등을 고려해야 한다. 또한, 설문조사 대상을 정했으면, 어떻게 표집할 것인가를 생각해야 한다.

설문조사는 엄밀하게 따져보면 비실험연구이긴 하지만 앞에서 언급한 바대로 실험연구처럼 실시하는 것이 좋다. 연구목적을 정확하게 고려해서 무선으로 설문응답자를 선정하는 것이 필요하다. 만약 교육정책 효과나 교육프로그램 효과를 연구하고자 할 경우에는 실험집단과 비교집단을 고려해서 설문대상을 선정해야 한다. 여기에서 간단한 퀴즈를 한번 풀어보자.

🔍 ▨▨ **퀴즈1** **교장공모제 효과 연구 설문조사**

> 교육청에서는 학교개혁을 위해서 교장임용방법을 기존의 승진제에서 공모제 방식으로 전환시켰다. 과연 학교장 공모제도가 학교교육을 개혁하고 발전시키는 데 더욱 효과적인지를 알기 위해서 교육청에서 승진제를 시행하는 기존 공립초등학교 10개와 공모제를 통해 교장을 선발한 공모제 학교 10개를 선정하여 해당 학교 학생들의 국가수준학업성취도 점수를 이용하여 평가하고자 한다. 교장공모제 효과 평가를 면밀하게 수행하기 위해서 어떠한 점이 고려되어서 표집 학교가 선정되어야 하는지에 대해서 논의하시오.

엄밀하게 말해서 실험실에서 이루어지는 연구가 아니기 때문에 실험연구라고 볼 수는 없지만 실험연구하듯이 공모제 학교 10개, 그리고 공모제학교와 비교할 일반 학교 10개를 선정해서 설문조사를 통해서 효과 평가를 수행하는 것이 좋을 것이다. 그렇다면 어떠한 점이 고려되어야 하는가? 일반 학교, 즉 비공모제 학교와 공모제 학교 간의 특성이 유사해야 할 것이다.

만약 공모제 학교는 모두 라급지에 위치해 있는데, 비공모제 학교는 모두 가급지나 나급지에 위치해 있으면 미국에서 흔히 언급하는 소위 '사과와 오렌지를 비교'하는 것과 같다. 즉, 유사한 특성을 가져야 하기 때문에 비공모제 학교 역시 라급지에 소재한 학교를 선정해야 한다.

사실 '동일한 학교'를 선정하는 것은 현실에서는 불가능하기 때문에 '유사'한 학교를 선정하는 수밖에 없다. 그런데 보면 종속변수가 학업성취도이다. 학업성취도에 영향을 주는 요인들에 대한 선행연구를 통해서 관련 변수들이 가급적 유사한 학교들, 예를 들어 학업성취도에 영향을 주는 변수가 부모의 소득수준, 학력수준, 학교규모, 교사학위수준, 학생의 그릿 등이라고 가정해보면, 이들 변수들이 유사한 학교들로 비교집단을 선정해야 한다.

　　하지만 유사하다고 해도 당연히 일정정도 편차는 존재할 것이다. 이들 변수들(부모의 소득수준, 학력수준, 학교규모, 교사학위수준, 학생의 그릿)을 객관적으로 파악해서 유사한 학교를 선정하기에도 어려움이 있다. 따라서 이러한 종속변수(학업성취도)에 영향을 주는 변수들에 대한 조사가 설문문항 등에 포함되어야 한다. 그러면 향후 보게 될 중다회귀분석을 통해서 통계적 방법으로 통제해줄 수 있다.

　　그렇다면 두 번째 퀴즈이다.

🔍 퀴즈2　방과후학교 효과 분석

> 방과후학교의 효과를 측정하기 위하여 학교에서는 초등학교 6학년 전체 학생들 200명 중 임의로 100명을 선발하여 방과후학교 수업을 듣게 하였다. 그리고 나머지 100명의 학생들은 학교수업을 마친 후 곧장 집으로 귀가를 시켰다. 방과후학교 수업을 시작하기 전에 200명을 대상으로 국어와 수학성취도 시험을 본 후 1학기가 끝날 무렵 국어와 수학성취도를 측정하여 방과후학교 수업을 시작하기 전과 후의 성취도 변화를 측정하기로 하였다.
>
> 가) 이 실험연구에서 방과후학교 수업을 들은 학생을 (　　　　　　　　) 집단이라고 하며 방과후학교 수업을 듣지 않고 집으로 귀가시킨 학생들을 (　　　　　　) 집단이라고 하는가?
>
> 나) 위에서 제시된 실험연구에 분석결과에서 오류나 편향(bias)이 발생하지 않도록 더욱 정교하게 연구를 실시하려면. 즉 방과후학교의 학업성취도에 미치는 효과를 정확히 측정하려면 피실험자(학생들)를 대상으로 연구자가 어떠한 점을 고려해서 실시해야 하는가?

　　가)의 정답은 쉽게 풀 수 있을 것으로 보인다. 그런데 나)의 경우는 한번 생각해보도록 하자. 과연 이 실험연구가 완벽하게 이루어질까? 일단 방과후학교 효과 연구를 하는 것을 교사와 학생들이 몰라야 한다. 즉 눈 가리기 연구가 되어야 한다. 그리고 다른 여러 요건들이 동일해야 한다. 방과후학교에 참여를 안하는 학생들은 오후 시간에 무엇을 할까? 아마 학원을 다닐지도 모른다. 그러면 방과후학교의 효과가 분석이 잘 될까? 그렇게 되지 않을 것이다. 오후 시간에 혼자 공부하는 시간도 유사해야 한다.

　　하지만 무작위로 선정했지만 두 집단이 여러 이유로 유사하지 않을 가능성이 높다. 학원을 오후에 못 다니게 할 수 없지 않은가? 아마 못 다니게 하는 순간 왜 못 다니게 하냐고 항의를 할 것이고 연구 때문이라고 답하는 순간 이래저래 복잡한 문제가 생길 것이다.

결과적으로는 실험연구를 한다고는 하지만 설문조사를 통해서 방과후 이후의 생활(방과후학교에 참여를 안하는 학생은 해당 시간에 어떤 활동을 하는지) 등에 대한 자료를 확보하는 것이 필요할 것이다. 그리고 설문조사 자료를 이용해서 해당 활동에 대해서 계량화해서 향후 통계적으로 통제를 해주어서 분석을 하는 것이 필요하다.

② 설문조사결과 입력

설문조사 연구를 하다보면 연구자 본인이 직접 입력하는 경우는 많지 않다. 대부분 외부에 의뢰하게 된다. 일단 데이터 세트는 각 설문지 한 장 마다 한줄(Row)로 작성이 된다. 일단 200명의 학생을 대상으로 조사한다고 가정해보자. 그러면 데이터 세트에는 200행의 자료가 생길 것이다.

표 VI-1 설문 문항 예시

---

1. 학생의 성별은?
①남 ②여

2. 학생이 재학 중인 학교의 설립유형은?
①국공립 ②사립

3. 학생이 거주하는 지역은?
① 서울 ② 광역시 ③중소도시 ④ 읍면지역

4. 월 가구소득은? (부모님의 도움을 받아서 작성하세요)
(   ) 만원

5. 본인이 다니고 있는 고등학교에 대해서 얼마나 만족하십니까? 만족도를 체크해주십시오.
①매우 불만족 ②불만족 ③보통 ④ 만족 ⑤ 매우 만족

6. 본인의 수학수능점수를 적어주십시오.
(   ) 점

　　그리고 설문문항에서 학생대상으로 성별, 본인이 다니는 학교의 설립유형(국공립/사립), 가정의 월평균 가구소득, 학교만족도(리커트 척도), 학업성취도(수학수능점수) 등 총 여섯 문항을 조사한다고 가정해보자. 그렇다면 다음과 같이 문항별로 각 열(Column)이 생기게 되며 총 6열이 생기게 된다. 다만 일련번호를 포함하면 7열이 될 것이다.

표 VI-2　엑셀에 입력 정리되는 데이터 세트

일련번호	성별	설립유형	지역규모	가구소득	학교만족도	학업성취도 (수학수능점수)
1	1	1	1	600	4	300
2	1	2	3	400	3	290
3	2	2	2	500	4	310
—	—	—	(중략)	—	—	—
—	—	—	(중략)	—	—	—
200	2	1	4	350	2	270

　　엑셀에 입력하는 경우가 일반적이며 엑셀은 SPSS 등의 통계 프로그램에 모두 쉽게 불러올 수가 있다. 200명 정도의 샘플은 그냥 커서로 복사(copy)해서 통계프로그램 데이터 세트에 붙이기(paste)를 해도 된다.

　　위에서 제시된 예시의 사례 수는 200명이다. 즉, <표 VI-2>에서는 중간에 생략하였지만 총 200행 혹은 줄의 데이터가 생성될 것이다. 그리고 분석에 사용될 변수 수는 총 6개가 될 것이다.

　　변수는 성별이나 연령 등의 조사항목으로서 쭉 아래로 내려가는 열(Column)에 해당된다. 변수는 영어로는 Variable인데 변화하는 값을 의미한다. 설문조사를 보면 각 문항이 변수가 되는 것이다. 만약 열 개의 문항을 조사했다면 열 개의 변수(열 개의 Column)가 입력될 것이다.

　　참고로 Variable을 번역할 때 변수 외에 변인이라는 용어도 현재 혼용해서 쓰고는 있는데 필자 개인적으로는 변수라는 표현(혹은 번역)을 선호한다. 변인에서 인은 인과관계의 원인에 해당하는 한자어이다. 분석에서 변수들은 종속변수(종속변인) 혹은 설명변수(변인)로 구분이 되는데, 종속변수는 인과관계에서 과에 해당하는 변수를 의미한다. 즉, 종속변인으로 일컫는 것은 적절하지 않을 수가 있다. 그렇다고 종속변과라고 부르기도 어색하며 너무 강한 가정들을 variable이라는 영어 단어에 포함시키는 것이기에 이 역시 적절치 않다. 그래서 사례마다 변화하는 수라는 의미를 가지는 측면에서 변수가 더 적절하지 않나 싶다.

변수는 영어로 Column, 즉 위에서 아래로 작성된 것이다. 각 설문지의 문항은 하나의 변수가 된다. 그러나 향후 살펴볼 회귀분석에서는 3개 이상의 범주를 가진 하나의 문항(변수)은 더미변수화 하는 과정에서 여러 개의 더미변수를 만들 수도 있다.

③ 변수의 유형 ●

설문지 구성에서부터 문항의 응답 유형을 정하면서 변수의 유형을 사전에 알 수 있다. 변수의 유형을 크게 구분해서 보면 다음과 같다.

> 연속변수(Continuos variable)
>
> 범주변수(Categorical variable. 유목변수라고도 한다)
>
> 더미변수(Dummy variable)
>
> 순위변수(Ordered variable)

변수의 유형을 파악하는 것은 통계분석에서 매우 중요하다. 변수의 유형에 따라 분석 방법이 정해지기 때문이다. 일단 각 변수유형에 대한 설명이다.

♀ 연속변수

먼저 연속변수는 값이 연속적으로 이어지는 값을 가진 변수를 의미한다. 학생의 키, 몸무게, 수능점수, 월평균 사교육비, 월평균 가구소득 등의 변수들이 해당된다. 물론 설문조사 시에 응답자에게 값을 그대로 적게 해야 연속변수가 생성될 수 있다.

본인의 키는 몇 센티미터인지, 혹은 가구소득이 월평균 몇 만원인지를 구체적인 값을 응답하게 하는 것이다. 만약 학생의 키를 직접 적게 하지 않고 170이상일 경우에는 ①을 응답하게 하고 170미만일 경우는 ②를 응답하게 하면 연속변수가 아니라 일종의 범주변수가 되며 이는 연속변수가 아니다.

연속변수는 기술통계분석에서 최솟값, 최댓값, 평균 표준편차를 주로 살펴보며 정확한 변화량에 의해서 종속변수가 어떻게 변화를 하게 되는지 등 분석이 좀 더 엄밀하게 이루어질 수 있는 장점이 있다.

⚲ 범주변수

범주변수는 하나의 범주에 속하는 응답을 택하게 하는 문항을 만들 경우에 해당된다. 앞에서 학생의 성별은 남자인지 여자인지를 선택하는 경우가 대표적인 범주 변수가 된다. 그리고 지역규모 역시 범주변수이다. 다른 모든 유형의 변수에도 동일하게 해당되는데 이러한 범주변수는 코딩할 때 한글로 입력하지 않는다. 해당 응답의 번호 값을 적어주어야 한다. 통계분석은 숫자로 하는 것이기 때문에 문자를 입력해서는 안된다.

참고로 간혹 보면 이 범주변수를 유목변수라고 번역해주기도 한다. 유목변수라는 표현을 필자가 처음 들었을 때 유목민이 연상되었다. 그러나 유형과 분류를 의미하는 말인데, 필자처럼 유목민이 연상되는 경우도 있고 해서 그냥 영어 Categorical을 그대로 직역한 범주변수라는 표현이 더 이해하기 쉬울 것으로 보인다.

범주변수의 기초적인 통계는 빈도를 보는 빈도표가 될 것이다. 앞의 장에서 우선순위를 선택하게 하는 문항(교육감 선거제도 개선방안 문항)의 경우도 범주변수이다.

⚲ 더미(Dummy)변수

더미변수는 0 아니면 1의 두 범주로 구분되는 변수를 의미한다. 범주변수의 한 유형으로 볼 수가 있다. 앞에서 남자를 0, 여자를 1로 코딩할 경우 더미 변수가 된다. 그런데 더미변수는 1, 2로 코딩을 해도 되긴 하지만 향후 중다회귀분석을 할 경우 다소간 해석이 복잡해질 수 있기 때문에 일반적으로 0 아니면 1로 코딩한다.

사실 Dummy라는 표현은 좀 어색하고 처음 들어보는 표현일 것이다. 더미는 뭔가 덤 (Dumb, 멍하고 바보같은)해 보이는 느낌도 있지만, 0 혹은 1로 딱 두 범주로 구분되는 변수를 일컬을 때 쓰는 통계 용어로 보면 되며 덤앤더머의 덤이나 더머와는 상관이 없는 용어다.

⌕ 순위변수

순위변수는 순서적 의미를 갖는 순위(order)를 측정하는 변수이다. 리커트 척도로 측정한 문항은 원칙적으로 순위변수로 보면 된다. 리커트 척도는 정확하게는 숫자적 의미를 갖지는 않으며 매우 동의하는지, 동의하는지 정도의 순위적 응답 값을 갖는다. 다만 우리가 편의적으로 1에서 5까지의 숫자 값을 입력하는 것이다. 따라서 넓게 보면 범주변수에 해당하는 것으로도 볼 수 있다.

그러나 편의성을 유지해서 숫자적 의미로, 즉 연속변수처럼 분석하기도 한다. 즉, 1에서 5까지의 응답의 평균값, 최댓값, 최솟값 등으로 기술통계분석을 하기도 한다. 남녀별로 매우 동의(5)에 응답한 인원수와 비율, (4)에 응답한 인원수와 비율, 보통(3)에 응답한 인원수 혹은 비율 등을 산출할 수도 있겠지만, 성별로 평균값을 산출할 수도 있다는 것이다.

즉 리커트 척도로 측정한 문항 혹은 변수는 응답별로 인원수와 비율로 다음 표와 같이 통계(소위 빈도표)를 산출할 수도 있으며,

표 VI-3 리커트 척도로 측정한 경우 빈도표 예시

성별		문항: 교장공모제 시행에 대한 동의정도					계
		매우 동의 안함	동의안함	보통	동의함	적극 동의함	
여	n	10	19	30	26	15	100
	%	10%	19%	30%	26%	15%	
남	n	8	17	32	24	19	100
	%	8%	17%	32%	24%	19%	

혹은 다음의 표(기술통계표)처럼 연속되는 숫자적 의미(연속변수)로 보고 평균값을 산출할 수도 있다.

표 VI-4 리커트 척도 응답문항을 숫자적 의미로 해석한 기술통계

구분	사례수	평균	표준편차	최솟값	최댓값
여	100	3.32	1.02	1	5
남	100	3.42	1.04	1	5

<표 VI-4>와 같이 리커트 척도 값을 숫자적 의미로 해석해서 평균값을 구하는 경우가 교육연구에서는 상당히 일반적이라고 보면 된다. 그러나 원칙적으로는 위의 <표 VI-3>처럼 각 ①(매우 동의안함)~⑤(적극 동의함) 응답별 비율과 사례 수를 보는 것이 정확한 분석이긴 하다.

그럼에도 불구하고 숫자적 의미로 평균값을 구하거나 연속변수처럼 분석을 하는 경우가 많은데 그 이유는 변수들 간의 상관분석을 하거나 중다회귀분석을 할 수 있기 때문이다. 교육연구에서의 효율성 혹은 편의성을 위해서 리커트 척도 문항을 순위적/순서적 값으로 사용하지 않고 연속적 숫자의 값으로 이용하는 것이 일반적이라고 이해하면 된다.

그렇다면 다음 장에서 변수 유형에 따라 결정되는 통계분석방법을 살펴보도록 한다.

VII. 변수 유형에 따른 통계분석방법 정리

1. 변수=변화하는 수

2. 변수 유형에 따른 통계분석 방법 개괄

3. 설명변수랑 종속변수 모두 범주변수: 카이스퀘어 테스트

4. 설명변수가 더미변수이고 종속변수가 연속변수인 경우: t-test

5. 설명변수가 3개 이상의 범주변수이고 종속변수가 연속변수인 경우: ANOVA/F-test, 그리고 사후검증

6. 설명변수와 종속변수가 모두 연속변수: 상관관계분석

7. 설명변수가 연속변수이고 종속변수가 더미변수일 경우에는?

8. 설명변수가 여러 개이고 종속변수가 연속변수일 경우: 중다회귀분석

1 변수=변화하는 수

앞에서 간략히 변수의 유형을 살펴보았다. 변수의 유형에 따른 통계분석방법을 강의하기에 앞서 간혹 학생들이 실수하는 경우를 한번 언급하고자 한다.

변수는 변화량을 가진 요인이라고 볼 수 있다. 그런데 만약 설문조사대상 응답자가 어찌어찌하다보니 성별이 모두 남자라면 분석이 가능할 것인가? 사람은 살다보면 실수를 할 수 있다. 중학교 대상으로 학생들의 가정배경, 학교현황, 학업성취도 등을 포함한 설문조사를 했는데, 하필이면 실수로 남자중학교만 대상으로만 하게 되었다.

이 경우 성별에 따른 성취도 점수의 평균을 비교 분석을 할 수 있을까? 할 수 없다. 성별은 변수로 설정해도 변화하는 값이 아니다. 변화하지 않는 수이기 때문에 분석을 하는 의미가 사라진다. 즉, 변수가 변수가 아니게 되고 분석이 불가능해지게 된다.

또 다른 예로 학급규모에 따른 성취도의 변화, 혹은 학급규모와 성취도 간의 상관관계를 분석하려고 했는데, 설문조사 후 자료입력을 했는데, 운이 없게도 표집한 학교들이 모두 학급당 학생 수가 25명이다.

학급당 학생 수와 성취도 간의 관계를 분석할 수 있을까? 당연히 없다. 학급당 학생 수가 많은 학교와 적은 학교 간의 성취도를 비교할 수가 없지 않은가.

통계분석은 변수들의 값들은 변화하는데 그 변화가 어떤 패턴을 가지는지를 보는 것으로 이해해도 된다. 남자와 여자, 즉 성별에 따라 성취도가 어떻게 변화하고 다른지? 가구소득의 변화에 따라서 학교에 대한 만족도 값이 어떻게 변화하고 다른지? 등을 보는 것이다. 통계분석을 한다는 것은 이처럼 각 응답자의 문항, 즉 (설명)변수라고 불리우는 각 요소들(성별, 가구소득, 만족도)의 변화하는 상태가 다른 변화하는 (종속)변수와 어떠한 관계를 가지는지를 보는 것이라고 이해하면 된다. 그리고 통계학에서는 그 관계가 인과관계인지를 더 세밀하게 파악하기 위해서 통계모형을 발전시켜왔다고 볼 수 있다.

만약 세상이 모두 동일하다면, 누구나 다 동일한 학업성취도 점수를 받고, 가구소득이 모두 동일하다면 통계분석을 할 필요가 없게 될 것이다. 우리는 세상의 여러 변화와 다양성과 그 속에 감추어진 인과관계를 파악하고 분석하기 위해서 통계분석을 하는 것이다.

2 변수 유형에 따른 통계분석 방법 개괄 ●·····································

변화를 보여주는 변수들 간의 관계를 분석하는 것이 바로 통계분석이라고 생각하는 것이 좋다고 언급했다. 그런데 이러한 통계분석은 기초적인 기술통계(Descriptive Statitiscs)와 추론통계(Inference Statistics)가 있다. 추론통계는 표본을 가지고 모집단을 추론하는 통계를 의미한다. 확률분포를 통해서 해당 표본이 어느 위치에 있는지를 추론하는 방법이다.

이러한 추론통계는 데이터의 유형에 따라서 분석방법이 정해지고 이는 확률분포와 연관이 된다. 이 책에서는 어려운 통계이론보다는 통계방법에 대한 이해와 사용법, 그리고 통계논문을 보고 해석하는 방법 등을 강의하는 것이기 때문에 복잡한 수리적 내용은 적지 않는다.

추론통계의 제반 분석방법을 익히고 사용법, 그리고 해석하는 방법에 대한 감을 익혀야 하는데, 통계분석의 감, 즉 감각은 변수의 유형 파악에서부터 시작한다. 통계분석을 어떻게 할지를 설문문항과 응답된 변수들의 유형들을 보면서 정리해하면서 감각을 익혀나가도록 한다.

변수의 유형에 따른 통계분석 방법에 대한 개괄표를 하나 정리해보고 설명을 하도록 한다.

표 VII-1 변수의 유형에 따른 통계분석 방법 개

구분	설명변수	종속변수	통계분석방법(추론통계)
1	범주변수	범주변수	카이스퀘어 테스트
2	더미변수	연속변수	t-test
3	범주변수(3개 이상 범주)	연속변수	F-test(ANOVA), 사후검증
4	연속변수	연속변수	상관관계 분석
5	모든 유형의 변수들을 동시에 포함	연속변수	중다회귀분석

<표 VII-1>을 보면 중다회귀분석이 가장 좋은 분석방법이다. 모든 유형의 설명변수들을 분석에 포함시켜서 종속변수에 미치는 영향을 살펴볼 수가 있다는 장점이 존재한다. 그리고 모든 유형의 설명변수를 다 통제해주기 때문에 나름 가장 최선의 인과관계분석에 '가깝게' 도달할 수가 있다는 장점이 있다. 다만 인과관계와 가깝다는 의미를 지나치게 확정

적으로 해석해서는 안된다. 말 그대로 근접하는 것인데 분석모형에 포함된 설명변수들을 일단 통제한 후의(Ceteris Paribus) 상관관계를 분석한다는 매우 큰 장점이 있다.

구분의 1~4는 인과관계 분석에서 한계가 있으며 단순 상관관계나 차이를 보는 분석일 뿐이다. 위의 표에서는 적지 않았는데 5번의 중다회귀분석에서 종속변수가 연속변수가 아니라 더미변수일 경우에도 로지스틱모델이 있어서 관련 통계분석이 가능하기도 하다.

인과관계를 고민하지 않고 대략적인 현황파악을 위해서는 1~4까지의 분석을 하는 것으로 충분할 수가 있다. 나중에 기초통계의 중요성을 살펴보겠지만, 1~4의 분석표에서는 기초적인 통계표가 제시되기 때문에 전반적인 현황을 파악하는 데 있어서 도움이 된다는 장점이 있다.

따라서 통계분석연구 논문에서 1~4까지의 분석을 해주고 5번 중다회귀분석을 제시해주면서 마무리를 하는 논문들이 많다. 다만 교육대학원의 석사논문은 1~4까지의 분석을 해주고 마무리를 주로 한다. 5번까지 분석을 해주지 못하는 이유는 아무래도 여러 설명변수로 사용할 다양한 설문문항을 개발하고 조사하지 못하기 때문이기도 하다.

또 한편으로는 통계연구에서 "다른 변수들을 통제한다"는 의미에 대한 정확한 개념을 잡지 않았기 때문이기도 하다. 향후 중다회귀분석 설명에서 이에 대해 좀 더 설명하도록 한다. 일단 변수 유형에 대한 통계분석방법에 대해서 순서대로 살펴보자.

③ 설명변수랑 종속변수 모두 범주변수: 카이스퀘어 테스트

범주변수가 설명변수이고 범주변수 역시 종속변수인 경우는 카이스퀘어 테스트를 한다. 앞 장에서 제시된 예를 들어보면

- 교사의 교직선택동기를 하나만 선택하는 문항
- 교육감 선거 개선방안을 선택하는 문항

이러한 문항은 범주변수가 된다고 설명을 했다. 교직선택동기나 교육감선거 개선방안에 대한 응답을 종속변수로 설정하고 설명변수를 범주변수 중에서 선택할 수가 있다. 성별

에 따라 교직선택동기의 응답 분포를 본다거나, 교사의 직위범주별로 교육감 주민직선제의 문제점에 대한 범주 응답을 본다거나 할 수가 있다.

표 VII-2 설명변수와 종속변수 모두 범주변수인 사례

구분	설명변수	종속변수
1)	성별	교직선택동기
2)	교사경력대 직위	교육감 주민직선제의 문제점 교육감 선거 개선방안

범주변수는 연속변수가 아니기 때문에 평균, 표준편차가 산출될 수가 없다. 응답범주별로 몇 명이 응답했는지, 혹은 응답범주별로 응답한 비율이 얼마인지 등의 빈도표를 산출해야 한다. 그리고 난 후에 양쪽의 두 범주 변수 간에 통계적으로 유의한 관계가 있는지를 살펴보는 것이 필요하다.

즉, 위의 표에서 1)의 경우는

"성별과 교직선택동기 응답범주 간에 상관관계가 있는가"를 보는 수밖에 없다.

이를 다르게 혹은 간단히 표현하면

"성별에 따른 교직선택동기에 차이가 있는가"를 살펴보는 것이다.

앞의 V장에서 제시된 <표 V-16> 우선순위 선택 문항 예시를 성별로 응답한 빈도표를 실제 작성하면 다음과 같다.

표 VII-3 성별에 따른 교직선택동기 분석결과: 카이스퀘어 테스트 사례1

성별	구분	사회적 평판이 좋아서	직업의 안정성	시간적인 여유	가르치는 일이 좋아서	급여, 연금 등 대우가 좋아서	기타	계
남자	빈도	31	436	114	695	5	93	1,374
	성별 중 %	2.3%	31.7%	8.3%	50.6%	0.4%	6.8%	100.0%
여자	빈도	123	1,905	180	2,059	35	330	4,632
	성별 중 %	2.7%	41.1%	3.9%	44.5%	0.8%	7.1%	100.0%
계	빈도	154	2,341	294	2,754	40	423	6,006
	성별 중 %	2.6%	39.0%	4.9%	45.9%	0.7%	7.0%	100.0%

Chi-Square: 78.090***. * $p<0.05$, ** $p<0.01$, *** $p<0.001$.
주: 한국교육개발원 2014년 초등학교 실태조사 자료 분석결과

이 경우 표 밑에 카이스퀘어(x^2) 값을 적어주었다. 논문마다 다르지만 어떤 논문은 합계의 오른편에 칸을 만들어서 넣어주기도 한다. 그런데 카이스퀘어 값에 *이 세 개가 표시되어 있다. 나중에 설명을 또 하겠지만, 반복학습효과를 위해서 지금 미리 설명하는 것이 좋을 것 같다. 추론통계에서 모집단과 다른지에 대한 유의확률을 사용자 편의적, 혹은 독자/읽는 사람에게 편하도록 표시해주는 것이다.

추론통계는 우리가 모집단과 유사한 결과를 얻게 될 가능성을 확인해주기 위해서 확률분포에서 유의확률을 구해서 산출해준다. 유의확률은 영어로는 p-value이다. 설문조사나 여타 통계자료는 대부분 표본조사를 하게 된다.

"p-value는 만약 우리가 다시 한번 혹은 또 다시 한번 계속 여러 번 새롭게 표본을 추출해서 분석을 시행할 경우 기존에 시행한 표본조사결과랑 다르게 나올 확률, 혹은 더 극단적으로 치우쳐서 나올 확률"을 의미한다.

만약 p-value가 매우 작은 값을 가진다면, 지금 표본조사해서 분석한 값보다 더 극단적으로 나올 확률이 매우 적다는 의미가 된다. 결과적으로 지금 우리가 표본에서 얻은 통계적 차이가 모집단에서도 존재하는 실질적인 차이가 되는 것을 의미한다. 즉, p-value가 매우 작다면 새롭게 표집을 해서 또 분석을 했을 때 지금의 값과 더 극단적으로 나올 확률이 적다는 것이다.

p-value, 유의확률은 통계적으로 다소간 어려운 개념이긴 하다. p-value가 아주 작은 값을 가지면 통계분석을 할 때 기분이 좋게 된다. 왜냐하면 통계적으로 유의하게 다르거나 관계가 있다고 해석이 되기 때문이다. 즉, 이 경우보다 더 다르고 극단적으로 나올 확률이 적다는 것을 의미한다. 따라서 뭔가 찾고자 하는 결과가 나온 것이다. 물론 통계적으로 유의하지 않기를 바라는 경우도 있긴 하다.

카이스퀘어 테스트에서 지금 나온 빈도표에 따른 두 범주-성별과 교직선택동기-간에 통계적으로 유의한 관계가 있는 것으로 나온다. 표 밑에 *가 세 개인데 옆에 보면 p(p-value를 간단히 적은 것임)가 0.001보다 작은 경우 별표를 세 개를 해준다고 적혀 있다.

통계학자들 사이에서는 일종의 'Rule of Thumb'이란 게 있다. 한국말로 직역하면 엄지손가락 규칙인데 그냥 Good이란 의미로 엄지손가락을 들어올리는, 즉 괜찮다, 좋다, 동의한다는 것을 의미한다. 일반적으로 유의확률이 0.05(5%)미만이면 통계적으로 유의하다고 본다.

왜 유의확률이 0.05미만이면 괜찮은가? 혹시 0.06이면 안되는가? 물론 안될 건 없다. 또 한편으로는 엄격하게 적용해서 지금 표집한 것과 다르게 나올 확률이 0.05가 아니라 0.01로 즉 100분의 1 미만의 경우로 나와야 한다고 주장할 수도 있다. 이 역시 물론 가능하다.

그렇지만 통계학자들 사이에는 누적된 연구(와 현실)의 경험을 되돌이켜 보니, 0.05로 통계적 유의성 기준을 정하는 것이 적절하다고 본 것이다. 사실 어느 유명한 통계연구의 대가(Master)가 0.05로, 그냥 그렇게 하자고 했다는 이야기를 들은 적이 있다.

교육학에서는 좀 더 자유분방하게(liberally) 0.1로 기준을 제시하는 경우도 있긴 하다 (단측검증의 개념이란 측면에서 이기도 하다. 양방향으로 극단적인 경우가 아니라 한쪽 방향으로 다르게 나올 확률의 측면에서 이다). 그러나 일단 가장 보편적으로 통용되는 기준은 0.05이다. 즉, 유의확률이 0.05보다 작으면 통계적으로 유의한 결과라고 해석해준다.

따라서 위의 표에서 제시된 카이스퀘어 테스트 결과는 "성별에 따른 교직선택 동기에 통계적으로 유의한 차이가 있다"고 해석해주면 된다. 원칙적으로는 "성별과 교직선택 동기 간에 상관관계가 있다"고 해석해야 하지만, 의미를 보면 앞의 해석이 더 이해하기 쉽다.

구체적으로 표에서 비율 값을 보면 여성의 직업의 안정성에 대한 응답 비율이 41.1%로 남자의 31.7%보다 거의 10%p가 더 높다. 남자는 상대적으로 가르치는 일이 좋아서가 50.6%로 여성보다 높다.

단 명심해야할 점은 카이스퀘어 테스트는 두 범주 변수의 상관관계의 방향성(범주의 부정적 방향 혹은 긍정적 방향)을 제시해주지는 않는다는 것이다. 단지 두 범주변수 간에 통계적으로 유의한 관계가 있는지 혹은 없는지만을 보여준다. 그리고 유의하게 나올 경우 (p-value가 0.05보다 작을 경우) 구체적으로는 빈도표를 보고서 연구자가 대략적으로 차이점을 해석해줄 수 밖에 없다.

또 다른 예를 보자.

표 VII-4 자녀를 영어유치원에 보낸 경험과 자녀가 공부하기를 원하는 교육수준: 카이스퀘어 테스트 사례

구분		중학교	고등학교	전문대학 (2/3년제)	대학교	대학원 석사과정	대학원 박사과정	잘모르겠다	계
영어유치원보냄	빈도	4	1	7	213	94	137	18	474
	%	0.8%	0.2%	1.5%	44.9%	19.8%	28.9%	3.8%	100.0%
영어유치원안보냄	빈도	9	24	103	1525	271	449	98	2479
	%	0.4%	1.0%	4.2%	61.5%	10.9%	18.1%	4.0%	100.0%
계	빈도	13	25	110	1738	365	586	116	2953
	%	0.4%	0.8%	3.7%	58.9%	12.4%	19.8%	3.9%	100.0%

Chi-square: 79.902***. * $p<0.05$, ** $p<0.01$, *** $p<0.001$
자료출처: 한국교육개발원 2014년 초등학교 실태조사 자료.

이 분석결과는 '자녀를 영어유치원에 보낸 경험이 있습니까?'라는 질문과 '자녀가 어느 교육수준까지 공부하기를 원하십니까?'라는 질문에 대한 응답결과를 분석한 빈도표이다. 그리고 표 밑에 카이스퀘어 값이 제시되어 있다. 통계적으로 매우 유의한데, 별표가 3개니까 a=0.001수준에서 통계적으로 유의하게 나타나고 있다. 즉 "두 범주(자녀를 유치원에 보낸 경험 유무와 자녀교육수준 기대) 간에 통계적으로 유의한 관계가 있다"는 것을 의미한다. 그러나 카이스퀘어 테스트는 두 범주의 상관관계의 '방향성(positive or negative)'을 테스트하지는 않는다는 점을 명심하자.

빈도표의 비율 값을 보면 영어유치원을 보낸 학부모의 경우 자녀가 석박사까지 공부하기를 더 원하는 것을 알 수 있다. 영어유치원을 보낸 학부모는 자녀가 석사까지 공부하기

를 원하는 학부모 비율이 19.8%, 박사까지 공부하기를 원하는 비율은 28.9%나 된다.

반면 영어유치원을 보내지 않은 학부모는 자녀가 석사까지 공부하기를 원하는 비율이 10.9%로 약 9%p가 더 낮다. 그리고 박사까지 공부하기를 원하는 비율은 18.1%로 10%p 정도 낮게 나타나고 있다. 확실히 영어유치원을 보내는 학부모의 교육열이 통계적으로 유의하게 더 높음을 확인할 수 있다.

다음 <표 Ⅶ-5>는 교육감 직선제의 문제점에 대한 분석표이다. 교사들에게 설문을 한 자료인데, 교사의 성, 연령대, 학교급, 직위 등을 조사하고 교육감 직선제에 대한 문제점을 7개 범주로 제시하고 선택하게 한 문항을 이용한 분석결과임을 알 수 있다. 당연히 성별, 연령대, 학교급, 직위는 범주변수이다. 그리고 주민직선제 문제는 표 아래 비교에 적힌 대로 문제점에 대한 범주별 응답을 하도록 되어 있음을 알 수 있다.

각 범주-성별, 연령별, 학교급별, 직위별-로 빈도표가 제시되어 있고 각각의 카이스퀘어 테스트 결과 값이 오른편에 제시되어 있다. 네 개의 범주영역에 대해서 표를 4개를 만들 수도 있으나 압축적으로 하나의 표로 만든 것을 알 수 있다.

표 Ⅶ-5 교사배경별 교육감 직선제 문제점 인식: 카이스퀘어 테스트 사례3

	구분	①	②	③	④	⑤	⑥	⑦	x^2
성별	남	64 (23.4)	14 (5.1)	56 (20.4)	28 (10.2)	64 (23.4)	44 (16.0)	4 (1.5)	12.75*
	여	138 (18.2)	46 (6.1)	152 (20.1)	110 (14.5)	160 (21.1)	150 (19.8)	2 (0.2)	
연령대별	20대	12 (9.4)	6 (4.7)	34 (26.6)	16 (12.5)	32 (25.0)	22 (17.1)	6 (4.7)	67.27**
	30대	64 (21.1)	20 (6.6)	54 (17.8)	44 (14.5)	62 (20.3)	60 (19.7)	0	
	40대	86 (19.5)	24 (5.4)	92 (20.8)	62 (14.0)	102 (23.1)	76 (17.2)	0	
	50대 이상	48 (27.6)	10 (5.7)	30 (17.2)	16 (9.3)	32 (18.4)	38 (21.8)	0	
	구분	①	②	③	④	⑤	⑥	⑦	x^2

학교별	초	84 (18.7)	22 (4.9)	70 (15.6)	68 (15.1)	96 (21.3)	104 (23.1)	6 (1.3)	58.92**
	중	106 (25.0)	26 (6.2)	90 (21.2)	48 (11.3)	78 (18.4)	76 (17.9)	0	
	고	12 (8.3)	10 (6.9)	40 (27.8)	18 (12.5)	50 (34.7)	14 (9.8)	0	
직위별	교사	136 (18.0)	46 (4.1)	158 (21.0)	104 (13.8)	186 (24.7)	120 (15.9)	4 (0.5)	41.48**
	부장교사	54 (23.1)	8 (3.4)	40 (17.1)	24 (10.3)	3 8(16.2)	70 (29.9)	0	
	교장교감	8 (44.5)	0	2 (11.1)	2 (11.1)	2 (11.1)	4 (22.2)	0	

출처: 성병창, 김달효(2007). * $p<0.05$, ** $p<0.001$

주: ①정치적 배경인사의 유리함 ②선거과열혼탁과비용 ③교육에 대한 비전문가의 당선 가능성 ④급작스런 시행에 따른 비체계성 ⑤선거에 대한 무관심 ⑥교육에 대해 잘 모르는 일반시민에 의한 교육감 선출 ⑦기타

　　그리고 성별에 따라 직선제의 문제점에 대한 응답이 상관이 있으며 연령대와도 상관이 있고, 학교급별로도, 직위별로도 상관이 있음을 알 수 있다. 이 경우에는 성별에 따라 다르고 연령대별로 응답경향이 다르고 학교급별로, 직위별로도 주민직선제의 문제점에 대한 인식에 통계적으로 유의미한 차이가 있다고 해석해주면 된다.

　　한편 앞에서 순위변수에 대한 설명 내용에서 리커트 척도로 측정한 순위변수로서 아주 크게 보면 범주변수로도 볼 수 있다고 했다. 예를 들어서 학생들의 학교만족도 조사문항을 학생들이 소속된 설립유형(공립/사립)별로 구분해서 카이스퀘어 테스트를 다음처럼 빈도표로 제시할 수도 있다.

표 VII-6　설립유형별 학생들의 학교만족도

설립유형	구분	전혀 그렇지 않다	그렇지 않다	보통이다	그렇다	매우 그렇다	계
공립	빈도	254	603	2,702	3,001	2,890	9450
	%	2.70%	6.40%	28.60%	31.80%	30.60%	100.00%
사립	빈도	0	3	18	40	90	151
	%	0.00%	2.00%	11.90%	26.50%	59.60%	100.00%

설립유형	구분	전혀 그렇지 않다	그렇지 않다	보통이다	그렇다	매우 그렇다	계
계	빈도	254	606	2,720	3,041	2,980	9601
	%	2.60%	6.30%	28.30%	31.70%	31.00%	100.00%

Chi-Square: 64.817***.   * p<0.05, **p<0.01, ***p<0.001

주: 학교만족도 문항: 나는 학교에 다니는 것이 즐겁다. 한국교육개발원 2014년 초등학교 실태조사 자료 분석결과

참고로 통계적으로는 각 칸 안에 케이스 수는 원칙적으로 5명 이상이어야 한다. 그러나 일반적으로 이에 대해서 특별히 지적하는 경우는 별로 없다. 그리고 지금까지의 표를 보면서 얼핏 느꼈겠지만, 설명변수로 상정해볼 수 있는 범주변수는 표의 왼쪽 편에, 종속변수로 상정해볼 수 있는 범주변수는 표의 윗 편에 정리되고 있다. 역으로 제시할 경우에는 다소간 해석상에서 불편함을 느낄 것이다.

비율은 역시 왼편의 유형에 해당하는 값들을 좌에서 우로 합산해서 100%를 만들어서 제시되고 있음을 알 수 있다. 그리고 카이스퀘어 테스트 결과 값을 제시해주기 위해서 만드는 이러한 빈도표는 두 범주의 응답에 대한 분포와 비율을 제시해주고 있어서 기초적인 현황을 파악하는 데에도 도움을 줌을 알 수 있다.

4 설명변수가 더미변수이고 종속변수가 연속변수인 경우: t-test ●············

우리가 연구를 할 때에는 변수간의 관계성 등을 분석한다. 예를 들어 다음의 가)~다)에 대해서 분석을 수행한다고 가정해보자.

가) 성별(남여)간 사교육비 비교 분석, 성별간 수학성취도 비교 분석
나) 담임과 비담임 교사간 교직만족도 비교 분석
다) 학교소재지별(도시/읍면) 해당 학교 근무만족도 비교 분석

가)의 연구문제 혹은 통계분석의 의의는 혹시 과거 남아선호사상으로 인해서 여성에 대한 사교육비 차이가 있지는 않은지 혹은 성취도 차이가 있는지를 살펴보는 데에 의미가

있을 것이다. 두 번째 나)의 통계분석은 담임교사의 만족도가 더 낮은 상황은 아닌지 낮다면 교육청의 담임교사에 대한 만족도 상승을 위한 지원방안이 무엇이 되어야 하는지를 살펴보는 연구의 의미가 있을 것이다. 세 번째 다)의 연구주제는 도시 지역에 근무하는 교사와 시골(읍면)지역에 근무하는 교사간 해당 학교의 근무만족도를 조사해서 만족도가 낮은 경우 지원정책을 수립하기 위한 것이 목적일 것이다.

설명변수는 성별(남/여), 담임/비담임, 도시/읍면 등 두 개의 범주로 구분되는 더미변수임을 알 수 있다. 그리고 종속변수는 수학성취도점수, 교직만족도 점수, 학교 근무만족도 점수로 연속변수이다. 물론 교직만족도와 학교 근무만족도는 리커트 척도로서 순위변수이긴 하지만 연속변수처럼 보고 분석을 한다고 했다. 일단 여기에서도 연속변수로 보도록 한다.

이러한 두 개의 범주집단, 즉 더미변수를 설명변수로 하고 종속변수로 평균점수(사교육비, 만족도와 같은 연속변수)의 비교 분석과 같이 두 집단의 평균값의 통계적 비교 분석을 수행할 경우에는 t-test를 해준다. 이를 통해서 두 집단의 평균값의 차이가 통계적으로 유의한지를 보는 것이다.

그렇다면 분석표는 어떻게 제시할까? 정형화된 산출표는 다음 <표 Ⅶ-7>과 같다. 더미변수에서 구분하는 두 집단의 각각의 사례 수와 평균, 표준편차, 최솟값, 최댓값을 제시해주고 맨 오른편에 t-통계 값을 제시해주고 t-통계 값 옆에 통계적 유의성을 보여주는 p-value가 0.05보다 작을 때에는 *을 하나를 만약 0.01보다 작으면 두 개를, 0.001보다 작으면 세 개를 붙여준다.

표 Ⅶ-7 성별에 따른 사교육비, 수학성취도 평균비교표

구분	n	평균	표준편차	최솟값	최댓값	t
사교육비						
여학생	3,593	45.96	45.96	0	700	1.251
남학생	3,789	50.23	196.26	0	900	
수학성취도						
여학생	4,665	47.11	15.57	4	92	6.051***
남학생	5,187	45.12	17.14	4	92	

주: 한국교육개발원 2014년 초등학교 실태조사 자료 분석결과임(약간 결과를 보정함).

* $p<0.05$, ** $p<0.01$, *** $p<0.001$

　　사교육비는 월평균 사교육비로 단위는 만원이다. <표 Ⅶ-7>을 보면 여학생보다 남학생이 대략 월평균 4만원 정도 더 지출하고 있다. 부모가 남학생, 아들에게 사교육비를 더 많이 투자하는 것으로 해석해볼 수도 있다. 그러나 t값을 보면 *표가 붙어 있지 않다. 즉, 통계적으로 유의한 결과는 아니라고 해석하면 된다.

　　　　"남학생이 여학생보다 사교육비 지출이 월평균 약 4만원을 더 지출하고 있는
　　　　것으로 분석된다. 그러나 이 차이는 a=0.05 유의수준에서 통계적으로 유의한
　　　　차이는 아닌 것으로 나타나고 있다."

　　이렇게 해석을 해준다. 앞에서도 설명했지만 유의확률이 크게 나온다는 말은 다시 표집을 하면 현재 나타난 4만원의 차이와 다르게 나올 확률이 높다는 것을 의미한다. 4만원의 차이가 실제로는 없어질 수도 있다는 것을 의미한다. 통계적으로 유의하지 않다는 것은 따라서 평균값의 차이가 실제 모집단에서는 없을 수 있다는 것이다.

　　참고로 조심해야 할 점은 통계학적으로는 유의하지 않다는 언급을 "여학생과 남학생간의 월평균 사교육비가 동일하다"는 표현으로 이어지지는 않는다는 점이다. "동일하다"라고 표현하지 않고 "통계적으로 유의한 차이가 없다"라고 표현한다. 이 두 표현은 다소간 미묘한 차이인데 일단 똑같다는 표현은 상당히 강한 가정이고 우리는 일단 통계적으로 보았을 때 이와 다르게 나올 확률이 높기 때문에 유사할 가능성이 높고 현재 표본의 차이를 실제 차이로 인정하지는 말자는 의미인 것이다.

　　그리고 위의 표에서 수학성취도의 경우는 *이 세 개나 붙어 있다. 매우 유의하게 나타나고 있다.

　　　　"여학생이 남학생보다 수학성취도 점수가 약 2점이 높게 나타나고 있으며 이
　　　　차이는 a=0.001 유의수준에서 통계적으로 유의한 차이로 나타나고 있다."

　　이렇게 분석결과를 해석해 주면 될 것이다. 그리고 2점이 큰 차이인지는 표준편차를 통해서 확인해야 한다. 표준편차는 보면 전체 대략 16점 정도 된다. 2점 차이는 1/8 표준편차정도이다. 통계의 기본 분포를 배웠다면 전체의 68%가 평균으로 위아래 +/-1 표준편차에 분포하고 있음을 알 것이다.

그렇다면 1표준편차에는 표본 수의 34%가 있는 것이다. 1/8 표준편차면 대략 4%정도의 인원이 있다고 보면 된다. 2점 상승하면 아주 대략적으로 100명이 있다면 4등정도 순위가 올라가는 것으로 해석할 수 있다. 그런데 표에서 표본 수를 보면 학생 수가 거의 1만명이기 때문에 해당 표본 집단에서는 2점의 차이는 400등 정도 순위가 상승할 수가 있는 점수니까 통계적으로뿐만 아니라 "실질적으로도" 혹은 "현실적으로도" 무시할 수는 없는 차이로 볼 수 있다.

통계논문을 보면 이러한 t-test를 통한 두 집단의 평균점수의 차이를 구체적으로 해석해주는 경우는 많지 않다. 그냥 통계적으로 유의한 차이가 있는지만 언급해주는 경우가 대부분이다. 그러나 정책적으로 면밀하게 의미를 파악하고 실태를 분석하려면 평균값의 차이가 통계적으로(statistically) 뿐만 아니라 실질적으로(practically) 의미가 있는 차이인지를 함께 분석해주는 것이 좋다.

만약 위의 표에서 수학성취도의 성별 차이 점수가 2점이 아니라, 0.01점이었다고 가정해보자. 통계적으로는 유의하게 t 옆에 *이 붙어 있을지라도 실질적으로는 의미가 없는 것으로 볼 수 있다. 고작 0.01점 차이를 가지고 남학생보다 여학생이 뛰어나다고 할 수는 없기 때문이다. 이 경우는 실질적으로는 유의하지 않다(This difference is not 'practically' significant)고 해석을 해줄 수가 있다.

⑤ 설명변수가 3개 이상의 범주변수이고 종속변수가 연속변수인 경우: ANOVA/F-test, 그리고 사후검증 ●

그렇다면 앞에서 제시된 t-test를 통한 평균 비교 분석과 유사한데 만약 집단이 두 범주가 아니라 3개 이상의 범주일 경우도 t-test를 해주면 되는가? 그렇지 않다. 범주가 3개 이상일 경우 F-test를 해준다.

　가)지역규모(서울, 광역시, 중소도시, 읍면)간 사교육비 평균 비교 분석
　나)교사직위(교장, 부장교사, 교사)별 교직만족도 평균 비교 분석
　위와 같이 종속변수가 연속변수이고, 설명변수가 세 집단이상인 범주변수인 경우는

F-test를 해준다. 그런데 우리는 이렇게 세 개 이상 집단의 평균값 비교분석을 하는 분석 방법을 ANOVA(Analsys of Variance)라고 부른다. 그런데 영어를 보면 평균 비교가 아니라 Variance 즉 분산/변화를 분석하는 것으로 적혀 있어서 헷갈리는 경우가 많다.

평균값 차이의 통계적 유의성을 분석할 때에는 분산을 함께 고려하게 되는데, 그 과정에서 ANOVA라고 부르게 된 것으로 볼 수 있다. 아무튼 헷갈리지 말고 세 집단이상의 평균 비교분석방법으로 되새기고 있도록 한다.

ANOVA, F-test의 분석결과에 대한 정형화된 제시 표는 다음과 같다.

표 VII-8 교사 직위별 교직만족도 평균 비교 분석결과

구분	N	평균	표준편차	최솟값	최댓값	F (사후검증)
교감(a)	47	4.17	1.028	2	5	8.699*** (a~c, c~d)
부장교사(b)	1,439	3.73	1.133	1	5	
교사(c)	4,258	3.64	1.108	1	5	
기간제교사(d)	218	3.93	0.990	1	5	
수석교사(e)	28	4.18	0.945	2	5	
계	5,990	3.68	1.111	1	5	

주: 교직만족도문항 "나는 다시 직업을 선택하더라도 교사가 될 것이다."
* $p < 0.05$, ** $p < 0.01$, *** $p < 0.001$

분석자료 출처: 한국교육개발원 2014년 초등학교실태조사

앞의 t-test를 수행한 두 집단의 평균 비교 분석결과와 사실상 동일한 유형의 결과표임을 알 수 있다. 교사 직위별로 분석이 된 표본수와 평균값, 표준편차, 최솟값, 최댓값, 그리고 맨 오른편에 F 통계 값(8.699)과 유의확률을 ***로 표시해두었다. 그런데 t-test 분석결과표와의 중요한 차이점은 사후검증이 추가된다는 것이다. 이러한 사후검증은 일반적으로 교육학계에서는 scheffe 사후검증을 많이 이용한다.

F-test는 세 집단 이상의 만족도가 통계적으로 유의한 차이가 있는지를 테스트하는 것이다. 적어도 한 집단과 또 다른 집단 중 어느 한 집단이 통계적으로 유의한 차이가 있는지를 보여준다. 그러나 어느 집단과 어느 집단이 다른지를 검증해주진 않는다.

만약 통계적으로 F통계 값이 유의하지 않게 나타난다면, 즉 위의 표에서 *이 하나도 붙

지를 않는다면 "교사직위에 따른 교직만족도가 통계적으로 유의하게 다르지 않다"고 해석하면 된다. 그러나 *이 붙으면 "교사 직위에 따른 교직만족도가 통계적으로 유의하게 다른 것으로 나타난다"고 해석하면 된다. 그런데 어느 직위와 어느 직위가 다른지는 알 수 없고 사후검증 결과를 봐야 파악할 수 있다.

<표 VII-8>의 왼편 구분에서 보면 각 교사직위에 대해서 a부터 e까지 알파벳을 달아주었음을 알 수 있다. 이는 사후검증에서 어느 직위와 어느 직위의 평균값이 통계적으로 유의한 차이인지를 간략히 잘 표시해주기 위한 편의성을 위해서 지정해준 것이다. 오른편 F 통계 값 밑에 괄호 안을 보면 a와 c의 만족도의 차이가 통계적으로 유의한 것으로 나타나며, c와 d 역시 만족도의 차이가 통계적으로 유의한 것으로 나타난다.

즉, "교감과 교사간의 교직만족도가 통계적으로 유의한 차이가 있는 것으로 나타나고 있다", 그리고 "교사와 기간제 교사간에 교직만족도가 통계적으로 유의한 차이가 있는 것으로 나타나고 있다".

결과를 보니 교감선생님의 경우 교사보다 만족도가 약 0.5점 정도 높게 나타나고 있다. 이는 표준편차의 절반정도에 해당하기 때문에 상당히 큰 차이이다. 그리고 만족도 평균점수가 4점이 넘는다는 것은 상당수의 교감선생님이 '④만족한다'에 응답했다는 것을 의미한다.

그런데 교사의 만족도는 최하위이다. 3과 4사이인 3.5보다는 약간 높기 때문에 그나마 나쁘지는 않은 것으로 볼 수는 있다. 흥미로운 점은 기간제 교사의 만족도가 3.93으로 일반 교사보다 통계적으로 유의하게 더 높게 나타나고 있다. 그리고 일반교사와의 차이는 0.3점인데 이 역시 표준편차의 1/3정도의 크기로서 작은 차이로 보기에는 어려움이 있다.

교감선생님과 더불어 수석교사의 만족도도 4점이 넘는다. 이러한 현상을 잘못되었다고 말하기는 어렵겠지만, 교사가 좀 더 만족할 수 있는 교육현장이 되었으면 하는 바램이다.

6 설명변수와 종속변수가 모두 연속변수: 상관관계분석 ● ⋯⋯⋯⋯⋯⋯

다음으로 설명변수도 연속변수일 경우에는 어떻게 할 것인가? 상관관계 분석을 수행해야 한다. 피어슨(Pearson) 상관계수를 구해서 두 변수 간에 정적(+) 혹은 부적(-) 상관관계가 있는지를 보는 것이다. 이 상관계수는 -1에서 1까지의 값을 가진다. 1이면 완전하게 두 변수 값에 따라서 케이스를 배치하면 선형으로 우상향하는 직선에 놓여 있다는 것을 의미하며 -1은 그 반대의 경우에 해당한다. 그리고 0에 가까우면 상관관계가 없음을 의미한다. 피어슨이라는 학자가 만든 이 계수는 연속 값을 갖는 두 변수 간의 상관관계의 정도를 표현해준다. 일반적으로 γ로 표시를 한다.

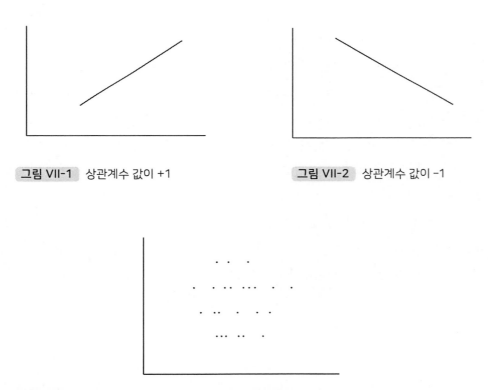

그림 VII-1 상관계수 값이 +1   그림 VII-2 상관계수 값이 -1

그림 VII-3 분포가 동그랗게 널리 있어서 선형 관계를 찾기 어려운, 상관계수가 0에 가까운 경우

상관계수 값은 각 변수들의 분석단위와는 상관은 없다. 그냥 상관관계 분석을 SPSS등의 통계 프로그램을 이용해서 별도의 데이터 코딩 없이 구하면 된다. <표 VII-9>는 성취도

와 소득, 사교육비 간의 상관계수 값이다. 보통 이런 양식의 표를 제시해준다. 표를 보면 가구소득 단위는 만원이지만 수학점수와 상관분석할 때 큰 문제는 없다. 가운데에 1은 동일한 두 변수의 관계를 보여주기 때문에 1이 나오는 것이다.

사실 1 혹은 −1이 나오는 경우는 거의 없다고 봐야 한다. 그리고 1과 −1이 하나의 선위에 놓인 경우라고 앞에서 언급했는데 이 상관계수는 선형관계를 보는 것이다. 만약 두 변수의 관계가 선형이 아닐 경우에도 0에 가까운 값이 나올 수가 있지만 비선형 관계가 존재할 수는 있다는 점을 알고 있도록 하자. 이러한 비선형관계를 확인하기 위해서는 위의 그림과 같은 산점도(scatter plot)를 살펴보면 된다.

<표 Ⅶ-9>를 보면 국어와 수학점수 간의 상관계수가 가장 높은 것을 알 수 있다. 사교육비와 국어점수간의 상관관계가 가장 낮게 나타나고 있다. 그렇지만 모두 통계적으로 유의한 상관관계가 있는 것을 알 수 있다.

표 Ⅶ-9 성취도와 소득, 사교육비간의 상관관계 분석

변수명	수학점수	국어점수	월평균 가구소득	월평균 사교육비
수학점수	1			
국어점수	0.591**	1		
월평균 가구소득	0.124**	0.106**	1	
월평균 사교육비	0.131**	0.084**	0.271**	1

자료출처: 한국교육개발원 2014년 초등학교실태조사. 소득과 사교육비는 자연로그 값으로 전환함.
* $p<0.05$, **$p<0.01$, ***$p<0.001$

교육학연구에서 모두 연속변수인 심리변수이나 성취도점수들 간의 관계를 분석할 때 전반적인 분석대상이 되는 모든 변수들 간의 기본적 상관관계를 보여주기 위해서 위와 같은 상관분석 결과 표를 보여준다. 표에서 오른쪽 윗편이 비어있는 것은 대칭관계로서 동일한 값들이 제시되기 때문이다. 다 채워주면 표가 숫자로 꽉 차 있어서 보기에 좀 답답하게 느껴질 수 있기 때문이다. 연구자마다 차이가 있지만, 표 좌측하단을 비워주고 우측 상단을 채워주기도 한다.

그런데 리커트 척도로 측정한 심리변수들, 예를 들어 교직만족도, 교직 열정, 그릿 등 리커트 척도로 산출한 변수들 간의 상관계수를 구할 때에는 피어슨 상관계수 외에 스피어만

(Spearman) 상관계수 값을 제시할 수도 있다. 스피어만 상관계수는 순위 값을 가진 변수들의 관계를 측정해서 보여주기 때문에 엄밀하게 따지면 리커트 척도로 측정한 변수들은 스피어만 상관계수를 구하는 것이 적절할 수 있다.

그러나 일반적으로 피어슨이나 스피어만이나 두 방법을 이용해서 상관관계 분석을 하면 계수의 값에 큰 차이가 나지 않기 때문에 그냥 피어슨 상관계수를 제시해도 된다. 그리고 앞에서도 언급했지만 리커트 척도로 산출한 변수를 대부분의 연구자들이 순위 값이 아니라 연속 숫자변수(Continuous Numerical Variable)처럼 상정하고 분석하기 때문에 피어슨 상관계수를 제시해주면 된다.

표 VII-10 피어슨 상관계수와 스피어만 상관계수 비교(괄호 값이 스피어만 계수)

	수업태도	교과흥미	수업이해	학교만족
수업태도	1			
교과흥미	0.320** (0.318**)	1		
수업이해	0.270 (0.262**)	0.382** (0.390**)	1	
학교만족	0.267** (0.264**)	0.255** (0.262**)	0.183** (0.194**)	1

심리변수 문항: 수업태도-수업과 관련된 질문을 많이 한다. 교과흥미-이 교과를 공부하는 것이 즐겁다. 수업이해-수업을 이해하는 정도. 학교만족-나는 언제든지 담임선생님과 의논할 수 있다. 분석자료 출처: 한국교육개발원 2014년 초등학교실태조사.

* $p < 0.05$, ** $p < 0.01$, *** $p < 0.001$

7 설명변수가 연속변수이고 종속변수가 더미변수일 경우에는?

이 경우는 다중회귀분석의 한 유형으로도 볼 수 있는 로지스틱 회귀분석, 혹은 로지스틱 분석으로 수행해주면 된다. 이러한 분석을 수행하게 되는 예시를 보면 다음과 같다.

가) 가구소득이 사교육여부에 미치는 영향
나) 대학 학업성취도(GPA, 졸업학점)가 취업여부에 미치는 영향

위의 연구주제를 보면 가)의 경우 가구소득이 연속변수이며 설명변수가 된다. 그리고 사교육 여부는 사교육을 받을 경우는 1, 사교육을 받지 않는 경우는 0으로 더미 변수가 된다. 나)의 경우도 평균졸업학점(영어로는 흔히 말하는 GPA)은 연속변수이다. 대학마다 약간의 차이가 있지만 4.5점이 만점이기도 하고 4.0이 만점이기도 하다. 그리고 동시에 대학마다 100점만점으로 환산한 GPA를 제공하기도 한다. 졸업시 최종 평균학점은 연속변수이며 설명변수가 된다. 취업여부는 취업한 경우는 1, 미취업 혹은 취업준비를 계속 이어갈 경우는 0이 된다.

하지만 분석 시 편의적으로 아래처럼 그냥 t-test를 수행해주어도 된다.

표 VII-11 사교육참여여부에 따른 월평균가구소득

	N	평균 소득 (로그변환값)	표준편차	t
사교육 참여	6,483	6.1167	0.7049	12.994***
사교육 비참여	1,832	5.7922	1.0011	

분석자료 출처: 한국교육개발원 2014년 초등학교실태조사.
* p<0.05, **p<0.01, ***p<0.001

정확히는 사교육비가 사교육 참여여부에 영향을 주는지를 보는 것이어야 하지만 편의적으로 위의 표와 같이 사교육참여자가 월평균 소득이 높다는 것을 보여줌으로 평균소득이 높으면 참여할 확률이 높아지는 것을 유추해볼 수 있다. 하지만 정확한 논리적 분석에서는 뭔가 헷갈릴 것이다. 다만 할 수 있다는 것만 알고 있도록 하자. 이 책에서는 로지스틱회귀분석은 일단 포함하지 않았다.

8 설명변수가 여러 개이고 종속변수가 연속변수일 경우: 중다회귀분석 ●

중다회귀분석은 하나의 종속변수에 영향을 주는 설명변수들이 여러 개일 경우에 분석하는 통계분석 모형이다. 지금까지는 모두 설명변수와 종속변수가 하나씩일 때의 상황에 따른 분석방법을 설명했다. 그런데 갑자기 설명변수가 여러 개일 경우가 있다니 하고 헷갈

릴 수 있다. 정확히 표현하자면 종속변수에 영향을 줄 수 있는 여러 설명변수들을 동시에 통제해주면서 각각의 설명변수들이 종속변수에 미치는 고유의 영향력, 혹은 해당 설명변수만의 영향력을 살펴보는 모형이다.

일종의 방정식이라고 보면 된다. 중다회귀분석은 간단하게 (회귀)방정식으로 표현되기 때문이다. 교육학에서 대표적인 연구 주제인 학업성취도에 미치는 영향력을 살펴보자. 학업성취도에는 집안의 경제적 수준, 학생들의 학업흥미도, 사교육비 등 여러 요인들이 영향을 준다. 학업성취도를 y, 경제적 수준은 가구소득으로 대표되니까 월평균가구소득을 x1, 학생들의 학업흥미도를 x2, 그리고 사교육비를 x3라고 상정해보자.

지금까지 계속 예시로 사용해온 2014년도 한국교육개발원의 초등학교 실태조사자료를 분석해보면 다음과 같이 중다회귀분석 결과가 산출된다.

$$y(수학성취도) = 18.072 + 1.312*\ln(가구소득) + 5.132*교과흥미도$$
$$+ 1.245*\ln(사교육비)$$

수학성취도는 교육개발원에서 학생들에게 실시한 성취도 검사 결과점수이다. 최소 성취도는 4점이고 최대 성취도 값은 92점이다. 평균은 46.1정도이다. 가구소득은 월평균 가구소득으로 만원단위로 조사를 했는데, 자연로그를 취해주었다. 다른 분석들도 마찬가지이지만 통계분석에서는 연속변수의 경우 정규분포를 가정하고 있는데 가구소득이나 사교육비는 정규분포가 아니라 소위 말하는 오른쪽 편으로 고소득층이 쭉 늘어져 있는 (Skewed) 문제가 있어서 로그를 취해줌으로서 변수 값의 분포를 정규분포처럼 만들어 준다. 사교육비도 월평균 만원단위로 조사했는데 마찬가지로 로그를 취해주었다. 교과흥미도는 리커트 척도로 조사했는데 최솟값은 1, 최댓값은 5가 된다. 평균은 3.35점이다.

데이터 세트는 엑셀에 혹은 SPSS에 다음과 같이 입력되어 있을 것이다.

표 VII-12 데이터 세트 예시

일련번호	수학성취도	로그가구소득	교과흥미도	로그사교육비
1	60.0	6.40	4	3.0
2	40.0	5.86	3	2.23
3	48.0	5.99	3	2.52
—	—	(중략)		
—	—	—	—	—
9852	44.0	5.91	2	2.41

<표 VII-12>는 중간에 많은 사례들이 생략되어 있지만 9,852명의 수학성취도(아래 회귀방정식에서 y에 해당한다), 로그가구소득, 교과흥미도, 로그사교육비 값들이 입력되어 있을 것이다. 중다회귀분석은 최소자승회귀분석(Least Square Regression Analysis)이라고도 불리우는데 각 케이스(사례)들을 평면도에 점을 찍었을 때 설명변수 x1 종속변수 y의 거리의 절대 값이 최소화되도록 만드는 선형관계를 구하고 그 기울기가 바로 x1의 앞에 붙은 계수(Coefficient, 기울기)가 되는 방정식을 구하는 것이다.

그렇게 함으로서 설명변수와 종속변수의 선형관계를 구해주는 통계모형이다. 그리고 그 과정에서 각각의 계수의 표준오차를 함께 구해줌으로서 계수의 통계적 유의성을 확인해준다. 이는 t-test를 통해서 수행되게 된다. 즉, 계수가 0과 같은지를 추론해주는 통계분석을 수행하는 것이다.

$$y = 18.072 + 1.312*\ln(가구소득) + 5.132*교과흥미도 + 1.245*\ln(사교육비)$$

(1.711)　(0.277)　　　(0.171)　　　　(0.232)
[10.56***] [4.739]***　　[30.06]***　　[5.377]***

위의 방정식에서 계수 밑에 표준오차(standard error)를 괄호 안에 적어주었다. 그리고 꺾쇠 괄호에는 t 통계 값을 제시하였고 그 옆에 통계적 유의성 표시를 해두었다. ***가 모두 세 개씩 붙어 있어서 a=0.001 수준에서 모두 유의하다. 즉 계수들이 모두 현재 분석된 값보다 극단적으로 다르게 나올 확률이 0.001보다 적다. 만약 *가 하나도 안붙은 계수가 있을 경우 그 계수는 현재 산출된 값보다 다르게 나올 확률이 매우 높아서 0에 가까울 확률이 높다는 것을 의미하게 된다. 즉, 계수는 통계적으로 유의한 값이 아니며 y(수학성취도)에 영향을 주지 않는 것으로 해석해야 한다.

통계 프로그램은 다행스럽게도 우리가 일일이 코드를 만들어서 분석하지 않아도 간단한 클릭이나 명령어를 입력하기만 하면 앞의 데이터 세트에서 위의 방정식의 각 계수의 값과 계수의 표준오차, 그리고 t 통계 값과 유의확률까지 산출을 해준다.

앞의 중다회귀분석결과의 설명변수의 계수는 다른 설명변수들을 통제해주었을 때, 혹은 다른 설명변수들이 동일하게 설정해두었을 때 해당 설명변수가 y에 미치는 고유의 효과를 의미한다.

위의 회귀방정식의 교과흥미도의 계수는 다음과 같이 해석을 할 수 있다.

"다른 변수들을 통제한 후에 통계적으로 유의하게 수학교과흥미도가 1점이 증가하면 수학성취도는 5.132점이 증가한다."

사교육비와 가구소득은 로그를 취해주었기 때문에 해석이 약간 다르게 된다. 가구소득의 경우는 다음과 같이 해석된다.

"다른 설명변수들을 통제한 후에 통계적으로 유의하게 월평균 가구소득이 1만원(1단위) 증가하면 학업성취도가 0.013%가 증가한다."

그렇다면 월평균 가구소득이 100만원 증가하면 학업성취도가 1.32%가 증가하는 것으로 해석이 가능하다. 학업성취도가 1.32%라고 한다면 큰 증가율은 아니다. 만약 40점 맞은 학생의 월평균 가구소득이 200만원이라고 가정한다면, 월평균 가구소득이 300만원으로 증가할 경우 해당 가구의 학생은 1.32%가 증가한 40.528점 정도로 성취도가 높아진다는 것을 의미한다. 그리고 이 값은 다른 변수들을 모두 동일하다는 가정 하에서 이루어진다. 가구소득의 성취도에 미치는 영향은 크지는 않은 것으로 볼 수 있다.

이러한 중다회귀분석 계수의 해석은 앞의 "Ⅲ장 과학적 연구를 위한 노력들"에서 제시된 실험실에서의 효과 분석과 유사하다. 즉, 다른 변수들을 모두 통제한 후에 해당 설명변수의 고유의 영향력이 위의 중다회귀분석의 계수의 값인 것이다.

실험실에서 인과관계를 분석하기 위한 노력은 종속변수에 영향을 줄 수 있는 모든 다른 변수들을 통제해주기 때문에 가능하다고 언급하였다. 따라서 우리가 실험실에서 직접 다른 변수들을 통제해주지 않아도 종속변수에 영향을 주는 모든 설명변수들을 비실험 여건, 즉 비실험조사과정에서 관련 데이터를 거의 대부분을 확보한다면 인과관계를 볼 수 있는 혹은 인과관계 해석에 근접한 통계분석결과를 확보할 수 있다는 것을 의미한다.

그러나 종속변수, 여기에서는 학업성취도에 영향을 주는 모든 설명변수들과 그 값들을 모든 케이스(사례)에 대해서 확보하는 것은 쉽지 않다. 현재 간략한 사례로 제시한 앞의 중다회귀방정식에는 사교육비, 가구소득, 수학흥미도 변수만을 확보했을 뿐이다. 학업성취도에 영향을 줄 수 있는 개인의 역량 변수(타고난 산술능력), 혹은 집안의 문화자본이나 부모의 영향력(부모가 자녀들을 대상을 가정교육을 할 수도 있다) 등은 모두 통제해주지 못했다. 하지만 중다회귀분석은 종속변수에 영향을 주는 제반 변수들을 확보한다면 실험실에서 얻는 연구 결과에 거의 근접하는 인과관계적 분석을 어느 정도 시도할 수 있다는 장점이 존재한다.

그렇다면 이 과정에서는 이론에 대한 탐색의 중요성이 다시 한번 강조된다. 이론적으로 보았을 때 학업성취도에 미치는 변수가 성별, 가구소득, 개인의 노력과 끈기(Grit), 개인의 타고난 IQ, 부모의 자녀에 대한 기대수준, 교사의 학생에 대한 기대(Expectancy), 문화자본 (Cultural Capital)이라고만 가정하자. 그리고 우리가 설문조사를 통해서 표집한 학생들의 성별과 가구소득, Grit, IQ, 부모의 기대수준, 교사의 학생에 대한 기대, 문화자본을 오차나 오류없이 정확히 측정된 값을 확보했다고 가정해보자. 그리고 우리의 연구문제가 문화자본이 학업성취도에 미치는 영향력을 보는 것이라고 한다면 중다회귀분석을 통해서 얻어진 문화자본 계수의 값이 바로 실험실에서 얻는 효과와 같은 결과일 것이다.

학업성취도에 문화자본이 미치는 영향력이 통계적으로 유의한지, 어느 정도의 영향력을 갖는지에 대해서 우리는 현실에서 실험하기가 매우 어렵다. 그러한 상황에서 중다회귀분석은 주어진 비실험데이터, 혹은 현실에 존재하는 현황 데이터를 이용하여 다른 변수들을 통제해주었을 때 우리가 보고자하는 설명변수만의 고유한 영향력을 보여준다.

앞의 방정식은 SPSS를 이용하면 다음과 같은 결과 표를 제시해준다.

표 VII-13 중다회귀분석결과: 수학성취도에 미치는 영향

설명변수	계수	표준오차	t	유의확률
절편(상수)	18.072	1.711	10.560	0.000
로그가구소득	1.312	0.277	4.739	0.000
교과흥미도	5.132	0.171	30.062	0.000
로그사교육비	1.245	0.232	5.377	0.000
n=6,367, R-square: 0.145				

주: 교과흥미도는 수학교과흥미도.

그런데 일반적으로 학술논문에서는 중다회귀분석결과표에서 t와 유의확률을 제시하지 않고 계수와 표준오차만을 제시해준다. 종속변수를 현재는 수학성취도로 설정했는데 국어성취도, 영어성취도를 종속변수로 설정해주는 등 중다회귀분석을 여러 번, 즉 방정식이 여러 개가 나올 경우 축약해서 한 표에 제시해줘야 하기 때문에 편의성을 높이기 위해서 계수와 표준오차만 제시해주고 결과 값이 유의할 경우 계수에 *를 표시해주는 방식을 이용한다.

다음 <표 VII-14>를 보면 이해가 될 것이다. t와 p-value(유의확률) 값을 제시해주지 않고 계수와 계수 밑에 괄호 안에 표준오차만을 제시해주고 있다. 그리고 계수 옆에 통계적으로 유의한지, 즉 유의확률이 0.05보다 작으면 *를 하나, 0.01보다 작으면 **를 표시해주고 0.001보다 작으면 ***를 표시해주었다. 이렇게 정리해주면 우리가 일일이 오른 편의 유의확률 값을 보고 확인하지 않아도 시인성 측면에서 계수의 유의성 파악이 매우 편리하다. 이렇게 계수 값 옆에 *표시를 해주는 방식을 통계연구 논문에서 보편적으로 사용하고 있다.

<표 VII-14>에는 설명변수에 2020년 2021년이라는 연도 변수가 있는데, 이는 더미변수로서 기본 비교 집단은 2019년도이다. 부산교육종단 중학생 3개년 데이터를 합쳐서 중다회귀분석을 수행한 것이다.

<표 VII-14>를 보면 다른 변수들을 모두 통제한 이후에 여학생이 남학생보다 세 과목에서 모두 성취도가 통계적으로 유의하게 높게 나타나고 있다. 그리고 다른 변수들을 모두 통제한 후에 가구소득이 높아지면 성취도 역시 세 과목에서 모두 통계적으로 유의하게 높아지는 것으로 나타나고 있다. 부모학력수준 역시 고교졸업보다 대학, 그리고 대학원(석사이상) 이상일 경우 학업성취도가 높아지고 있음을 알 수 있다.

가정소득과 부모의 학력수준이 성취도에 상당한 영향을 미치고 있다. 사교육비의 경우

도 사교육비 지출이 증가하면 학생들의 성취도도 높아지는 것으로 나타난다. 그리고 국공립중학교에 재학 중인 학생들의 경우, 국어와 영어과목에서 통계적으로 유의하게 사립학교 학생들보다 낮게 나타나고 있다. 국어는 0.721점 영어는 0.536점이 낮게 나타난다.

학급당 학생 수 변수는 한국의 경우 학급당 학생 수가 클수록 성취도가 높아지는 것으로 나타나고 있다. 다른 국가들도 마찬가지겠지만, 한국도 좋은 학군에 학생들이 몰리기 때문에 학급당 학생 수가 많아지는 경향이 있다. 통계적으로 측정되지 않은 부모의 교육열과 기대수준, 문화 및 사회자본 등이 이러한 좋은 학군, 그에 따른 학급규모가 큰 지역에 더 많을 가능성이 높으며 그로 인해 학급당 학생 수가 커져도 성취도는 증가하는 것으로 해석될 수 있다.

표 VII-14 가구소득 등 학업성취도에 미치는 변수 분석: 중다회귀분석

설명변수	종속변수		
	국어	수학	영어
2020년	−1.205***	0.114	−1.572***
	(0.255)	(0.184)	(0.195)
2021년	−2.032***	0.542**	−3.230***
	(0.276)	(0.199)	(0.212)
여학생	3.797***	0.781***	2.232***
	(0.201)	(0.145)	(0.154)
양친여부	0.553*	0.844***	0.472*
	(0.270)	(0.195)	(0.207)
ln(월평균가구소득)	0.523**	0.780***	0.993***
	(0.172)	(0.124)	(0.132)
부교육 (대학)	1.777***	1.865***	1.975***
	(0.266)	(0.192)	(0.204)
부교육 (대학원)	2.886***	2.137***	3.198***
	(0.435)	(0.315)	(0.334)
모교육 (대학)	1.793***	1.092***	1.450***
	(0.260)	(0.188)	(0.199)
모교육 (대학원)	2.966***	2.362***	2.433***
	(0.497)	(0.360)	(0.383)

설명변수	종속변수		
	국어	수학	영어
ln(월평균사교육비)	0.527***	1.242***	0.939***
	(0.0683)	(0.0494)	(0.0523)
부모와 문화활동	0.284	0.0300	0.382*
	(0.212)	(0.153)	(0.163)
방과후학교 참여	0.259	−0.203	−0.104
	(0.295)	(0.213)	(0.226)
국공립학교	−0.721*	−0.154	−0.536*
	(0.293)	(0.212)	(0.225)
남부교육지원청	0.0548	0.178	0.0715
	(0.302)	(0.218)	(0.231)
동래교육교육청	0.141	0.787***	0.797**
	(0.317)	(0.229)	(0.243)
북부교육교육청	−0.187	0.212	0.364
	(0.352)	(0.254)	(0.270)
서부교육교육청	0.340	0.364	0.510
	(0.349)	(0.252)	(0.267)
학교규모	−0.00252**	−0.00114	−0.000266
	(0.000808)	(0.000596)	(0.000632)
취약계층학생비율	−0.0156	−0.0105	−0.0101
	(0.00891)	(0.00644)	(0.00683)
기간제교사비율	−0.00453	−0.00430	0.00331
	(0.00444)	(0.00320)	(0.00340)
학급당 학생 수	0.102*	0.0922**	0.0881*
	(0.0471)	(0.0341)	(0.0362)
상수	13.05***	0.624	5.023***
	(1.457)	(1.052)	(1.116)
n	7,326	7,281	7,295
R^2	0.123	0.212	0.233

주: 자료 출처는 이광현, 권용재(2022). 부산교육종단 자료의 중학생 데이터를 이용한 중다회귀분석결과임. 괄호안은 표준오차.
* $p<0.05$, **$p<0.01$, ***$p<0.001$

이 모든 해석은 앞에서 언급한 바대로 "다른 설명변수들을 통제한 후에", 혹은 "다른 설명변수들이 동일한 상황"에서 해당 설명변수의 학업성취도에 미치는 고유의 영향력이나 효과로 해석해주면 된다.

중다회귀분석결과를 방정식으로 y=18.072 + 1.312*ln(가구소득)+5.132*교과흥미도… 이렇게 쭉 나열해주는 것은 지면상 매우 어렵다. 따라서 위의 표처럼 제시해주는 것이 일반적이다. 다행스럽게도 설명변수가 아무리 많아도 SPSS와 같은 통계 프로그램에서는 클릭만 하면 앞의 <표 VII-14>와 같은 결과를 단 1초 만에 산출해서 제공해준다는 것이다.

우리가 스마트폰의 복잡한 공학적 원리를 다 알면 더 좋겠지만, 일단 앱 사용법만이라도 잘 알면 매우 행복해질 수가 있는 것처럼 통계의 세부적 원리까지 완벽히 이해하지 못하더라도, 앱 사용법을 파악해 나가듯이 SPSS와 같은 통계프로그램에 대한 이해 그리고 통계 분석 모형에 대한 이해와 유의확률에 대한 개념적 파악을 통해서 일정정도 통계 분석이 수행된 논문을 해석하고 이해해 나갈 수 있을 것이다. 그리고 스스로도 데이터 통계분석을 수행하고 SPSS 등의 통계 프로그램이 산출해주는 결과를 정리하고 해석하는 작업을 수행할 수 있을 것이다.

그렇다면 다음은 중다회귀분석을 포함한 통계분석을 잘 해나가기 위해서 유의해야할 내용들을 살펴보도록 한다. 이를 위해서 기술통계의 중요성과 한계를 살펴보고, 중다회귀분석에서 유의해야할 점에 대해서 간략히 설명하도록 한다.

그 전에 중다회귀분석을 제외한 내용에 대한 중간 점검 퀴즈를 제시하고자 한다. 수업시간에 함께 논의해보도록 한다.

🔍 퀴즈1

> 문1) 다음은 한국교육개발원 초등학교 실태조사 데이터를 이용하여 초등학생이 아침을 먹고 등교를 하는지 여부를 조사한 결과를 분석한 표이다. SPSS를 이용해서 분석을 수행하였다. 표를 보고 분석에 사용한 문항은 어떤 문항인지를 파악해보시오. 그리고 어떤 통계분석방법을 이용하였는지를 언급하고(즉 아래 괄호에 들어갈 단어가 무엇인지 언급) 분석결과를 해석하시오. 그리고 표의 제목을 적어보시오.

성별	구분	거의 먹지 않는다	가끔 먹는다	거의 매일 먹는다	계	( )
남학생	빈도	296	732	3,580	4,608	
	성별 중 %	6.4%	15.9%	77.7%	100.0%	
여학생	빈도	348	798	3,195	4,341	20.977***
	성별 중 %	8.0%	18.4%	73.6%	100.0%	
계	빈도	644	1530	6,775	8,949	
	성별 중 %	7.2%	17.1%	75.7%	100.0%	

* p<0.05, **p<0.01, ***p<0.001

퀴즈2

문2〉 다음은 아침식사와 관련한 학업성취도 평균 점수 비교결과 분석표이다. 어떤 통계분석방법을 이용하였는지를 언급하고(즉, 아래 괄호에 들어갈 단어가 무엇인지 언급), 분석결과표를 해석하시오. 그리고 표의 제목을 적어보시오

구분	N	평균	표준편차	최솟값	최댓값	( )
거의먹지 않음(a)	635	42.95	16.738	4.0	88.0	
가끔 먹음(b)	1,506	43.32	15.640	8.0	92.0	59.084***
거의 매일 먹음(c)	6,692	47.60	16.383	4.0	92.0	(a,b~c)
계	8,833	46.54	16.391	4.0	92.0	

* p<0.05, **p<0.01, ***p<0.001

문3〉 다음은 학교실태조사 초등학교 6학년 학생들의 학부모에게 자녀가 유아교육기관(유치원, 어린이집)을 다닌 경험이 있는지를 물어본 설문조사분석결과이다. 어떤 통계분석방법을 이용하였는지를 언급하고(즉, 아래 괄호에 들어갈 단어가 무엇인지 언급), 분석결과 표를 해석하시오. 그리고 표의 제목을 적어보시오.

구분	N	평균	표준편차	최솟값	최댓값	( )
경험유	8,324	60.69	18.94	0	100	
경험무	414	54.46	19.86	3	94	6.515***
계	8,738	60.40	19.03	0	100	

* p<0.05, **p<0.01, ***p<0.001

Ⅷ. 숫자와 통계, 기술통계의 중요성 과 한계

우리는 일반적으로 숫자를 이용한 연구를 통계연구로 생각한다. 그러나 좀 더 정확한 통계에 대한 약간의 개념적 정의가 필요하다. 숫자는 그 자체로 통계가 되지 않는다. 통계는 숫자를 이용하여 숫자가 제공하는 대상에 대한 특성을 보여주기 위한 가공된 형태의 데이터 값이라고 볼 수 있다.

예를 들면, 만약 학업성취도 검사를 해서 학생들이 25문항에서 3문항을 틀리고 22문항을 맞추었을 경우 100점 만점으로 산출하면 한 문항당 4점씩 88점을 맞은 것으로 계산을 한다. 개별 학생들의 점수 88점이나 맞춘 문제의 개수인 22는 숫자이다. 맞춘 문항의 개수 22는 통계라고 부르기에는 어렵다. 22라는 정답을 맞춘 개수는 이 학생의 성취도 특성을 보여주진 않는다.

그런데 우리가 흔히 산출하는 평균과 표준편차를 이용해서 이 학생의 지난 1년간 국어, 영어, 수학 세 과목의 평균 점수가 82점이라고 하면 이는 통계 값으로 볼 수 있다. 평균은 이 학생의 세 과목의 평균적 수준을 보여준다. 혹은 백분위 점수로 환산해서 해당 학교 학생 중에서 이 학생의 세 과목 평균점수가 94분위라고 한다면 이 역시 통계 값으로 볼 수 있다. 이 학생은 100명 중 6등을 한 것으로 볼 수 있다. 상위권에 속하는 학생이다. 즉 이 학생의 성취도의 특성 혹은 수준을 보여주기 때문이다.

통계는 따라서 분석하고자 하는 대상의 특성을 드러내기 위한 제반 가공된 값으로 볼 수 있다. 이는 매우 일반적인 정의이다. 그리고 통계학은 분석을 위한 과학적인 통계방법에 대해서 연구하는 학문으로 정의된다.

통계는 지표나 지수, 그리고 평균, 표준편차, 분산, 최솟값, 최댓값, 빈도값, 비율값 등 다양하게 존재한다. 일반적으로 기초적인 현황을 보여주는 통계 분석을 기술통계(Descriptive Statistics)분석 혹은 기초통계(Basic Statistics)분석이라고 한다. 이러한 기술통계는 모집단을 추론하지 않고 표집된 대상에 대한 분석결과를 통해서 현황을 파악하고 기술하기 위한 분석을 의미한다. 동시에 기초통계분석이라고도 언급하기도 하는데 기본적인 현황을 보여준다는 의미이기도 하다.

다시 한번 강조하지만, 기초통계라는 표현이 시사하듯이 가장 기본적이며 기술통계는 매우 중요하다!

대학원생들은 간혹 기술통계분석을 간과하는 경우가 있다. 사실 연구자들도 마찬가지로 기술통계를 간과하는 경우가 있다. 추론통계인 중다회귀분석이나 ANOVA 분석 등 뭔가 멋진 통계용어에 더 눈이 끌리게 된다. 당연히 상관관계분석, 중다회귀분석 등을 잘 수행할 줄 알면 좋다.

교수들도 학술논문을 작성할 때 기술통계보다는 좀 더 고급(추론)통계분석을 이용해서 영어로 표현하면 팬시한(환상적인, Fancy) 논문을 쓰고 싶어한다. 당연히 고급통계모형을 사용해서 정교한 분석을 하는 것이 필요하다. 하지만 기본, 혹은 기초를 무시해선 안된다. 기술통계 혹은 기초통계의 중요성에 대해서 다음의 예를 통해서 살펴보자.

① 기술(기초)통계의 중요성 ●·····

다음 표는 분석에 사용한 변수에 대한 평균, 표준편차, 최솟값, 최댓값 등 가장 대표적인 기술통계표 유형이다. 보통 우리는 중다회귀분석을 수행할 때 분석에 사용된 변수들에 대해서 <표 VIII-1>와 같은 기술통계표를 제시해주고 난 후에 중다회귀분석을 수행한다.

<표 VIII-1>를 보면 만족도나 효능감 등은 모두 1-5단계 리커트 척도(즉 1, 2, 3, 4, 5점의 값을 갖는다)로 측정되었으며 더미변수는 0과 1의 값을 갖는다. 기술통계는 표집된 분석대상의 특성을 보여준다.

표 VIII-1   기술통계표 예시1

변수명	사례수	평균	표준편차	최솟값	최댓값
국어성취도	1,831	515	93	100	850
수학성취도	1,830	509	101	110	840
국어효능감	1,819	3.7	0.9	0	5
수학효능감	1,822	3.5	1.03	1	5
교사만족도	1,829	3.64	0.88	1	5
학교만족도	1,829	3.32	0.82	1	5
성별	1,826	0.51	–	0	2
가구소득	1,824	6.03	0.53	4.3	7.2
부학력고졸	1,778	0.35	–	0	1
부학력대졸	1,778	0.45	–	0	1
부학력석사	1,778	0.19	–	0	2

변수명	사례수	평균	표준편차	최솟값	최댓값
부학력박사	1,778	0.01	–	0	1
설립유형(공립)	1,840	0.45	–	0	1
학교소재지(도시)	1,840	0.88	–	1	1

주: 표 안의 값들은 설명을 위해서 임의로 설정함

그리고 공립학교에 재학 중인 학생들은 45%이다. 도시지역에 재학하고 있는 학생들은 88%임을 알 수 있다. 실제 한국의 대부분의 인구분포와 학생들의 소재지는 이 표에서 제시되는 바와 같이 대부분 도시지역이다.

조사대상 학생들의 아버지의 학력은 고졸이 35%, 대졸이 45%, 그리고 석사학위를 소지한 경우는 19%, 박사학위를 소지한 경우는 1%임을 알 수 있다. 아마 10년 전이나 20년 전의 학생들의 학부모들의 학력분포를 조사했다면 이 기술통계표의 값보다 고졸의 비율이 더 높을 것이다. 이 조사 데이터는 학부모의 학력수준이 높아졌음을 보여주기도 한다. 학생들을 대상으로 한 조사이기 때문에 학생들이 바라본 교사의 교직만족도는 3.6점, 즉 평균인 3점과 만족한다의 4점 사이에 위치하고 있음을 알 수 있다.

이처럼 기술통계표는 조사대상자의 인식 수준 혹은 조사대상자의 배경의 특성을 파악할 수 있게 도와준다. 그런데 혹시 이 표의 통계 값들에서 별다른 문제점들은 안보이는가? 다시 한번 표를 들여다보자. 들여다보고 나서 문제점을 찾은 사람은 다음 기술통계표 예시2를 살펴보자. 문제점은 다음의 두 번째 기술통계표 예시를 설명하고 나서 논의하도록 한다.

기술통계는 표본의 적절성을 확인할 수 있도록 도와준다

다음의 기술통계 두 번째 예시 표는 또 다른 기술통계인 빈도와 비율 값을 보여준다. 표를 보면 일단 사례 수는 앞에서 말한 대로 통계가 아니라 단순한 표본의 '수'이다. 기술통계라고 한다면 비율 값이다. 기술통계를 제시할 때 평균, 표준편차, 최솟값, 최댓값을 제시하는 것이 일반적이지만 아래처럼 연구대상의 배경 특성을 빈도표로 해서 비율 값을 제시하는 경우도 있다.

표 VIII-2   기술통계 예시2

구분사례수(명) 비율(%)			3차년도(16/17)		4차년도(17/18)	
			사례수(명)	비율(%)	사례수(명)	비율(%)
개인	성별	남	209	30.3	199	30.8
		여	480	69.7	448	69.2
	전공	인문사회	279	40.5	250	39.6
		자연공학	325	47.2	311	48.1
		예체능	85	12.3	86	13.3
대학	설립유형	사립	408	59.2	372	57.5
		국공립	281	40.8	275	42.5
	소재지	수도권	183	26.6	177	27.4
		비수도권	506	73.4	470	72.6

출처: 정은하 외(2021).

　4년제 일반대학교 대학생들의 취업준비행동을 분석한 데이터인데, 기술통계인 비율 값들을 보면서 어떤 문제점이 보이는지 한번 살펴보자. 먼저 성별 비율이 여학생이 70% 가까이가 된다. 표집에서 여학생이 과표집(과대표집, 많이 표집되어 있는 상황)되어 있는 것을 알 수 있다. 최근에 여학생들의 대학진학률이 높아졌지만 70%까지 되지는 않는다. 국공립학생 비율은 40%를 살짝 넘어서고 있다. 한국의 경우 국공립대학 학생 비율은 25%내외이기 때문에 국공립학생이 다소간 과표집되어 있음을 알 수 있다. 소재지도 그러한 경향을 보여준다.

　앞에서 소개한 교육개발원의 교육통계분석 홈페이지(kess.kedi.re.kr)에 접속하면 고등교육통계분석자료집이 PDF 파일로 제공된다. 2018년도 기준으로 일반대학교의 여학생 비율은 41.5%이다. 국공립 재학 대학생 수 비율은 약 23%이다. 비수도권 학생 비율은 61%이다. 기술통계분석 표를 보면 표본이 모집단을 반영하는지를 파악할 수 있는데 이와 같이 비율 값에서 모집단과 차이가 있다면 다소간 분석결과에 편향이 발생할 수가 있다.

　이 문제점을 해결하기 위해서 통계학에서는 가중치를 주어 분석하거나, 혹은 무작위로 여학생 수를 일부 뽑아서 제외해서 비율을 모집단과 유사하게 맞추는 등의 방법을 사용해서 분석할 수 있다. 혹은 그냥 분석한 후에 연구의 결론에서 한계점으로서 언급하는 방법이 있을 수 있다. 기술통계는 분석대상의 특성을 보여줌으로서 모집단과 차이는 없는지, 표집이 적절히 이루어졌는지 등의 중요한 정보를 제공해준다. 따라서 기술통계분석은 반드시 철저하게 이루어져야 한다.

⚲ 기술통계는 입력된 데이터의 오류 점검과 코딩방향을 잡는 것을 도와준다

그렇다면 다시 앞의 예시1의 표에서 발견된 문제점이 무엇인지 이야기해보도록 하자. 먼저 국어효능감의 최솟값이 0이다. 앞에서 리커트 척도의 경우 1~5의 값을 갖는다고 이야기하였다. 이는 설문조사 결과를 엑셀이나 SPSS 등으로 옮겨서 기입할 때 발생한 입력오류로 볼 수 있다. 1을 기입해야 하는 사례에 0을 기입했는지를 확인하기 위해서는 원 설문지 응답 원천 자료를 확인해보고 응답자가 체크한 값을 확인해 보고 수정해야 한다.

그리고 성별과 석사학위여부의 최댓값이 2이다. 더미 변수는 0 아니면 1의 값을 갖는다고 앞에서 언급하였다. 마찬가지로 입력 오류이다. 다른 이야기지만, 필자가 미국 미시간 주 교육통계센터에 파견 인턴조교로 잠시 일을 할 때 주 교육청의 교육데이터베이스의 경우 학생의 성별을 0,1,2로 코딩하긴 했다. 여자는 0, 남자는 1, 여자도 남자도 아닌 경우는 2로 말이다. 미시간 주에서는 학생들의 성(Gender) 정체성에 대해서 관대한 정책을 가지고 있었던 것으로 보인다. 남자도 여자도 아니라고 응답할 수 있게 되어 있었다.

이런 경우는 더미변수가 아니라 범주변수(Categorical Variable) 혹은 유목변수로서 보고 0, 1, 2로 값이 기입될 것이다. 물론 한국은 모든 설문지가 남자 아니면 여자로만 응답하도록 되어 있기 때문에 성별 변수에서 최대 값 2는 잘못된 입력으로 보면 될 것이다.

그리고 더미변수의 경우 왜 표준편차가 제시되어 있지 않나요, 하고 질문할 수도 있다. 표를 보면 표준편차가 모두 -(Nothing, 無)로 표시되어 있다. 이 부분은 큰 문제는 없다. 더미변수는 0아니면 1로서 평균값만 통계적 의미가 있기 때문에 굳이 제시하지 않아도 된다. 물론 기술통계표에서 더미변수의 경우 표준편차 값들을 대부분 제시하는 경우가 많긴 하지만, 위 예시1에서는 일단 지우고 문제를 내보았다.

한 가지 더 살펴볼 내용이 있다. 기술통계 예시1의 표를 보면 학생들의 아버지 중 박사학위를 소지한 비율이 0.01, 즉 1%로 매우 적다. 학생의 표집인원 수는 1,800여명인데 1%라면 18명의 학생의 아버지가 박사학위 소지자이다. 18명은 소수이기 때문에 별다른 의미를 부여하기에는 어렵다. 굳이 석사학위랑 구분해서 별도로 박사학위 여부를 분석할 필요는 없을 것이다. 따라서 이런 경우에는 변수 설정을 석박사학위로 합해서 일종의 통합된 학력변수로 설정해서 분석을 하는 것이 더 나을 것으로 보인다.

우리가 기술통계표를 작성하는 이유는 기본적인 분석대상의 특성을 살펴보기 위한 목적도 있으며 예시2처럼 모집단을 대표하는지 여부, 즉 적절한 표집이 이루어졌는지를 보기 위한 목적이 있다. 그러나 지금의 예시1처럼 코딩이 제대로 되어 있는지를 살펴보기 위한 데이터 클리닝을 위한 목적도 있다. 기술통계표 작성은 따라서 매우 중요하다. 잘못 코딩된 자료를 이용해서 분석하면 결과가 엉뚱하게 산출될 수 있기 때문이다. 따라서 말 그대로 기본통계이다. 기본을 절대로 무시하지 말자.

기술통계를 점검하지 못하면 결과 값 해석과 현황 파악에 어려움을 겪게 된다

논문을 하나 더 예시로 살펴보자. 유아교육의 경우 유아들에게 설문조사를 하는 방식으로 데이터를 확보하기 어렵다. 유아들이 설문지를 읽고 유치원 만족도를 평가하기에는 어려움이 있다. 따라서 대부분 연구들은 교사들 혹은 학부모들이 아동들의 상태를 평가하는 방식으로 연구를 진행한다. 그 과정에서 실험을 하는 경우가 많은데, 기술통계를 별도로 정리해서 제시하지 않는 경우가 많다.

다음 <표 Ⅷ-3>은 유아교육학술지에서 제시된 분석결과이다. 이 논문은 기술통계표를 별도로 제시하지 않고 곧장 아동의 성별과 연령별 분석결과를 제시하고 있다. 이 과정에서 일정정도 기술통계 값이 제시되어 있다. 이해점수는 남, 여아 모두 20점 정도이며 산수는 15, 14점이다. 인지능력은 84점, 82점정도이다. 참고로 이 표와 같이 t-test, F-test 결과를 제시해줘도 된다.

그런데 표준편차의 값들을 보면 대략 분포를 파악할 수는 있는데, 정확하게 측정범위를 파악하기가 어렵다. 최솟값과 최댓값을 알 수 없기 때문에 아동의 이해도, 산수, 인지능력을 파악한 검사지의 정확한 상한, 하한값을 알 수 없다. 인지능력점수는 성별 통계 값을 보았을 때 얼핏 100점 만점인가 했지만, 연령에서 5세는 평균이 100점이 넘어간다. 따라서 100점 만점이 아니다. 사실 표준편차 값을 평균과 더하면 100점이 넘어가긴 한다.

표 VIII-3 분석결과 예시: 기술통계표 별도 제시 없이 결과만 제시한 경우

구분		이해 평균(표준편차)	산수 평균(표준편차)	인지능력 평균(표준편차)
성별	남아(105명)	20.56(4.18)	15.46(3.70)	84.31(17.82)
	여아(85명)	20.08(4.21)	14.98(3.47)	81.92(19.55)
	t	0.784	0.916	0.882
연령	3세(50명)	16.70(3.72)	11.08(1.64)	59.62(8.88)
	4세(70명)	20.40(3.69)	14.93(2.32)	82.99(10.36)
	5세(70명)	22.90(2.90)	18.53(2.12)	100.37(9.09)
	F	47.758***	187.641***	266.989***
	Scheffe	5>4>3	5>4>3	5>4>3

자료 출처: 최미숙(2012). ***$p < 0.001$.

따라서 최솟값과 최댓값이 포함된 기술통계표를 제시했으면 더 논문의 검사지와 결과를 파악하기에 도움이 될 것으로 보이나 그렇지 못한 아쉬움이 남는다. 위의 표에서 약간의 기술통계표로서의 역할도 할 수 있도록 t나 F 칸 위에 합산한 전체의 평균, 표준편차, 최솟값과 최댓값 등을 제공해주면 좋지 않았을까 하는 생각이 든다. 그나마 성별 표집 아동 수, 연령별 표집 아동 수가 왼쪽 편에 제시되어 있어서 다행이다. 하지만 조사대상 아동들의 배경, 성별, 연령별 분포에 대해서 기술통계표를 제공해주면 좋았을 것이다.

○ 기술통계 값들은 절대적 현황과 특성을 파악하고 연구방향을 잡는데 도움을 준다

마지막으로 <표 VIII-4> 기술통계표를 보면서 기술통계 값들을 잘 살펴보는 것이 왜 중요한지를 생각해보자. 교사들이 교원능력개발평가제 도입으로 인해 수업의 질이 향상되었는지에 대한 응답(리커트 척도로 1에서 5점으로 측정)에서 다음과 같은 통계 값이 산출되었다고 가정해보자. 아래 표에는 평균, 표준편차, 최솟값, 최댓값 등의 기술통계 값이 제시되어 있다. 그리고 오른편에는 성별에 따른 인식에서 통계적 차이가 유의한지에 대한 t-test가 제시되어있다.

일단 표를 보면 평균값이 매우 낮다. 여교사나 남교사나 모두 매우 부정적인 응답을 했

다. 1이 전혀 그렇지 않다, 2는 그렇지 않다라는 응답이기 때문에 대부분의 교사들이 교원 평가제에 대해서 부정적이다. 그런데 남교사가 상대적으로 0.1점 더 높게 나타나고 있고 오른편 t-test결과 분석을 통해서 통계적으로 유의한 차이가 있다고 분석하는 것이 의미 가 있을까? 남교사도 매우 부정적인 상황에서 1.5점에서 1.6점으로 0.1점 더 높이기 위해 서 남자교사가 왜 약간 더 긍정적인지에 대한 원인 조사를 깊게 하는 것은 정책적 시사점 을 도출하기 어렵다.

　기술통계에서 제시되는 평균값의 절대적 수치가 보여주는 현황 혹은 현실에 대한 검토 를 통해서 성별 비교분석, 지역별 비교 분석의 의미가 있을지를 판단해서 추가 분석이 필요 할 것이다. 그러나 아래 <표 VIII-4> 같은 상황에서는 성별의 교원평가제에 대한 효과 인 식 분석 차이의 통계적 추론을 하는 것은 별 의미는 없다. 이처럼 기술통계 값의 절대적 수 치가 보여주는 현황을 잘 살펴보아야 향후 세부적인 통계 분석, 추론적 분석을 어떻게 해 나갈지에 대한 판단을 할 수가 있다.

표 VIII-4　교원평가제로 인해 수업의 질이 향상되었는지에 대한 교원 인식

구분	평균	표준편차	최솟값	최댓값	t
여교사	1.53	0.78	1	5	2.31*
남교사	1.63	0.69	1	5	

* $p < 0.05$

② 기술통계의 (해석에서의) 위험성 ●

심슨의 역설, 숨어 있는 요인·변수

　기술통계분석은 앞에서 언급한 바대로 데이터 입력오류가 없는지, 분석 자료가 적절한 지, 현재 응답대상자의 현황과 상태를 파악하는데 도움을 준다. 그리고 모집단과 유사한 성격을 가지고 있는지 등을 보여주기 때문에 반드시 살펴봐야 하며 매우 중요한 통계 분석 의 1단계, 혹은 기초단계의 작업이다.

　기술통계분석은 아주 기초적인 현황과 특성만을 파악하는 것으로 이용해야 한다. 그런

데 분석을 하다보면 기술통계분석표를 이용해서 뭔가 원인이나 문제점을 파악하려는 시도를 해보고 싶은 유혹에 빠질 수도 있다. 이는 위험한 시도가 될 수 있다. 다만 현황에 대한 기술(Description) 정도의 해석은 괜찮지만 원인분석의 근거로서 사용되는 것은 피해야한다.

다음 사례를 한번 보자[35].

표 VIII-5 버클리 대학원 입학 성별 통계자료

	남자	여자
지원자수 (a)	8,442	4,321
합격자수 (b)	3,714	1,541
합격률　(b)/(a) *100	44%	35%

출처: Freedman et al.,(1997). Statistics.

위의 표는 버클리 대학원의 성별 입학 통계자료이다. 지원자 수나 합격자 수와 함께 합격률이라는 기술통계 값이 제공되고 있다. 남자의 합격률이 여자의 합격률보다 더 높다. 대학원 수업 시간에 남자의 합격률이 여자보다 얼마나 더 높은지를 대학원생들에게 물어보면 많은 경우 44-35=9%가 더 높다고 대답한다. 즉, "9% 더 높아요"라고 대답한다. 하지만 이는 틀린 대답이다. %의 차이는 %p로 언급해야 한다. %는 비율 변화 값을 의미하기 때문이다. 즉 정확한 대답은 "9%p가 더 높아요"이다. 교육부의 보도자료나 통계청의 보도자료에서 % 값의 차이를 서술한 문장을 잘 살펴보면 %p 차이로 언급하고 있음을 알 수 있을 것이다.

그리고 동시에 이 성별로 구분한 기술통계표인 입학 통계자료를 가지고 여학생이 차별을 받고 있는지를 물어본다. 그러면 다들 고민에 빠진다. 일단 여러 해석이 가능하다. 여학생들이 실제 입학 시 제출한 성적, 예를 들어 학부 GPA가 더 낮았다던가, 아니면 대학원 입시에 활용되는 GRE 시험점수가 여학생이 더 낮았을 수도 있다. 그렇다면 여학생이 입학에서 차별받은 것이 아니라고 볼 수 있다.

그런데 버클리와 같은 유명한 대학의 경우 미국 전국, 아니 미국을 넘어서 전 세계에서 뛰어난 학생들이 입학서류를 제출할 것이다. 그리고 입학 지원 서류를 제출한 학생들의

---

35 Freedman et al.,(1997). Statistics. 참조.

GPA나 GRE 점수는 아마 최상위권일 것이다. 따라서 지원한 여학생들의 학부성적이 남학생들보다 좀 낮았기 때문에 합격률이 낮을 것이라는 추론은 합리적 추론이긴 하지만 틀릴 가능성이 높다.

그런데 전공분야별로 성별 지원자 수 및 입학허가율을 구분해서 기술통계를 다시 산출해보니 다음과 같이 통계 값이 산출되었다.

표 VIII-6 버클리 대학원 전공분야별 성별 지원자 수 및 입학허가율

전공분야	남자		여자	
	지원자수	입학허가율	지원자수	입학허가율
A	825	62%	108	82%
B	560	63%	25	68%
C	325	37%	593	34%
D	417	33%	375	35%
E	191	28%	393	24%
F	373	6%	341	7%

출처: Freedman et al.,(1997). Statistics.

이 두 번째 표는 전공분야별로 추가로 구분해서 살펴본 결과이다. A전공분야는 여학생의 입학허가율이 20%p 더 높다. C는 남학생이 3%p가 더 높다. C와 D의 전공분야를 제외하면 나머지 4개 전공분야(단과대 구분일 것이다)는 여학생의 입학률이 더 높다. 따라서 전공분야로 구분해서 보면 확실히 여학생에 대한 입학차별이 존재했다고 보기에는 어려움이 있다.

사실 여학생이 입학에서 보이지 않는 차별을 받는지 여부는 중다회귀분석 등을 통해서 입학에 영향을 주는 제반 요인을 통제해야 한다. 아직 우리는 확정적으로 차별이 존재하는지 여부를 위의 두 표만을 가지고는 확신을 가지고 대답할 수는 없다.

가장 현명한 대답은 "위의 두 표만으로는 성별 입학차별이 있는지를 알 수 없으며 입학허가율에 영향을 줄 수 있는 제반 변수들(GPA, GRE 등)을 모두 통제해야 알 수 있다"가 될 것이다. 이처럼 감춰진 어떤 변수를 고려해서 간략한 기술통계표를 확장해서(위의 표에서는 전공분야 구분이 포함되어서 확장됨) 작성하게 되면 결과가 다르게 나오는 경우를 심슨의 역설(Simpson's Paradox)이라고 한다[36].

---

36 Simpson, E.H.(1951). The Interpretation of Interaction in Contingency Tables. 영국의 통계학자다. 만화 심슨

한국의 사례를 한번 살펴보자. 한국은 대입제도와 관련해서 수능전형(수능) 옹호 입장과 학생부종합전형(학종) 옹호입장이 치열하게 대립되어 왔다. 학종옹호입장을 가진 연구자들이 주장하는 논거 중 하나는 학종을 통해서 읍면지역 학생들이 "훨씬" 많이 상위권 대학에 입학하기 때문에 교육을 통한 계층이동의 통로로서 작용한다는 것이다. 이러한 주장의 근거는 기술통계표에서 제시되는 값에 근거한다.

표 VIII-7 주요 13개 대학 읍면소재 입시유형별(학종/수능) 고교생 진학현황

	학종		수능	
	전체	읍면출신	전체	읍면출신
합격자수	17,976	2,654	10,314	920
비율	100%	14.8%	100%	8.9%

출처: 2019년 교육부 학종실태 조사자료. 조승래의원실 보도자료

<표 VIII-7>의 기술통계표는 학종을 옹호하는 연구자들이 학종이 계층이동의 통로로 작용한다는 주장의 근거로서 활용될 것이다. 학종과 수능의 합격자 수 중에서 읍면출신 비율을 보여주는 빈도표이며 비율 값을 제공해주고 있는데 학종 합격자 중 읍면출신 비율이 높게 나타난다. 읍면출신 비율이 학종입학생 중에서 14.8%를 차지하고 있다.

그리고 수능입학생은 합격자 중 8.9%를 차지하고 있다. 읍면출신학생들이 학종으로 입학하는 비율이 수능으로 입학하는 비율보다 5.9%p가 더 높다. 그렇다면 읍면출신 학생들에게 학종이 더 유리한 대입제도인가?

우리는 이러한 단순 기술통계표의 값을 가지고 인과관계나 확정적 대답을 하는 것을 매우 조심스럽게 생각해봐야 한다. 그리고 통계분석을 위해서는 다소간 질적인 측면에서 살펴봐야 한다. 이 경우에는 일단 시기의 문제가 있다. 학종은 수능 전에 먼저 시행된다. 학종을 통해서 대학에 합격하고 해당 대학에 입학하는 것으로 결정하게 되면 수능전형 지원을 하지 못하게 된다. 수능 지원자는 학종 입학생을 제외한 학생들로 구성된다.

이는 두 유형이 있는데 먼저 재수생 등 아예 수능전형 지원을 목적으로 하는 학생들이 있다. 이 학생들은 학종지원을 하지 않는다. 수능에 올인하는 것이다. 두 번째 유형의 학생들은 사실 대부분의 경우인데 학종에 지원했다가 지원대학에 합격하지 못하거나 6개 지원 대학

네 가족들의 그 심슨과 성(Surname)만 같고 이름은 다르다. 심슨네 가족의 주인공 아빠 이름은 호머이고, 심슨스 패러독스의 학자 이름은 에드워드(Edward)이다.

중 합격한 대학이 별로 마음에 안들어서 입학을 포기하고 수능전형에 지원한 경우이다.

　그런데 사실 학종은 우수학생을 먼저 입도선매하는 것처럼 우선선발하려는 경쟁체제이기 때문에 우수한 내신과 우수한 수능(최저학력기준이 있을 경우)성적을 가진 학생들이 입학하게 된다. 만약 읍면출신 중에서 학종으로 입학한 학생들의 경우 수능점수가 높은 학생들이 몰려있다면 아무래도 나중에 선발하는 수능전형에서 읍면출신 학생들의 입학비율이 낮을 수가 있다는 해석이 가능하다. 즉 수능이 읍면출신에게 불리한 것이 아닐 여지도 충분히 있다는 것이다.

　그런데 또 한편으로는 특별전형 대상자를 대부분 학종으로 선발하는 경향이 있다. 역으로 만약에 수능으로 특별전형 대상자를 모두 선발한다면 수능으로 입학하는 읍면출신 학생들의 비율이 증가할 것이다. 따라서 특별전형(농어촌특별전형, 저소득층 특별전형)을 제외한 말 그대로 일반적인 학종전형과 일반적인 수능전형 입학생들을 비교해 보는 것도 필요하다.

표 VIII-8 2019학년도 학종, 수능 입학생 특별전형 제외 포함

	학종				수능			
	전체	읍면출신	특별전형	특별전형 제외 일반 학종전형	전체	읍면출신	특별전형	특별전형 제외 일반 수능전형
합격자수	17,976	2,654	1,152	1,502	10,314	920	133	787
비율	100%	14.8%	6.4%	8.9%	100%	8.9%	1.3%	7.7%

출처: 교육부(2019) 학종실태 조사자료. 조승래의원실 보도자료

　앞에 언급한 바대로 특별전형은 대부분의 대학에서 학종으로 선발한다. 수능을 통해서 특별전형을 하는 인원은 매우 적다. 따라서 특별전형을 제외한 일반적 학종과 일반적 수능전형을 구분해서 살펴보는 것이 필요하다. <표 VIII-8>을 보면 수능합격자 중 1.3%만이 특별전형합격자이다. 그리고 학종전형에서 특별전형은 6.4%나 된다. 이러한 요소(특별전형 모집인원 수)를 제외하고 보면 일반학종전형과 일반수능전형의 읍면출신 합격비율의 차이가 8.9-7.7%=1.2%p로 감소한다. 1.2%p차이는 과연 큰 차이일까? 큰 차이로 보기에는 어려움이 있다.

　이처럼 새로운 요인이 포함되면 기술통계상에서 통계 값의 결과가 변화를 보이는 경우

가 종종 있다. 이와 관련해서 SKY 대학의 학종과 수능의 저소득층 입학생 비율을 추가로 살펴보면 다음 표와 같다. <표 VIII-9>를 보면 학종이 저소득층에 유리한 전형처럼 보인다. B대학의 경우는 학종을 통해서 입학한 저소득층 학생 비율이 23.3%나 된다. 그리고 수능으로 입학한 저소득층 학생은 8.6%밖에 안된다.

표 VIII-9 SKY 대학의 국가장학금 3구간 이하(저소득층 구간) 수혜학생 비율

구분	A대	B대	C대	3개 대학 평균
학종	11.1%	23.2%	9.7%	12.5%
수능	8.1%	8.6%	6.8%	7.7%

출처: 교육부(2019) 학종실태 조사자료

그러면 학종은 계층이동의 통로로 작동하는 대입제도인가? 다음 <표 VIII-10>을 보자. 특별전형인 기회균형선발전형 학생을 마찬가지로 제외하면 저소득층 입학생들의 입학비율은 수능이나 학종이나 거의 차이가 없다. 학종입학생 중 저소득층 비율은 7.6%, 수능입학생 중 저소득층 비율은 7.7%이다.

표 VIII-10 SKY 대학의 기회균형선발전형을 제외한 저소득층 입학비율

구분	A대	B대	C대	3개 대학 평균
학종	11.1%	23.2%	9.7%	12.5%
학종기균제외	7.9%	9.0%	6.8%	7.7%
수능	8.1%	8.6%	6.8%	7.7%
수능기균제외	8.1%	8.6%	6.0%	7.6%

출처: 교육부(2019) 학종실태 조사자료

위의 표도 역시 기술통계표일 뿐이다. 다만 구분을 한 단계 더 해서 기회균형을 제외한 기술통계표를 보여주고 있을 뿐이다. 정확한 인과관계를 밝히기 위해서 우리는 더 많은 변수들이 필요하다. 일단 위의 표들을 보면 기존의 학종에 대한 선입견은 잘못된 것으로 해석될 수 있다.

즉 "학종이 취약계층학생들에게 더 유리하지는 않다"고 볼 수 있다.

그런데 만약 위의 세 대학, SKY 대학의 학종 지원자들(합격생과 탈락생 모두)의 수능점수
와 내신점수를 확보해서 분석한 결과 학종으로 입학한 학생들도 수능점수와 내신점수가
학종지원자 중 탈락생보다 모두 높은 경우라고 가정한다면 학종이냐 수능이냐의 입학전
형 구분은 의미가 없다.

결국 학생의 입학의 당락여부의 주요 변수는 대입제도 유형이 아니라 수능과 내신점수
로 대변되는 학생의 역량이 될 것이다. 이처럼 결과에 실질적인 영향을 미치는 '감춰진 변
수' 혹은 요인들을 잘 찾는 것이 통계분석에서 매우 중요하다.

이 사례들의 교훈은 중요한 교육정책을 결정할 때 기술통계표만을 이용해서는 위험하
다는 것이다. 인과관계와 프로그램의 정확한 효과를 파악하기 위해서는 광범위한 변수들
을 포함한 데이터가 필요하다. 기술통계표를 가지고 인과관계나 프로그램의 효과를 결론
지으면 안된다. 그러면 여러 책들에서 말한 대로 '새빨간 거짓말 통계'가 된다. 안타깝게도
교육학연구에서 이러한 경우가 간혹 눈에 띈다.

IX. 중다회귀분석을 위한 잔기술

이 장의 제목은 중다회귀분석을 위한 잔기술 강의이다. 잔기술이라고 한다면 자잘한 기술이기도 하고 좋게 표현하면 세밀한 기술로도 생각해 볼 수도 있다. 그런데 아마도 필자가 강의하는 이 내용은 자잘한 기술로 봐야할 것 같다. Ⅶ장 변수 유형에 따른 통계분석 방법 정리에서 마지막에 중다회귀분석에 대해서 아주 간략한 설명을 했는데, 이 장에서는 그 뒤를 이어서 중다회귀분석에 대한 추가설명과 분석 결과 해석에 대한 정리 등에 대한 설명을 이어간다.

앞 장에서 기술통계의 중요성과 한계점을 언급했는데, 일단 우리가 중다회귀분석을 하기 위해서는 분석하고자 하는 변수들(설명변수, 종속변수)에 대한 기술통계를 잘 확인해야 한다는 점을 다시 한번 강조하고자 한다.

그리고 Ⅲ장의 논문 작성법에서, 그리고 Ⅴ장의 설문문항 만드는 방법에 대한 언급에서 이론의 중요성에 대해서 강조한 바가 있다. 중다회귀분석을 잘 하기 위해서도 마찬가지다. 무엇보다도 이론이 중요하다. 이론에 따라 연구주제를 설정하고 그에 따라서 관련 자료들, 변수들을 확보해야 한다.

① 이론에 따른 변수 조사 정리 ●

학업성취도에 대한 관심은 교육학에서 가장 중요하니까 이 주제로 계속 논의를 이어가도록 하자. 학업성취도에 문화자본이 미치는 영향을 연구하고 싶다고 가정하자. 선행연구들을 보니 부모와 자녀와의 문화적 활동을 문화자본으로 상정한 연구들이 많다. 문화적 활동을 문화자본이라고 '조작적으로' 정의하고 학업성취도에 미치는 순수한 문화자본만의 효과를 살펴보려면 어떻게 해야 할 것인가?

실험연구를 위해서 자녀를 키우고 있는 40가구를 무작위로 추첨해서 역시 무작위로 20가구를 선정해서 문화활동을 하도록 하고, 나머지 20가구는 문화활동을 하지 않도록 강제할 수 있을까? 그런데 문제는 자연과학에서의 실험연구처럼 제반 요인들을 통제하기가 쉽지는 않을 것이다. 이들 가구들도 자신만의 가정생활, 직장생활, 교우관계 유지 등을 다양하게 해야 할 것이다. 1년 내내 실험을 할 수가 없다고 봐야 한다.

따라서 우리는 학생들의 학업성취도에 영향을 주는 제반 변수들에 대해서 선행연구들을 통해서 찾아내고 그 변수들에 대한 비실험데이터를 확보해서 중다회귀분석을 수행하면 학업성취도에 미치는 여타 변수들을 모두 통제한 후에 어느 정도 문화자본이 학업성취도에 미치는 고유의 효과를 얻을 수 있을 것이다. 즉, 실험실에서 얻는 효과에 상당히 근접한 결과를 얻어낼 수 있다.

그렇다면 수학성취도에 영향을 주는 문화자본의 효과를 분석하고자 할 때 중다회귀분석을 통해서 회귀방정식에 포함시켜서 통제해주어야 할 변수들은 무엇이 있을까?

선행연구를 분석해 보니

성별	사교육비
교과흥미(Deci의 Self-Determination Theory)	가구소득
교과효능감(Bandura의 Self-Efficacy Theory)	부모의 자녀에 대한 교육기대수준
학업몰입(Csikszentmihalyi의 Flow)	교사의 기대수준(피그말리온 효과)
Grit	자녀의 타고난 능력(IQ)

등이 학업성취도에 영향을 준다고 가정해보자.

다행스럽게도 기존 한국교육개발원의 초등학교실태조사에서 관련 문항을 IQ를 제외하고는 대부분 조사하고 있다. IQ의 경우 과거에 많은 논란이 있어서 학교에서 검사를 하더라도 학생 본인에게 알려주지 않고 있다.

그렇다면 이 문항들을 변수로 사용해서 분석하면 된다. 만약 본인이 직접 별도로 설문조사를 실시해서 이에 대한 변수로 사용될 문항을 개발해서 분석을 수행할 수도 있을 것이다. 그러나 대규모 학생대상 설문조사 문항이 있다면 그 자료를 이용하는 것이 편리하다.

교육개발원의 학교실태 조사지 설문지를 살펴보니 관련 문항들은 다음과 같다. 따라서 대학원생들은 설문지를 잘 읽어보는 것이 중요한데 어느 문항이 어느 이론과 연관이 있는지를 알기 위해서는 역시 선행연구문헌들을 잘 읽어나가고 관련 이론을 잘 파악하고 있는 것이 중요하다.

일단 <표 IX-1>처럼 중다회귀분석에서 사용할 학업성취도에 영향을 주는 변수들과 관련문항들을 정리한다. 그러면 변수로 설정될 이들 문항들을 이용해서 회귀분석을 수행하면 될 것으로 생각할 수 있다. 그러나 앞에서 언급한 바대로 기술통계표를 만들어서 최 솟값 최댓값에 문제가 없는지(입력에 오류가 없는지) 등을 살펴볼 필요가 있는데, 그 전에 변 수에 대한 정리를 코딩을 통해 먼저 해야 한다.

참고로 학업효능감은 어느 과목을 잘 할 수 있다는 신념, 믿음을 의미하는데, 표를 보 면 '수학을 잘 해왔다'는 문항을 수학학업효능감 변수로 설정했다. 약간의 차이는 있어서 비판받을 여지는 있긴 하다.

표 IX-1 학업성취도에 미치는 변수들을 찾아서 정리

변수	관련 문항
성별	학생 성별 조사 문항. 남자는 1, 여자는 2.
교과흥미	나는 수학을 공부하는 것이 즐겁다. 5단계 리커트 척도
교과효능감	나는 수학을 항상 잘 해왔다. 5단계 리커트 척도
몰입(Flow)	나는 수학을 공부할 때는 시간가는 줄을 모른다. 5단계 리커트 척도
Grit	공부할 때 내용이 어려워도 끈기 있게 공부한다. 최대한 열심히 한다. 계획한 것을 마칠 때까지 공부한다. 아무리 어려운 내용이라도 배우려고 하면 배울 수 있다. 5단계 리커트 척도
사교육비	월평균 사교육비. 단위 만원
가구소득	월평균 가구소득. 단위 만원
부모의 자녀에 대한 교육기대수준	자녀가 공부하기를 원하는 수준. 1 중학교, 2 고등학교, 3 전문대, 4 일반대, 5 석사 6 박사
교사의 기대수준	학생들에게 좀 더 잘 수 있다고 격려하신다. 5단계 리커트 척도
자녀의 타고난 능력(IQ)	자료 없음.
문화자본	부모님과 활동1: 정치경제사회문제 토론 부모님과 활동2: 책, 영화 TV프로그램에 대한 토의 부모님과 활동3: 클래식 음악 감상 부모님과 활동4: 영화, 공연, 전시 관람 부모님과 활동5: 학교생활에 대한 의논 6단계 리커트 척도.
수학성취도	수학성취도 검사 점수(최솟값 4, 최댓값 92)

2 변수의 코딩 ●··

변수에 대한 정리는 코딩을 해서 분석을 원활하게 만들어주는 것을 의미한다. 먼저 성별 변수는 남자는 1 여자는 2이다. 더미 변수는 0,1로 코딩을 해야 분석이 수월하다. 절편(상수)은 해당 변수들의 값이 모두 0일 때 해석이 가능하기 때문에 별로 그런 경우는 많지는 않지만 절편을 해석하고 싶을 때 더미변수가 1/0으로 코딩이 되어 있어야 한다.

그리고 만약 남자를 0으로 여자를 1로 코딩한다고 치자 그러면 변수명을 그대로 '성별'이라고 적는 것이 좋을까? 그렇지 않다. 이 성별변수가 1이 남자인지 여자인지 잘 모르기 때문에 나중에 해석할 때 어렵다. 변수명을 더미변수의 경우 1로 설정한 내용을 사용하는 것이 편리하다. 즉, 여학생을 1로 코딩했으면 변수명을 '여학생'으로 적도록 하자. 또 다른 예로 만약 학생이 재학하고 있는 학교의 설립유형을 변수로 사용할 경우 공립이면 1 사립이면 0으로 코딩한 경우에는 변수명을 '설립유형'이라고 적지 말고 '공립'으로 적도록 한다.

교과흥미, 교과효능감, 몰입 등은 한 문항으로 되어 있는데, 사실 학교실태설문지를 보면 몰입을 제외하면 교과흥미와 교과효능감을 측정하는 문항들이 서너 개가 더 있어서 교과흥미나 교과효능감의 경우 측정문항들의 평균값을 사용해서 변수를 만들 수도 있다. 그러나 편의상 가장 대표적인 한 문항을 그대로 사용하자.

Grit의 경우는 관련 문항을 네 개를 제시해두었다. 이 네 문항, 즉 이 네 변수의 평균값을 산출해서 Grit 변수를 새로 만드는 것이 필요하다. 이러한 여러 문항의 평균값을 하나의 변수로 만들 때에는 역코딩을 해야 하는지를 살펴보아야 한다. 다행히 역코딩할 필요는 없다. 만약 그릿을 측정하는 문항 중 하나가 '나는 계획한 것을 마칠 때까지 공부한다'가 아니라 '나는 계획한 것을 마칠 때까지 공부하지는 않는다'와 같이 끈기 '없음'을 측정하는 문항이면 역코딩(1을 5로, 2를 4로, 3은 그대로, 4를 2로, 5를 1로)을 해주어야 한다.

사교육비의 경우는 연속변수인데 데이터를 들여다보니 몇 천만원을 한 달 사교육비로 지출한다고 적은 경우도 있다. 이렇게 조사응답의 신뢰성이 의심이 될 때에는 관련 사례를 무응답을 처리해서 분석하는 방법이 있다. 그러나 혹시 모른다. 정말 한 달에 사교육비를 몇 천만원을 쓰는 가구가 있을 수도 있다.

그래서 이런 경우는 보통 자연로그를 취해준다. 해당 변수에 로그를 취해주면 나름 정규분포가 되어서 분석에서 문제가 사라지게 된다. 다만 로그를 취해줄 때 조심해야 할 점은 0은 로그를 취해주면 무응답으로 전환된다. 로그0은 값이 존재하지 않기 때문에, 0으로 사교육비를 응답한 경우는 0.1 정도로 값을 변환시켜준 후에 로그를 취해줘야 한다.

가구소득 역시 마찬가지의 문제가 있어서 자연로그를 취해준다. 그런데 정말 한 달에 가구소득이 몇 천억 혹은 몇 조원으로 적은 경우는 사실 불성실한 응답으로 볼 수밖에 없다. 이 경우는 어쩔 수 없이 무응답으로 처리하고 분석에서 제외해야 한다.

이렇게 각 변수 값들을 살펴보고 데이터를 잘 정비하는 과정을 데이터 클리닝(Data Cleaning, 말 그대로 데이터를 깔끔하게 정리)이라고 한다. 데이터 클리닝은 분포를 보고 상식적이지 않은 값들을 제외해주는 수밖에 없다. 그리고 논문의 본문에 데이터 클리닝 과정을 약간 설명해주는 것이 필요할 것이다.

부모의 자녀에 대한 기대수준은 조사한 응답 그대로 1~7까지의 값을 사용하면 된다. 그러나 좀 더 꼼꼼한 연구자는 각 교육연한 값으로 코딩해준다. 중학교는 9로, 고등학교는 12, 전문대는 14, 일반대는 16, 석사는 18, 박사는 21로 값을 새롭게 부여한다. 그런데 응답경향을 보니 대부분의 학부모들이 일반대로 응답했고 전문대이하가 일부 한 5%, 석박사가 약 24%정도만 응답한 경우는 어떻게 할 것인가?

이 경우는 연속변수로 사용하는 것보다는 세 개의 범주(전문대 이하, 대졸, 석박사 이상)의 더미변수를 만들어서 하나의 더미변수를 제외하고 나머지 두 개의 변수를 중다회귀분석에서 설명변수로 포함시키면 된다. 그러면 그 두 개의 포함된 더미변수의 계수의 값은 제외된 하나의 범주 더미변수와 비교하는 값을 보여주게 된다.

문화자본을 측정한 문항은 다섯 문항이 있는데, 이 다섯 문항, 즉 다섯 변수의 평균값을 산출해서 하나의 문화자본 변수를 만든다. 그럼 최종적으로 변수 설명표를 정리하면 <표 IX-2>와 같다.

그런데 가구소득의 경우 연속변수이긴 해도 대부분의 학부모들이 200만원, 300만원, 400만원 500만원 등 네 개의 값을 주로 적었다고 할 경우에는 200만원 이하, 3~400만원, 500만원 이상으로 세 개의 더미 변수를 만든 후에 중다회귀분석에서는 3~400만원, 500만원 이상, 두 더미변수만을 넣어서 분석하는 것이 적절할 수 있다. 따라서 변수 정리, 변수 코딩을 할 때 사전에 앞의 VIII장에서 강조한 바대로 분포, 최소 최댓값 등 각 분석 대상 문항응답(변수) 값들을 잘 살펴보는 것이 필요하다.

표 IX-2 정리된 변수 설명표

변수명	설명
여학생	더미변수. 여학생은 1, 남학생은 0
교과흥미	나는 수학을 공부하는 것이 즐겁다. 5단계 리커트 척도(5:매우 그렇다 ~ 1: 전혀 그렇지 않다)
교과효능감	관련문항: 나는 수학을 항상 잘 해왔다. 5단계 리커트 척도(5:매우 그렇다 ~ 1: 전혀 그렇지 않다)
몰입	관련문항: 나는 수학을 공부할 때는 시간가는 줄을 모른다. 5단계 리커트 척도(5:매우 그렇다 ~ 1: 전혀 그렇지 않다)
Grit	그릿을 측정한 다섯 문항의 평균값(공부할 때 내용이 어려워도 끈기 있게 공부한다. 최대한 열심히 한다.계획한 것을 마칠 때까지 공부한다. 아무리 어려운 내용이라도 배우려고 하면 배울 수 있다. 5단계 리커트 척도)
로그사교육비	월평균 사교육비. 단위 만원
로그가구소득	월평균 가구소득. 단위 만원
부모교육기대1	자녀가 공부하기를 원하는 교육수준연한: 전문대이하(기본비교집단)
부모교육기대2	자녀가 공부하기를 원하는 교육수준연한: 일반대학
부모교육기대3	자녀가 공부하기를 원하는 교육수준연한: 석박사
교사기대수준	학생들에게 좀 더 잘할 수 있다고 격려하신다. 5단계 리커트 척도(5:매우 그렇다 ~ 1: 전혀 그렇지 않다)
5학년성취도	1 하위권 하~ 9 상위권 상. 총 9단계 척도.
문화자본	부모와의 문화활동에 대한 다섯 문항의 평균값(부모님과 정치경제사회문제 토론/책, 영화 TV프로그램에 대한 토의/클래식 음악 감상/ 영화, 공연, 전시 관람/학교생활에 대한 의논) 6단계 리커트 척도(1: 전혀하지 않음, 2: 1년에 1, 2번, 3: 1학기에 1, 2번, 4: 1달에 1, 2번, 5: 1주에 1, 2번, 6: 거의 매일)
수학성취도	연속변수. 수학성취도 검사 점수(최솟값 4, 최댓값 92)

그리고 정리된 변수 설명표에 갑자기 뜬금없이 5학년 성취도가 들어가 있는 것을 발견했을 것이다. 이는 일종의 대리(Proxy)변수이다. 우리는 IQ와 같은 학생의 타고난 역량을 직접적으로 측정해서 보여주는 변수는 없다. 그러나 전년도 학업성취도는 일종의 타고난 역량을 대리로 보여준다고 볼 수 있다.

많은 학업성취도 분석 연구에서는 전년도 학업성취도 점수가 있으면 설명변수로 포함시켜주는데, 이를 통해서 타고난 능력이 어느 정도 통제된다고 본다. 안타깝게도 5학년 학업성취도의 구체적 점수는 없지만 본인이 생각하는 자신의 5학년 성취도에 대한 자체 평가 진단이 있어서 이를 분석에 포함시켰다.

이렇게 변수에 대한 설명표를 만든 후에 반드시 논문에서 추가해야할 것은 앞에서 언급한 바대로 분석에 사용된 변수에 대한 기술통계 값을 제공하는 표이다.

표 IX-3 기술통계표

변수명	N	최솟값	최댓값	평균	표준편차
여학생	9,998	0	1.0	0.47	0.50
교과흥미	9,570	1.0	5.0	3.22	1.18
교과효능감	9,522	1.0	5.0	3.28	1.15
몰입	9,568	1.0	5.0	2.97	1.19
Grit	9,593	1.0	5.0	3.38	0.79
로그사교육비	6,962	0	9.2	3.51	0.85
로그가구소득	8,779	1.1	11.5	6.04	0.80
부모교육기대1	10,034	0	1.0	0.06	0.23
부모교육기대2	10,034	0	1.0	0.58	0.49
부모교육기대3	10,034	0	1.0	0.26	0.44
교사기대	9,553	1.0	5.0	3.99	0.93
사전성취도	9,536	1.0	9.0	6.02	1.84
문화자본	9,591	1.0	6.0	2.78	1.11
수학성취도[#]	9,852	4.0	92.0	46.06	16.45

주: #은 종속변수

<표 IX-3>이 앞에서 제시된 변수들에 대한 기술통계표이다. 기술통계를 제시할 경우 평균과 표준편차를 소수점 셋째자리까지 제시할 것인지 등을 고민해볼 필요가 있는데, 둘째자리까지 제시해도 상관은 없다. 다만 일관성있게 제시하는 것이 중요하다. 어느 변수는 셋째자리까지 제시하고 어느 변수는 둘째자리까지 제시하는 것은 보기에 불편할 것이다.

3 누락 값(Missing Data)들은 채워야 할까? ● ··

<표 IX-3>을 보면 어느 정도 분석에 사용할 변수들이 정리가 된 것을 알 수 있다. 그런데 앞에서 데이터 클리닝에 대한 이야기를 간략히 하였다. 데이터 클리닝 과정에서 정말어처구니 없는 값이 적혀져 있다면 해당 값은 무응답으로 처리해준다고 했다. 이렇게 데이터 클리닝을 하고 최종 데이터 세트를 보면 무응답자가 늘어서 좀 안타까울 경우가 있다. 이렇게 누락된 값들에 대해서 여러 통계적 방법을 통해서 값을 임의적으로 부여하는 경우도 있다. 예를 들어서 평균값으로 대체해준다던가, 중다회귀분석을 통해서 예측 값으로 채워주는 방법 등이 있다.

일단 누락 값들이 많아서 분석 대상 표본 수가 줄어들더라도 기술통계분석을 통해서 살펴보니 분석대상 변수들의 기술통계 값들, 예를 들어 성별비율이나 성취도 평균, 표준편차 등이 크게 모집단과 다르지 않을 경우에는 굳이 누락 값들을 채워줄 필요는 없다.

그리고 누락 값들은 무응답을 하게 된 이유가 있을 것인데, 그 이유를 우리가 일일이 파악하기는 쉽지 않다. 이러한 무응답을 한 응답자의 개별적 사유는 분석결과의 편향을 가져오게 되는데, 그렇다고 평균값으로 대체하거나 중다회귀분석 등을 통해서 예측 값으로 채워주는 것이 그 해결방안이 되지는 못한다.

그래서 한 연구자로서의 통계분석 경험에 비추어보면 무응답은 그냥 무응답으로 두고분석을 수행하는 것이 가장 적절한 것으로 생각한다. 그리고 표본 수의 감소가 좀 심각하게 이루어진 경우에는 연구의 한계로 서술하는 것이 적절하다고 본다. 그러나 다행스럽게도 통계청의 조사나 교육개발원의 학교실태조사, 종단조사 등은 이러한 무응답의 수를 줄이기 위해서 면접 조사 등을 수행하고 있다.

4 중다회귀분석의 모형을 여러 개를 만들어 나가면서 계수를 살펴보자 ● ·······

중다회귀분석은 다른 통계모형들과 마찬가지로 통계 프로그램이 잘 정리를 해서 결과를 제공해준다. 따라서 어려움 없이 우리는 다각도로 설명변수를 부분적으로 추가로 포함시켜나가면서 분석을 해볼 수 있다.

○ 중다회귀모형은 일종의 방정식

중다회귀분석결과 사례인 <표 IX-4>에서는 모형이 총 다섯 개를 제시하고 있다. 비어 있는 칸은 해당 모형에서 왼편에 적힌 설명변수가 포함이 안된 것을 의미한다. 즉 모형 1은 방정식으로 표시하면 설명변수가 여러 개가 들어간 중다회귀분석이 아니라 단 하나의 설명변수가 들어간 단순회귀분석(Simple Regression Analysis)이다. 모형 1은 다음과 같은 방정식으로 보면 된다. 표에서 상수(constant)는 절편(intercept)과 같은 의미이다.

모형1: y(수학성취도) = 39.460 + 2.436*문화자본

모형2는 모형1에 성별변수만 추가된 것을 알 수 있을 것이다. 즉 다음의 방정식으로 표현된다. 여학생과 문화자본은 순서를 바꾸어도 상관이 없다.

모형2: y(수학성취도) = 38.862 + 2.384*문화자본 +1.547*여학생

표 IX-4   중다회귀분석 결과

설명변수	모형1	모형2	모형3	모형4	모형5
(상수)	39.460***	38.862*** (0.469)	17.970***	11.246*** (0.893)	4.532* (1.945)
여학생		1.547*** (0.335)	2.583*** (0.308)	2.885*** (0.290)	2.994*** (0.351)
교과흥미			0.910*** (0.220)	0.986*** (0.208)	0.936*** (0.254)
교과효능감			4.972*** (0.182)	2.207*** (0.186)	2.310*** (0.226)

설명변수	모형1	모형2	모형3	모형4	모형5
몰입			−0.523* (0.205)	−0.023 (0.194)	0.020 (0.237)
Grit			2.297*** (0.236)	0.508* (0.232)	0.390 (0.285)
로그사교육비					0.931*** (0.215)
로그소득					0.701** (0.261)
부모교육기대2				2.007*** (0.452)	2.945*** (0.868)
부모교육기대3				4.875*** (0.512)	5.440*** (0.914)
교사기대				−0.344* (0.163)	−0.292 (0.198)
사전성취				3.485*** (0.097)	3.419*** (0.120)
문화자본	2.436***	2.384*** (0.151)	0.588*** (0.148)	−0.210 (0.141)	−0.528** (0.173)
n	9,418	9,418	9,273	8,881	6,102
R−square	0.027	0.029	0.200	0.321	0.300

* $p<0.05$, **$p<0.01$, ***$p<0.001$

모형3은 모형2에 심리변수를 추가한 모형이다. 다음과 같은 방정식으로 표현된다.

모형3: y(수학성취도) =17.97 + 2.583*여학생 + 0.91*교과흥미
+ 4.972*교과효능감 −0.523*몰입 + 2.297*Grit + 0.588*문화자본

이런 식으로 모형별로 방정식이 구성된다(모양 4는 각자 구해 보자). 모형 5가 가장 긴 방정식이 될 것이다. 한번 적어보면 다음과 같다.

모형5: y(수학성취도) = 4.532 + 2.994*여학생 + 0.936*교과흥미
+ 2.31*교과효능감+ 0.02*몰입 + 0.390 * Grit

+0.931*로그사교육비 + 0.701*로그소득 +2.945*부모교육기대2

+5.44*부모교육기대3 −0.292*교사기대 +3.419*사전성취

 − 0.528*문화자본

모형 5를 보면 상당히 긴 회귀방정식임을 알 수 있다.

그런데 이렇게 방정식을 적어주는 것보단 <표 IX-4>처럼 계수와 표준오차, 그리고 유의확률을 *으로 표시해주는 방식으로 제시한다. 그래야 간편하고 한 눈에 모형 간에 설명변수의 변화 등을 비교해서 분석하기가 수월해진다.

ₒ R−square 해석

그리고 표를 보면 맨 아래쪽에 R-square라는 값이 제시되어 있다. 이는 해당 모형이 종속변수의 변량(variation)을 설명해주는 값이다.

> 즉, "모형 1은 수학성취도의 변량의 2.7%를 설명해준다.""모형 5는 수학성취도 변량의 30%를 설명해준다."

라고 해석을 해주면 된다.

그런데 흥미롭게도 R-square 값은 중다회귀분석의 회귀방정식에서 설명변수가 많이 포함될수록 증가하는 경향이 있음을 알 수 있을 것이다. 일부 논문들에서는 R-square 값을 지나치게 의식하는 경향이 있는데, 크게 의식하지 않아도 된다. R-square는 설명변수가 통계적으로 유의하지 않더라도 많이 포함시키면 100% 혹은 1에 가까워질 수가 있다[37].

만약 교과흥미변수나 5학년 때 성적 등의 설명변수를 제곱변수, 그리고 세제곱변수 등으로 많이 만들어서 추가로 설명변수를 증가시키면 R-square 값은 증가하게 된다. 그러나 연구목적이 단순하게 R-square를 증가시키는 것은 아닐 것이다. 다른 변수들을 모두 통제했을 때 우리가 알고 싶은 설명변수의 고유의 효과 혹은 편효과(Ceteris Paribus Effect)가 있는지를 확인해보고 싶은 것이다. 따라서 R-square 값에 너무 민감하게 반응할 필요는 없다.

....

37 Berry, D.A. & Lindgren, B.W.(1996) 참조.

☌ 누락변수 문제와 다중공선성 문제

중다회귀분석을 수행할 때 다양한 모형, 즉 설명변수를 다양하게 구분지어서 포함시키면서 결과를 제시해줄 필요가 있다고 언급했다. <표 VIII-3>을 보면 모형 1은 우리가 보고자 했던 문화자본 변수만 넣은 모형이다. 모형 2는 모형 1에 성별 변수, 모형3은 학생의 심리변수들, 모형 4는 모형 3에 부모교육기대수준과 교사기대수준, 사전성취도 인식변수만 추가하였고 사교육비나 소득변수는 제외하였다. 마지막으로 모형5는 모든 설명변수를 다 포함한 모형이다. 영어로는 이를 Full Model, 즉 꽉 찬 모델로 직역이 될 수 있는데, 자연스러운 번역용어를 찾기에는 좀 어려움이 있다.

우리는 가급적 종속변수에 영향을 주는 다른 제반 변수들을 다 통제한 후에 문화자본이 학업성취도에 주는 고유의 독자적인 영향력을 보고자 하기 때문에 모형5가 최종적인 모형 혹은 전체 모형으로서 중요한 분석의 기준이 되는 모형이 될 것이다. 따라서 풀 모델은 '전체 모형'이라고 번역하도록 한다. 그런데 이렇게 모형1에서 모형 4까지를 보여주는 이유는 문화자본의 통계적 유의성과 계수 값의 변화를 관찰하기 위한 것이다.

누락변수(omitted variable)가 있으면 회귀계수의 값에 편향(Bias)이 발생한다. 모형 1에서 4까지의 모형은 모형 5와 비교하면 누락변수가 있는 모형이다. 누락변수가 포함되면 분석하고자하는 계수의 값이 변화함을 볼 수 있다. 즉 계수에 편향이 존재했음을 알게 된다.

한편 중다회귀분석 모형은 설명변수들 간의 상관관계가 있을 경우, 통계적으로 유의성이 사라지게 된다. 이를 다중공선성(Multicollinearity) 문제라고 일컫는다. 문화자본은 아마도 가구소득과 밀접한 연관이 있을 것이다. 소득이 높아야 다양한 문화활동을 할 수 있기 때문일 것이다. 그리고 부모의 기대수준이 높은 가구일수록 문화자본이 역시 높다고 볼 수 있다. 모형1에서 모형3까지를 보면 문화자본은 통계적으로 유의하게 학업성취도에 긍정적인 영향을 주지만 모형4에서 기대수준변수가 들어가고, 모형5에서 사교육비랑 가구소득변수가 들어가자 음의 값을 갖는 것으로 나타나고 있다.

결과적으로 가구소득이 더욱 중요한 변수임을 의미하기도 한다. 즉, 최종모형을 보면 문화자본은 음의 계수를 가진다. 동일한 가구소득, 교육기대수준일 때 문화자본은 학생들의 성취도에 긍정적인 영향을 주고 있지 않다. 그 이유는 문화자본의 측정문항을 보면 다양한 활동-영화보기 연극보기 등-을 하는 것인데, 어쩌면 이러한 활동으로 인해서 학업에 투자

하는 시간이 감소하기 때문일 수도 있다. 즉 동일한 가구소득, 동일한 부모의 교육기대수준, 학생들의 교과흥미 등 다른 조건들이 동일한 경우에 문화자본이 증가하면, 즉 문화적 활동이 증가하면 다소간 성취도가 감소할 가능성이 있다는 것을 보여준다.

⑤ 계수의 해석 방법 ●

일반적으로 논문작성 시에는 최종 전체모형(모형5)에서 우리가 주요하게 보고자했던 설명변수의 계수와 여타 변수들의 계수를 가급적 모두 해석해줄 필요가 있다. <표 IX-4>의 계수들을 해석해보면 다음과 같다.

> "다른 모든 설명변수들을 통제한 후에 통계적으로 유의하게 여학생이 남학생보다 수학성취도가 평균적으로 2.994점이 높게 나타나고 있다."

> "다른 모든 설명변수들을 통제한 후에 평균적으로 학생의 교과흥미도가 1점 높아지면 통계적으로 유의하게 수학성취도가 0.936점이 높아진다."

이렇게 해석을 해주면 된다. 평균적으로(on average)라는 표현을 우리는 간혹 생략하기도 하는데 엄밀하게 해석을 해주려면 포함시켜야 한다.

한편 교과흥미변수의 효과는 교과효능감보다는 효과의 크기(계수의 크기)가 절반 이하이다. 통계적으로 유의하게 교과효능감은 1점이 높아지면 수학성취도 점수가 2.31점이 더 높아진다. 몰입이나 그릿은 통계적으로 유의하지 않게 나타나고 있다(*이 안붙어 있다). 통계적으로 유의하지 않은 경우는 무리해서 계수 값을 해석해줄 필요는 없다. 왜냐하면 해당 계수가 0과 다르지 않다고 해석이 되기 때문이다. 해당 변수는 종속변수에 유의한 영향을 주지 않는다, 정도로만 해석해주면 된다.

⚲ 계수의 크기-효과를 엄밀히 잘 따져보자

논문들이나 보고서를 보면 계수의 크기를 잘 설명해주지 않고 단지 통계적으로 유의하다, 유의하지 않다만 해석해주는 경우가 드물게 있다. 그런데 계수 값을 해석하는 경우라도 효과의 크기가 큰지, 작은지를 면밀히 분석하는 경우는 많지 않은 것 같다. 하지만 가급적 해석해주는 것이 통계분석연구 결과의 활용도를 높이는 데 도움이 될 것이다.

지금 논의하고 있는 중다회귀분석 사례에서 효과의 크기는 종속변수의 분포, 여기에서는 수학성취도의 분포를 살펴보면서 판단해야 한다. 학생심리변수들 중에서는 교과효능감이 효과의 크기가 상대적으로 큰 편인데 2.31점이 증가하는 경우는 수학성취도의 표준편차가 16점인 상황에서 표준편차의 1/8 수준이다. 이는 아주 큰 효과의 크기는 아니지만 적다고도 볼 수 없다. 1표준편차는 전체 분포에서 약 34%의 학생이 포진해있는 구간이다. 그렇다면 2점은 대략 4%의 성적 순위 이동이 가능한 크기이다.

여타 변수들을 보면 학생이 인식하고 있는 사전성취도의 경우 성취도에 긍정적인 영향을 미치고 있음을 알 수 있다. 교사의 기대수준은 통계적으로 유의하지 않다. 앞의 IV장에서 교육에서의 실험연구 사례로 피그말리온 효과에 대한 소개를 했는데 교사의 기대수준의 문항을 보면 학생들이 더 분발하기를 바라는 교사의 열정을 측정하는 것처럼 보인다. 그렇다면 학생들이 모두 열심히 학업에 매진을 안하는 상황이지 않을까? 학생이 교사의 기대에 부응하지 못하고 있다는 해석도 가능할 것이다.

이처럼 측정단위가 리커트 척도인 경우는 해석하기가 그렇게 어렵지 않다. 1점이 상승하면 계수의 크기만큼 종속변수에 영향 혹은 변화를 주는 것으로 해석하고 종속변수의 분포에서의 위치변화가 큰지 등을 해석해주면 된다.

⚲ 절편 값은 대부분 의미가 없으며 해석할 필요는 없다

그런데 절편 값 그 자체는 해석이 가능할까? 혹은 의미가 있을까? <표 IX-4>의 중다회귀분석 예시에서는 해석이 일단 불가능하다. 왜냐하면 절편은 모든 설명변수들이 0일 때를 의미하는데, 설명변수들이 0의 값을 갖지 않는 경우가 대부분이다. 성별변수의 경우 0이면 남학생이지만, 교과흥미나 몰입 등 대부분의 설명변수들의 최저값이 1이다.

만약 우리가 중다회귀분석 모형에서 설명변수로 성별변수와 로그사교육비, 로그소득만 넣었다면 절편해석이 가능하다. 성별변수가 0이고 사교육비와 소득이 0인 경우(이러한 조건을 가진 사례-학생)의 수학성취도를 의미하게 된다. 그런데 우리가 이러한 사례를 보는 것은 그다지 연구목적상 의미도 없다. 연구목적은 문화자본의 효과를 살펴보는 것이기 때문이다. 따라서 일반적으로 절편 혹은 상수 값은 해석하지 않는다.

○ 더미변수 해석방법

학부모의 자녀에 대한 교육기대수준은 세 개의 범주 변수를 세 개의 더미변수로 만든 후에 전문대졸 이하는 포함시키지 않고 두 개의 더미변수를 포함시킨다고 설명했다. 분석에 포함시키지 않는 교육기대수준1(전문대학이하 졸업)에 해당하는 집단을 우리는 기본집단 혹은 비교집단이라고 부른다. 그리고 중다회귀분석에 포함시킨 두 개의 더미변수의 계수의 값은 기본집단과의 차이를 보여준다.

<표 IX-4>에서보면 부모의 교육기대수준이 일반대학인 경우 전문대학 이하 학생들보다 수학성취도가 평균적으로 2.945점이 더 높으며 이는 통계적으로 유의한 결과이다. 한편 부모의 교육기대수준이 석박사수준이면 전문대학 이하 학생들보다 수학성취도가 평균적으로 5.44점이 더 높으며 이는 통계적으로 유의한 결과로 나타나고 있다. 확실히 교육기대수준이 높아질수록 해당 자녀의 수학성취도가 높은 것을 알 수 있다.

○ 로그로 전환한 변수의 계수 값 해석 방법

다음으로 해석에서 유의해야할 부분은 로그로 전환한 변수이다. 간혹 종속변수도 로그를 취해주는 경우도 있을 수 있다. 만약 우리가 사교육비에 미치는 변수들이 무엇인지를 분석하려면 사교육비를 로그로 전환한 후에 종속변수로 설정해서 중다회귀분석을 수행할 수도 있다. 설명변수, 종속변수를 로그로 전환한 각각의 경우들에 대한 계수 해석은 다음 <표 IX-5>와 같다.

<표 IX-5>에서는 기본적인 회귀분석 계수에 대한 해석과 로그로 전환된 설명변수와 종속변수에 대한 해석방법이 제시되어 있다. 첫 번째 1)은 어렵지 않다. 그런데 2), 3), 4)는 조금 헷갈릴 수 있다. 그러나 차분하게 제시된 해석 방법을 따르면 된다.

표 IX-5 변수 값에 로그를 취해주었을 때 계수의 해석방법

	종속 변수	설명변수	해석 방법
1)	y	B*x	x가 1단위 증가하면 y는 B만큼 변화한다
2)	y	B*ln(x)	x가 1단위 증가하면 y는 (B/100)% 변화한다
3)	ln(y)	B*x	x가 1단위 증가하면 y는 (100*B)% 변화한다
4)	ln(y)	B*ln(x)	x가 1%증가하면 y는 B% 변화한다

출처: Wooldridge(1999)에서 제시된 해석방법을 필자가 풀어서 정리함.

아주 드물게 어떤 논문에서는 2)의 경우에서 B에 exponential, 즉 Exp(B)를 계산해서 B 계수를 해석하는 경우를 본 적이 있는데, 이는 잘못된 해석방법이다. 로그는 x에 취해준 것이기 때문이고 수학적으로도 맞지 않다. <표 IX-4>의 모형5를 보면 로그가구소득의 계수는 0.701이며 통계적으로 유의하게 나타나고 있다. <표 IX-5>의 2)에 제시된 해석방법을 그대로 참조하면 다음처럼 해석하면 된다.

"다른 모든 설명변수들을 통제한 후에 가구소득이 1단위(1만원) 증가하면 수학
성취도가 (0.701/100)% 변화한다"

0.007%가 변화하는 것인데, 큰 변화로 볼 수 있을까? 수학점수를 만약 70점을 받은 학생이 있는데 월평균 가구소득이 50만원 증가한다고 가정하면 0.007% x 50= 0.35%가 증가하게 된다. 즉 이 경우는 70점 x 0.35%=0.245점이 증가하는 셈이다. 생각보다 큰 증가는 아니다.

3)의 사례를 그렇다면 한번 살펴보자. 로그로 전환한 사교육비를 종속변수로 하고 부모의 교육기대수준, 성별 등의 설명변수를 포함한 중다회귀분석을 수행해보면 다음과 같이 산출된다.

로그사교육비=1.561 −0.016*여학생 + 0.75*부모기대수준2 + 0.259*부모기대수준3 + 0.492*사립학교 + 0.298*로그가구소득 이를 표로 제시하면 다음과 같다.

표 IX-6 종속변수: 로그사교육비

변수명	계수	표준오차	t	유의확률
(상수)	1.561***	0.099	15.819	0.000
여학생	−0.016	0.020	−0.798	0.425
부모기대수준2	0.075	0.050	1.512	0.131
부모기대수준3	0.259***	0.052	4.994	0.000
사립학교	0.492***	0.074	6.644	0.000
로그가구소득	0.298***	0.015	20.209	0.000

R-square: 0.095. N=6,379. * p<0.05, **p<0.01, ***p<0.001

위의 표에서는 t와 유의확률 값을 모두 제공해주었다. 여러 모형을 포함시키게 되는 경우 표를 간소하게 만들기 위해서 t와 유의확률 값은 제시하지 않아도 된다. 성별변수와 부모기대수준2(일반대학진학), 두 설명변수는 통계적으로 유의하지 않다. 따라서 계수 값을 굳이 해석해줄 필요는 없다. 부모기대수준3은 통계적으로 유의하게 나타나고 있다. 계수의 해석은 다음과 같이 하면 된다.

> "다른 설명변수들을 모두 통제한 이후에 자녀에게 석박사수준의 교육을 기대하는 부모의 자녀들은 전문대이하의 교육기대수준을 가진 부모의 자녀들보다 평균적으로 사교육비를 (100*0.259=259)%만큼 더 지출하고 있다"

이 경우 더미변수이기 때문에 설명변수가 한 단위 변한다는 것은 기대수준이 석박사이상이 되는 경우이다. 그리고 계수에 100을 곱하면 259%가 된다. 즉, 259%를 더 지출하고 있음을 의미하는데, 2.59배를 더 지출하고 있는 셈이다. 이는 학부모의 기대수준에 따른 상당히 큰 사교육비 지출의 차이로 볼 수 있다.

그렇다면 마지막 4)에 대한 예시, 즉 종속변수와 설명변수가 모두 로그로 전환된 경우의 계수 해석을 살펴보자. 위의 <표 IX-6>에서 로그 사교육비가 종속변수인데 설명변수 중에서 가구소득도 로그로 전환해주었기 때문에 로그가구소득의 계수 해석이 4)의 예시에 해당된다. 해당 계수는 다음과 같이 해석을 하면 된다.

"다른 모든 설명변수들을 통제한 이후에 월평균 가구소득이 1%가 증가하면 월
평균 사교육비 0.298%가 증가한다."

그렇다면 월평균 가구소득이 만약 10%가 증가할 경우는 월평균 사교육비는 2.98%가
증가하게 되는 셈이다. 가구소득과 그대로 완전히 정비례해서 증가하지는 않는 것을 알 수
있다. 만약 1%증가할 때 1%가 그대로 증가하면 완전 정비례로 볼 수 있다. 아무래도 가구
소득의 증가분을 모두 사교육비를 증가시키는 방향으로 지출할 수는 없을 것이다. 그럼에
도 불구하고 사교육비는 가구소득의 증가와 상당한 정적인 상관관계가 있음을 알 수 있다.

⚲ 인과관계의 방향

마지막으로 우리가 계수 해석에서 조심해야할 사안이 있다. 중다회귀분석뿐만 아니라
비실험자료분석에서 우리가 늘 조심해야 할 점은 인과관계의 방향이다. 앞에서 제시된 분
석 예시를 보면 부모의 교육기대수준이 높아지면 학생의 수학성취도가 높은 것으로 나타
나고 있다. 그런데 학생의 수학성취도가 높은 경우, 해당 학생의 부모들의 교육기대수준이
더 높아지게 된 것이라는 역방향의 해석도 가능하지 않을까?

그리고 사교육비가 증가하면 성취도가 높아진다는 해석도 가능하지만, 역으로 성취도
가 높은 학생들이 사교육을 더 많이 받는다는 해석도 가능하다.

여러 변수들을 모두 통제해주기 때문에 고유의 Ceteris Paribus 효과(다른 변수들을 고정
한 이후의 고유의 효과)를 볼 수는 있지만, 관계의 방향성에 대해서는 엄밀한 실험을 한 것이
아니기 때문에 조심스럽게 해석을 할 필요는 있다. 하지만 우리가 이론적으로 종속변수에
영향을 주는 제반 변수들을 다 통제해주었다면, 나름 방향도 인과성의 측면에서 일정정도
해석이 가능할 수 있을 것이다. 하지만 역시 너무 강하게 주장하기에는 어려움이 있고 조심
스러워야 한다.

앞에서 제시된 해석 예시를 보면 사교육비가 수학성취도를 높여준다 등으로 강하게 해
석을 해주지 않았음을 알 수 있을 것이다. 여타 변수에 대한 해석 예시를 보면 강한 인과관
계로 표현을 하지 않았음을 알 것이다.

그렇다면 중다회귀분석결과를 해석하는 간략한 퀴즈를 풀어보도록 하자.

퀴즈1 중다회귀분석 해석

문1〉 초등학생 6학년들의 수학성취도에 영향을 주는 변수들에 대한 분석을 수행한 결과 다음과 같은 다중회귀분석결과가 나왔다. 표의 제목을 적어 보시오. 그리고 이 결과에 대해서 간략히 해석하시오.

수학성취도 = 55 − 5.8 * 남학생 + 2.21*로그가구월평균소득 + 3.2*내적동기 + 8.9*자아효능감 + 1.01*학급규모 + 5.4 * 교사열의 + 5.3*학교시설 + 2.7* 사교육여부

다음 표는 위의 등식을 표로 제시한 것이다.

변수	계수 (coefficient)	표준오차 (standard error)	p-value (유의확률)
절편	55*	11	0.01
남학생	−5.8*	1.2	0.02
로그가구소득	2.21**	0.8	0.001
학업내적동기	3.2*	1.3	0.012
자아효능감	8.9**	2.3	0.001
학급규모	1.01	1.3	0.75
교사열의	5.4*	1.1	0.04
학교시설	−5.3	3.9	0.68
사교육여부	2.7*	0.51	0.045

* $p<0.05$, ** $p<0.01$, *** $p<0.001$

※ 참고로 가구소득은 월평균 만원으로 조사했으며 학급규모는 학급당 학생 수를 의미한다. 교사열의, 내적동기, 효능감 등은 5단계 리커트 척도로 측정했으며, 학교시설은 학생 1인당 시설면적(제곱미터)을 의미한다. 사교육여부는 더미변수로 사교육을 받은 경험이 있는 학생은 1, 없으면 0이다.

문2〉 Ⅷ장의 중다회귀분석결과인 "〈표 Ⅷ-14〉 가구소득 등 학업성취도에 미치는 변수 분석: 중다회귀분석"에서 제시된 설명변수들 중에서 연도변수와 양친여부, 로그월평균가구소득, 로그월평균사교육비 변수들은 통계적으로 유의한지에 대해서 살펴보고 해당 설명변수들의 계수를 해석하시오. 그리고 해석된 계수에 대해서 교육정책적 의미에 대해서 제시해보시오.
그 밖에 본인이 관심이 있는 설명변수에 대해서도 통계적으로 유의한지, 그리고 유의할 경우 계수의 값을 해석해보시오. 해석 시 다음의 변수 설명표를 참조하시오.

〈표〉 7장의 가구소득 중 학업성취도에 미치는 변수 분석에 사용된 변수 설명표

변수명	설명
국어 동등화 점수	국어 성취도 동등화한 점수
수학 동등화 점수	수학 성취도 동등화한 점수
영어 동등화 점수	영어 성취도 동등화한 점수
불안감	때때로 아무런 이유 없이 무척 불안할 때가 있다. 1 '전혀 그렇지 않다' 2 '그렇지 않다' 3 '보통이다' 4 '그렇다' 5 '매우 그렇다'
외로움	때때로 아무런 이유 없이 무척 외로울 때가 있다. 1 '전혀 그렇지 않다' 2 '그렇지 않다' 3 '보통이다' 4 '그렇다' 5 '매우 그렇다'
슬픔	때때로 아무런 이유 없이 무척 슬프고 울적할 때가 있다. 1 '전혀 그렇지 않다' 2 '그렇지 않다' 3 '보통이다' 4 '그렇다' 5 '매우 그렇다'
자살충동	때때로 아무런 이유 없이 죽고 싶은 생각이 들 때가 있다. 1 '전혀 그렇지 않다' 2 '그렇지 않다' 3 '보통이다' 4 '그렇다' 5 '매우 그렇다'
신체운동	지난 일주일간 학교 체육시간을 제외하고 땀이 날 정도로 운동한 총 시간은? 1 '전혀 하지 않음' 2 '1시간 미만' 3 '1시간~3시간 미만' 4 '3시간~5시간 미만' 5 '5시간 이상'
여학생	더미변수. 여학생은 1, 남학생은 0
양(兩)부모 여부	더미변수. 아버지·어머니와 함께 거주하면 1, 그렇지 않으면 0
로그소득수준	월 평균 총 가구소득을 자연로그를 취하여 산출
로그사교육비	월평균 사교육비에 자연로그를 취하여 산출
모 학력수준	어머니 최종학력. 더미변수. 초중고 졸업/2년제대학 또는 4년제대학 졸업/대학원 수료 또는 졸업.
부 학력수준	아버지 최종학력. 더미변수. 초중고 졸업/2년제대학 또는 4년제대학 졸업/대학원 수료 또는 졸업.
부모와 문화활동	지난 1년간 자녀와 함께 다음 활동을 한 수: 과학관이나 박람회 관람, 지난 1년간 자녀와 함께 다음 활동을 한 수: 미술관이나 박물관 관람, 지난 1년간 자녀와 함께 다음 활동을 한 수: 공연이나 음악회 관람, 지난 1년간 자녀와 함께 다음 활동을 한 수: 서점이나 도서관에 같이 감, 지난 1년간 자녀와 함께 다음 활동을 한 수: 캠프에 같이 감, 지난 1년간 자녀와 함께 다음 활동을 한 수: 운동경기장에 가서 운동경기를 같이 관람, 지난 1년간 자녀와 함께 다음 활동을 한 수: 국내외 여행을 같이 감 측정 척도= 1 '전혀없음' 2 '1-2회' 3 '3-4회' 4 '5회 이상'
방과후학교 참여 여부	더미변수. 설문지를 가져 온 자녀는 학교에서 실시하는 방과후학교에 참여하고 있습니까? 참여함: 1, 참여하지 않음: 0
설립유형	더미변수. 국·공립이면 1, 사립이면 0

소속지역교육청	더미변수. '남부교육지원청', '동래교육지원청', '북부교육지원청', '서부교육지원청', '해운대교육지원청'
학교규모	학교규모. 중학교 총 학생수로 산출
취약계층 학생비율	학생들의 사회경제적 환경: 기초생활보장 수급 대상 학생 수 학생들의 사회경제적 환경: 원클릭 교육비 수급 대상 학생 수 학생들의 사회경제적 환경: 특수교육 대상 학생 수 학생들의 사회경제적 환경: 다문화 가정 학생 수 위 학생들의 수를 합한 후 그 값을 총 학생수로 나눈 다음 100을 곱하여 학교별 취약계층 학생비율 변수를 산출
기간제 교사 비율	기간제교사 수를 전체 교사수로 나눈 후 100을 곱하여 산출
학급당 학생 수	학생수를 학급수로 나눈 값

다음 퀴즈2는 더크워스 외(2007)가 수행한 그릿 연구 내용에 대해서 토론해보기 위한 것이다. 읽어보고 분석모형의 적절성에 대해서 토론해보자.

퀴즈2

▶참여자: 미국 사관학교 예비생도 1학년생 전체 1,223명 중 1,218명 대상으로 설문조사 실시. 입학 2,3일차에 설문조사를 수행함.

▶연구과정: 시험 시행자는 예비생도에게 이 연구에 참여여부는 자유의사이며 설문조사결과 내용은 연구목적으로만 사용될 것이며 외부에 개인정보는 공개되지 않을 것이라고 알려줌. 그릿과 자아통제만 설문조사로 데이터 수집.

▶변수: 그릿 척도, 자아통제 척도, 입학총량점수(고교순위, 수능, 리더십잠재역량, 체력적성시험, 표준체력검사평가의 가중평균), 중도포기, 학점, 군사훈련성적(중도포기 등 이 세 변수는 추후 수합)

▶분석결과: 그릿 책(2016)의 맨 앞에서 인용된 사관생도들의 중도탈락에 대한 분석사례를 해당 원 출처인 더크워스 외(2007)를 보면 표는 제시하지 않고 그냥 풀어서 논의하고 있다. 이를 간단히 요약하면 다음과 같다(보통은 표로 많이 제시를 하는데 좀 불친절한 것 같다. 아마 해당 논문에 여러 연구결과를 많이 제시해서 논문분량을 줄이기 위해서 표는 생략하고 그냥 말로 다 풀어서 적은 것으로 보인다).
참고로 ns는 not significance의 약자이며 통계적으로 유의미하지 않음을 뜻한다.

- 상관분석: 그릿과 입학총량점수 (r=0.02 ns)

　　　　　　그릿과 수능점수 (r=−0.05 ns)

　　　　　　그릿과 리더십잠재역량 (r=−0.04 ns)

　　　　　　그릿과 체력적성시험 (r=0.01 ns)

　　　　　　그릿과 자아통제 (r=0.63***)

　　　　　　그릿과 군사훈련점수 (r=0.19***)

　　　　　　자아통제와 군사훈련점수 (r=0.21***)

　　　　　　자아통제와 GPA (r=0.13***)

　　　　　　그릿과 GPA (r=0.06*)

　　　　　　입학총량점수와 군사훈련점수 (r=0.42***)

　　　　　　입학총량점수와 GPA (r=0.64***)

- 편상관계수: 입학총량점수와 자아통제 두 변수를 통제한 이후에 그릿과 군사훈련점수의 상관
　　　　　　계수(r=0.09**). 입학총량점수와 자아통제 두 변수를 통제한 이후에 그릿과 GPA
　　　　　　의 상관계수(r=−0.01, ns)

※ 편상관계수를 본문에서 설명하지 않았는데 중다회귀분석처럼 다른 변수들을 통제한 후에
남은 두 변수 간의 고유의 상관계수를 의미한다. 사실 편상관계수를 구해주는 것이 인과성
에 더 근접할 수 있다. 그러나 일반적으로 그냥 상관계수를 구해줌. 상관분석 결과가 유의하
지 않게 나오는 경우가 많아서 일까?

- 로지스틱 단순회귀분석(설명변수가 하나씩만 포함된 모형): 그릿점수가 1 표준편차 더 높은
예비생도는 중도탈락하지 않을 확률이 60%가 더 높음(B=0.48***, OR=1.6). 자아통제는 1표
준편차가 더 높은 예비생도는 중도탈락하지 않을 확률이 50%가 더 높음(B=0.41**, OR=1.5).
입학총량점수는 1표준편차가 더 높은 예비생도는 중도탈락하지 않을 확률이 9%가 더 높으나
통계적으로 유의하지 않음(B=0.09, ns OR=1.09).

- 로지스틱 중다회귀분석: Grit(B=0.44**, OR=1.55), 자아통제(B=0.12,　ns OR=1.13), 입학총량점
수(B=0.11, ns OR=1.11). 즉 그릿만 다른 두 변수를 통제한 이후에 통계적으로 유의하게 나옴.

※ 로지스틱 회귀분석은 설명을 안하려고 했는데 이 기회에 간략히 해야 할 것 같다. OR은 odd
ratio인데 통계프로그램에서 결과표에 계수와 함께 제시된다. 로지스틱 회귀분석의 계수 해
석을 도와주는 통계인데, x가 한 단위 높아지면(1점 높아지면) 종속변수가 1이 될 확률, 이 경
우는 중도탈락하지 않을 확률(중도탈락은 0 중도탈락이 아니면 1로 코딩되어 있다)이 OR에
서 1을 차감한 만큼의 %가 더 높아지면 해석해주면 된다.

그런데 OR이 1미만이면 역이 된다고 보면 된다. 즉 만약 OR이 0.5로 나오면 50%가 더 낮아진 다고 해석해야 한다. 참고로 그릿, 자아통제, 입학총량점수는 로지스틱회귀분석의 해석을 용이 하게 하기 위해서 평균은 0, 표준편차는 1로 변환시켰다. 1표준편차면 말 그대로 1단위가 1점이 기 때문에 '그릿점수가 1표준편차가 더 높아지면 (OR−1)%만큼 잘 버틸 확률이 더 높아진다'라 고 해석하면 되는 것이다. 다만 설명한 대로 OR−1이 1미만이면 해당 %로 더 낮아진다고 해석 해야 한다.

▶ 분석모형의 적절성에 대한 아주 간략한 논의: 수업시간에 더 상세하게 논의하겠지만 대략적 인 적절성에 대한 논의를 하자면 다음과 같다.
(로지스틱) 중다회귀분석에서 성별변수, 연령변수(개월변수), 인종변수, 가구소득변수, 부모학 력변수 등을 (설문조사해서) 포함시켜서 분석해주었으면 더 좋지 않았을까 싶다. 혹시 모르는 일이다. 이 변수들이 함께 포함되어서 통제되었다면 어쩌면 Grit 변수가 통계적으로 유의하지 않게 나올 수도 있다.
교육심리연구들은 이러한 배경변수보다는 일단 측정한 심리변수들만 살펴보는 경향이 있다. 그러나 이처럼 중도탈락의 감춰진 '원인'을 찾기 위해서는 특히나 가구소득이나 연령변수를 함께 봐야 하지 않을까 하는 생각이 든다.

다음 퀴즈3은 이 장의 마지막 퀴즈이자 이 책의 마지막 퀴즈이다. 앞에서 다중공선성, 그리고 누락 변수 문제에 대한 이야기를 했는데 그에 관한 문제이다. 표의 분석 내용은 앞에서 제시된 모형에서 그릿을 중심으로 다중회귀분석을 수행한 결과이다.

퀴즈3

다음 표는 "그릿이 수학성취도에 미치는 영향"을 분석한 중다회귀분석결과이다. 여러 모형을 제시하고 있는데, 그릿 계수의 크기 변화에 주목해서 그릿이 수학성취도에 미치는 영향에 대해서 논의해보자.

표 그릿이 수학성취도에 미치는 영향: 초등학교 6학년

설명변수	모형1	모형2	모형3	모형4	모형5
(상수)	25.07*** (0.71)	24.51*** (0.71)	18.51*** (0.71)	9.14*** (1.80)	4.53* (1.945)
여학생		1.47** (0.32)	2.68*** (0.31)	2.54*** (0.37)	2.99*** (0.35)
교과흥미			0.92*** (0.22)	0.81** (0.27)	0.97*** (0.254)
교과효능감			5.00*** (0.18)	4.87*** (0.22)	2.31*** (0.23)
몰입			−0.50* (0.20)	−0.47 (0.25)	0.02 (0.24)
Grit	6.53*** (0.20)	6.12*** (0.20)	2.55*** (0.23)	2.29***	0.39 (0.28)
로그사교육비				1.20*** (0.23)	0.93*** (0.21)
로그소득				1.30*** (0.27)	0.70** (0.26)
부모교육기대2					2.94*** (0.87)
부모교육기대3					5.44*** (0.91)
교사기대					−0.29 (0.20)
사전성취					3.42*** (0.12)
문화자본				0.08 (0.18)	−0.53** (0.17)
n	9,419	9,419	9,283	6,328	6,102
R−square	0.09	0.092	0.198	0.19	0.300

* $p<0.05$, ** $p<0.01$, *** $p<0.001$

X. 실험연구 디자인과 분석

종속변수에 영향을 주는 모든 설명변수들에 대한 데이터를 확보한다면, 비실험조사연구 상황에서도 중다회귀분석은 제반 변수가 통제되는 모형이기 때문에 실험실에서의 연구와 거의 유사한 결과와 인과관계 분석에 근접할 수 있다고 언급했다.

그럼에도 불구하고 여건이 된다면 실험연구를 수행해서 통계분석을 하게 되면 나름대로 더 인과관계분석에 근접할 수가 있다. 따라서 이 장에서는 실험연구 디자인과 분석방법에 대해서 간략히 정리해보도록 한다.

1 실험연구의 대표적인 디자인

실험연구 디자인은 Ⅳ장 과학적 연구를 위한 노력들 등의 장에서 대략적인 설명을 하였다. 이를 간단히 요약하면 다음과 같다.

유사한 실험대상집단과 비교대상집단이 선정되어야 한다

이 두 집단은 동일한 배경을 가져야 한다. 예를 들어 키도 비슷하고 몸무게도 비슷하고, 타고난 능력/역량도 유사해야 하고, Grit도 비슷하고, 가정의 소득수준과 생활환경도 비슷해야 한다. 특히 결과변수에 영향을 주는 요인들은 모두 유사해야 한다.

현실적으로 사람은 동일하지 않으며 모두 다른 DNA를 갖고 있기 때문에 동일해야 한다는 조건은 불가능하며 유사해야 하는 것으로도 충분하다. 문제는 현실에서 유사한 배경을 가진 실험집단과 비교집단을 선정하는 것이 쉽지는 않다는 것이다.

모두 눈 가리고 실험해야 한다

두 집단과 연구를 실행하는 연구자 혹은 연구요원이 연구의 목적을 몰라야 한다. 일반적으로 연구를 수행하는 연구자는 본인의 연구의 목적을 알고 있다. 그래서 연구과정을 진행하는 과정에서 연구보조원을 채용해서 연구의 목적을 모르게 한 후 연구를 실행하는 것이 좋다. 그 결과 선택편향도 없어야 하고 호손효과도 없어야 한다.

이러한 실험연구의 진행 과정은 다음과 같이 요약될 수 있다.

표 X-1 실험연구의 이상적인 진행 과정

집단	시작시기의 점검 (t1)	처치 (Treatment)	결과점검 (t2)	변화비교
실험집단(E)	Et1	X	Et2	(Et2−Et1)
비교집단(C)	Ct1	O	Ct2	(Ct2−Ct1)
각 시점 비교	(Et1−Ct1)	일정 시간 경과	(Et2−Ct2)	(Et2−Et1)−(Ct2−Ct1)

　　표 제목에서 "이상적인" 진행 과정이라고 적었다. 그런데 진정한 이상적 과정이 되려면 Et1과 Ct1의 값이 거의 같게 산출되어야 한다. 그래야 아주 이상적인 실험과정이라고 볼 수 있다. 일단 맨 하단 열(Row) 각 시점의 비교에서 t1 시점의 비교는 안해도 되어서 분석이 용이해진다. 실험집단과 비교집단의 시작시기 점검 점수가 거의 동일하기 때문이다. 참고로 시작시기 점검을 일반적으로 사전점검(pretest, 사전시험)라고 일컫는다.

　　그리고 시작시기의 점검 값(예를 들어 사전시험점수 등)이 거의 동일하다는 것은 두 집단-실험/비교-의 배경이 상당히 유사하다는 것을 의미하기도 한다.

　　결과점검(사후점검, 혹은 사후시험이라고도 할 수 있다. 영어로는 posttest라고 일컫는다)을 한 후에 변화비교에서 Et1과 Ct1의 값이 거의 동일하면 굳이 변화량을 산출해주지 않아도 된다. 즉, 앞의 표에서 변화비교에서 Et1, Ct1은 제외해주고, Et2와 Ct2만을 비교해주면 된다. 표의 맨 오른편 칸은 그냥 삭제해주어도 되며 결과점검(t2)의 맨 아래 칸의 각 시점에서의 비교 값 (Et2-Ct2)만 분석해도 된다. 따라서 Et1과 Ct1의 값이 거의 동일하면 상당히 분석하기 간편해지고 좋다.

　　그런데 Et1과 Ct1의 값이 일정정도 다르다면 왜 값이 다르게 나오는지에 대한 원인분석을 해줄 필요가 있으며, 통계적으로 실험결과에 대한 분석에서 많은 어려움이 발생하게 된다. 그 이유는 다음의 두 현상 때문이다.

② **실험분석에서 발생하는 문제: 중간으로의 회귀, 천장효과 문제** ●

앞의 실험분석의 사례에서 증가(성취도의 증가, 변화 등)된 측정 값을 이용해서 결과를 분석하는 데에는 두 가지 현상으로 인한 문제가 있다.

먼저 통계에서는 중간으로의 회귀(Regression to the mean)라는 현상과 천장효과(Ceiling effect)라는 현상이 있다. 평균으로의 회귀는 분포에서 값들이 중간으로 견인되는 현상을 의미한다. 평균 이하의 성취도를 보여주는 학생의 경우는 조금만 더 노력하면 성취도를 평균수준으로 끌어올리기가 '상대적으로' 쉽다. 그런데 평균 이상 성취도를 보여주는 학생의 경우는 상대적으로 상위권으로 성취도를 더 올리기는 어렵다. 평균값으로 점수가 내려가려는 경향이 존재하기 때문이다.

이 현상은 우리가 일반적으로 평균값이라는 것이 모든 학생(케이스)들 간의 최소거리를 산출한 것이기 때문이다. 만약 학생들이 모두 열심히 공부를 한다면 평균값도 상승하게 될 것이다. 따라서 평균 이상의 학생들의 경우 더 열심히 하지 않으면 점수가 평균에 가깝게 될 가능성이 높아진다. 다른 학생들이 기존만큼만 노력할 경우 하위권 학생은 기존보다 약간만 열심히 더 해주면 평균에 근접할 가능성이 높아진다. 여러 가지 이유로 평균으로 좀 '쏠리는' 경향이 생기게 된다.

그리고 상위권 성취도 학생의 경우 사실 더 올라갈 점수가 없다. 변화량을 측정할 때 만약 앞의 표에서 Et1의 값이 100점 만점에 90점이라고 할 경우 아무리 처치효과가 좋다고 할지언정 10점 이상을 올리지는 못할 것이다. 이처럼 상위권 학생의 경우 상승시킬 점수가 제한되어 있는데 이를 천장효과라고 부른다.

만약 처음 실험시작 초반 테스트 결과에서 Et1의 값이 상위권인데 Ct1의 값이 중위권인 경우라면 분석이 어렵게 된다. 상위권 학생보다 중위권 학생이 점수 상승 가능성이 더 높다. 그래서 Et1과 Ct1의 값이 유사해야 이상적인 실험조건이 된다. 물론 t-test를 통해서 두 집단의 사전점검 값이 통계적으로 유의하게 다른지를 살펴보아야 한다. 이 경우에 유의확률이 큰 값으로 산출되어서 통계적으로 유의하지 않게 나오는 것이 좋다. 즉, *이 안 붙는 결과가 나오는 것이 좋을 것이다.

그런데 만약 안타깝게도 사전점수가 실험집단과 비교집단이 너무나 차이가 난다면 연구자는 고민해야 한다. 그냥 이 데이터를 버릴 것인지, 즉 새롭게 연구디자인을 하고 표본을 새로 구해서 연구를 다시 할 것인지를 선택해야 한다. 이는 너무나 괴로운 상황이긴 하다.

③ 말 그대로 이상적인 실험: 모든 상황을 다 통제하였는가? ● ················

Et1과 Ct1의 값이 거의 동일하다고 가정하자. x는 새로운 놀이교육프로그램도입(모래놀이, 야외체험활동, 전시관 관람 등)이라고 가정하자. 그렇다면 앞에서 언급한 바대로 최종 테스트 값만 비교하면 된다. 테스트가 학업성취도나 아동의 발달점검시험결과 값이라고 가정했을 때 Et2와 Ct2의 점수 결과의 평균 비교를 t-test를 통해서 수행하게 될 것이다. 그리고 통계적으로 유의하게 Et2의 점수가 더 높다면 이를 프로그램 효과로 언급하게 될 것이다. 다만 약간 더 섬세하게 고려해서 증가분의 차이((Et2-Et1)-(Ct2-Ct1))를 t-test를 해줄 수도 있을 것이다.

그렇다면 과연 우리는 안심하고 인과관계를 밝혀냈다고 볼 수 있을까? 즉 새로운 놀이교육프로그램이 아동들의 성장발달에 기존 프로그램보다 더 효과적이었다고 단정적으로 결론지을 수 있을까? 일단 이와 같은 교육연구실험에서 우리가 조심해야할 점은 여전히 학생들의 가정환경이라던가 학교에 나오지 않는 시간에 어떤 활동을 하고 있는지를 모른다는 것이다. 만약 실험집단 아동들이 과외활동을 더 많이 하고 있거나 부모가 책을 더 많이 읽어주고 있는 등 비교집단 아동들보다 여러 교육적 활동을 더 많이 하고 있다면 우리는 x라는 교육프로그램의 효과로 인해서 실험집단 아동들의 성취도가 더 증진했다고 보기에는 어려울 수 있다.

보통 이러한 실험은 한 학기 혹은 1년 후, 혹은 정확히는 두 학기가 끝날 무렵으로 사전시험을 3월에 보았다고 하면 사후점검 시험은 11월쯤에 볼 것이다. 즉 한 8개월이 경과한 후에 해당 새로운 프로그램의 효과를 점검해보게 될 것이다. 그러나 아동들의 발달상황은 제각각이고 각 가정에서 여러 다양한 생활과 활동경험들이 존재하기 때문에 정말 x라는 교육프로그램만의 효과인지는 장담하기에는 어려움이 있다.

그래서 "이상적인" 실험과정이었는지는 어쩌면 "블랙박스"로 남아 있다고 볼 수도 있다. 따라서 교육연구에서 아동을 대상으로 하는 교육프로그램 효과 실험의 결과는 늘 조심스럽게 해석될 필요가 있다. 아니면 블랙박스를 열어보면 좋을 것이다. 블랙박스를 열어서 중다회귀분석을 하면 나름 좋을 것이다.

4 **가능하다면 실험연구 데이터도 중다회귀분석을 하면 좋다** ● ···············

가급적 이러한 실험을 시행한다고 했을 경우에도 단순 평균 비교(증가분의 차이(($Et2$-$Et1$)-($Ct2$-$Ct1$))와 더불어 앞에서 언급한 "블랙박스"의 내용들, 예를 들어 아동들의 부모를 대상으로 과외시간에 어떤 활동을 몇 시간 했는지, 주말에 자녀와 함께 책을 읽으면서 보낸 시간, 가구소득, 자녀 수 등을 다 조사해서 중다회귀분석을 추가로 수행할 것을 권하고자 한다.

그렇다면 대략 예를 들면 다음과 같은 회귀방정식이 만들어질 수가 있다.

사전사후검사점수변화량 = b0+ b1*자녀와책보며보낸시간 + b2*가구소득 + b3*아동성별 + b4*실험집단여부

당연히 여기에서 실험집단여부는 더미변수이다. 다른 변수를 고려하지 않고 두 집단, 실험집단과 비실험집단의 사전사후검사점수변화량의 평균을 t-test를 통해서 비교분석을 한다면 사실 아래의 단순회귀분석을 수행하는 것과 동일하다.

사전사후검사점수변화량 = b0+ b1*실험집단여부

하지만 사전사후검사점수변화량에 영향을 줄 수 있는 아동의 가정배경변수, 여타 과외활동, 가구소득, 아동의 성별, 심지어 자녀수 등을 통제해주는 중다회귀분석을 수행하면 교육프로그램실험결과의 인과적 효과에 대해서 나름 더 강하게 주장할 수가 있을 것이다.

그런데 연구를 진행하다보면 시간이 부족하기 때문에 학부생들과 대학원생들이 그렇게까지 추가로 데이터를 확보해서 다중회귀분석까지 수행을 안해도 괜찮다고 생각한다 (블랙박스를 열고 분석하는 것은 정말 많은 시간과 노력이 추가로 필요하다). 교육현장에서 '실험'을 수행하는 것만 해도 정말 많은 수고를 한 것이기 때문이다. 석사학위논문작성을 위해서 다양한 교수법 등 교육프로그램을 현장에서 실험하는 대학원생을 보면 고맙고 대단하다고 생각한다.

⑤   자연실험데이터 아이디어: 사교육금지조치와 계층이동 연구사례 ● ⋯⋯⋯

앞에서 이상적인 실험여건을 살펴보았다. 그런데 실험을 수행하는 것이 쉽지는 않다. 하지만 현실에서 곰곰이 잘 연구해보고 고민해보면 자연실험데이터를 확보해서 연구를 진행해볼 수 있다. 예를 들어 보면 역사적인 교육정책집행 사례라는 자연실험 사례이다.

과거 1980년도에 신군부 쿠데타 직후 교육개혁이 진행된 적이 있다. 그중 대표적인 교육개혁안은 과외(사교육) 금지조치였다. 사교육으로 인해서 가계경제에 부담이 발생하고, 교육격차가 발생하고 학교교육의 내실화가 어렵게 된다는 여러 이유에서 사교육금지 조치가 내려졌다. 모두 학교에서 열심히 공부를 해야 했으며 부모님 세대의 경우 사교육비 부담을 덜게 되었다.

그런데 89년도 경에 과외금지조치는 위헌 판결을 받고 다시 사교육이 창궐하는 상황을 맞이하게 되었다. 필자는 운이 좋아서 대학에 입학하면서 사교육금지 조치가 해제되었기 때문에 고교시절에 다른 모든 학생들과 함께 본인의 힘으로만 공부를 하면서 나름 공정한 경쟁을 할 수 있었다.

본론으로 돌아가 만약 사교육금지조치의 효과를 살펴보고자 한다. 이러한 경우는 다른 국가랑 비교하기에는 너무나도 배경조건이 다르기 때문에 이상적 실험 비교가 어렵다. 그렇다면 과외금지 조치 '시기'와 조치의 실행 '전'과 실행 '후'를 비교하면 어떨까?

이와 관련한 연구가 진행된 적이 있다[38]. 여유진 외(2011)에서는 부모 직업을 상위, 하위로 구분하고 자녀 직업 역시 상위, 하위로 구분해서 이행행렬을 만들어서 과외금지 이전 세대와 과외금지 세대, 그리고 이후 시대의 오즈비를 산출하는 방식으로 비교를 수행하였다. 과외금지조치 이전 세대와 이후세대가 비교집단, 과외금지조치 세대가 실험집단인 셈이다.

표 X-2   오즈비 산출을 위한 이행행렬 교차표(2x2)

		자녀 직업	
		하위	상위
부모직업	하위	a	b
	상위	c	d

⋯⋯⋯⋯⋯⋯⋯⋯⋯⋯

38 여유진, 김문길, 장수명, 한치록(2011). 계층구조 및 사회이동성 연구. 한국보건사회연구원

먼저 오즈비 산출을 이해하기 위해서는 <표 X-2>의 이행행렬 교차표를 잘 살펴보도록 한다. 부모가 상위직업일 경우 상위직업에 귀착할 가능성을 하위직업으로 귀착할 가능성에 대한 비율 구하면 d/c가 된다(상위 직업 출신의 오즈). 그리고 부모가 하위직업일 경우 상위직업에 귀착할 가능성을 하위직업에 귀착할 가능성의 비율은 b/a가 된다(하위 직업출신의 오즈). 이 두 비율을 나누면, 즉 $\frac{d}{c}/\frac{b}{a}$ 를 계산하면 오즈비율(혹은 오즈비)이 산출된다. 이는 상위계급에 머무르거나 올라갈 가능성의 비율을 의미한다. 이 값이 클수록 소득이동성이 낮은 것을 의미하게 된다. 즉 상위직업의 부모 밑에서 자란 자녀의 상위계급에 머무를 비율이 더 높다는 것을 의미하게 된다. 역으로 오즈비가 낮으면 부모직업과 비교해서 자녀의 상위직업으로의 이동성이 높다는 것을 의미하게 된다.

이 연구는 한국노동 연주원의 노동패널 데이터를 이용하였다. 노동패널 데이터에서는 해당 조사대상자의 부모의 직업을 조사하고 있으며 대상자 본인의 출생연도와 직업도 조사하고 있다. 연령별로 보면 아래 그림 X-1에서 10에서 14까지가 과외금지조치의 혜택을 받은 세대이다.

그리고 그림을 보면 비교가 된다. 다만 6번 코호트, 41~45년생과 5번 코호트도 상대적으로 다른 과외금지 이전 세대 중에서는 상대적으로 계층이동성이 좋은 편이다. 그리고<표 X-3>15, 16코호트는 사례수가 너무 적다는 한계가 있다. 그렇다면 확실하게 과외금지조치 세대가 그 전 세대나 그 이후 세대 보다 계층이동성에서 더 높아졌다고 결론을 내릴 수 있을까?

표 X-3 출생연도 코호트 번호

코호트	출생연도	인원	코호트	출생연도	인원
1	1916~20	6	9	1956~60	743
2	1921~25	29	10	1961~65	768
3	1926~30	61	11	1966~70	874
4	1931~35	135	12	1971~75	927
5	1936~40	270	13	1976~80	723
6	1941~45	359	14	1981~85	403
7	1946~50	504	15	1986~90	67
8	1951~55	593	16	1991~95	4

출처: 여유진 외(2011)

그림 X-1 세대별 계층이동성 오즈비: 낮은 오즈비 값이 계층이동성이 높음을 의미함

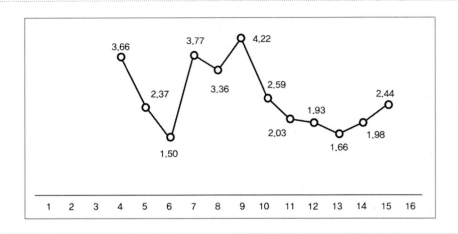

출처: 여유진 외(2011).

　해당 보고서를 작성한 연구자들은 다소간 강하게 주장을 하고 있지만 이에 대한 단정적 결론을 내리기에는 쉽지 않다. 왜냐하면 과외금지조치가 계층이동을 활성화시켰다고 인과관계를 주장하려면 그 전 세대와 그 이후 세대가 과외금지조치 외에 다른 환경은 모두 유사해야 한다. 문제는 한국사회가 상당히 역동적이어서 경제성장률이 해당 시기에 다를 수도 있다.

　그리고 출생아 수도 매년 다르며 정치적 여건도 다르다. 물론 우연의 일치인지는 몰라도 어느 정도 과외금지 세대의 경우는 계층이동성이 좋았다. 그것이 과외금지조치 때문일 수도 있지만 아닐 수도 있다. 이 부분은 수업시간에 토론하면 좋을 것으로 보인다.

　이러한 역사적 사건에 대해서는 앞에서 제시한 인류역사 발전과 관련된 총균쇠 저서에서 제시된 바처럼, 일종의 실험집단과 비교집단이 존재하면 좋을 것이다. 그러나 전국단위로 어떤 교육개혁조치가 취해지면 실험집단은 전후 세대가 된다. 연구자들은 어떤 정책이 시범적으로 시행되는 것을 사실 은근히 원한다. 어떤 교육정책의 시범연구학교와 일반학교 간 비교하는 연구를 할 수 있는 기회가 생긴다.

　그런데 2022년도에 논쟁이 된 만 5세 초등학교 입학 정책이 추진되었다면 연구자들은 과거 이해찬 세대에 대한 논쟁처럼(이해찬 세대에 대한 통계 데이터 분석을 시도한 연구가 있는지는 확인해보진 않았다), 만5세 초등입학 세대와 그 이전 세대 간의 향후 성취도나 대학 진학,

취업 등에서의 효과 연구를 해야 하는 과제를 안게 된다.

　인과관계여부를 떠나 과외금지조치 세대와 같은 괜찮은 결과(계층이동성이 높아지는 결과)가 나온다면 그나마 다행일 것이다. 그러나 만5세 입학생들의 대학진학률이 악화되고 오히려 노동시장진입도 늦어지는 등 부작용이 더 많이 발생되었다는 연구결과가 나온다면 이 책임은 누가 져야 할 것인가? 역사적 자연실험을 할 수 있는 상황이 발생되는 경우는 모두가 동의하는 상황에서 신중하게 결정되어야 할 것이다.

⑥ 실험집단만 존재해도 괜찮은 경우 ●

　비교집단이 별도로 없이 실험집단만을 통해서도 나름 괜찮은 연구성과를 얻을 수 있다. 즉, 비교집단없이도 실험집단을 대상으로 반복실험을 함으로서 원하는 연구문제에 대한 해답을 얻을 수 있는데, 이는 연구문제의 내용과 성격에 달려 있다.

○ 경제학에서의 실험집단만 있어도 되는 연구 사례

　일단 경제학에서 사람들의 선호도에 대한 연구 사례가 있다. 경제학은 사람들은 합리적 선택을 한다는 이론이 주류이다. 즉, 최대한 이익을 극대화하는 행동을 한다는 것이다. 교육행정에서 정책의사결정 관련해서 합리적 선택모형(Rational Choice Model), 점진주의모형(Incremental Model), 쓰레기통 모형(Garbage Can Model) 등이 논의되는데, 여기에서 언급되는 합리적 선택모형이 바로 경제학으로부터 도입된 모형이다.

　더 세부적으로 언급하자면 경제학에서는 기대효용이론이라고 사람들이 확률적으로 효용가치가 가장 높은 선택을 한다는 이론이 있다. 사람들이 그렇다면 최대효용을 선택한다는 이 기대효용이론이 과연 현실에서 제대로 작동하는지를 살펴보는 연구과제에서는 굳이 비교집단이 필요없다. 100여명의 사람들을 대상으로 설문조사를 해서 과연 최대효용 선택지를 택할 것인지를 보기만 하면 되기 때문이다[39].

　예를 들어 100명의 사람들에게 다음의 문제를 주고 답하게 한다.

---

39 Kahneman and Tversky(1979). Prospect Theory. Econometrica, 47(2), 263–291.

① 다음 A, B 중 어느 것을 선택할 것인가?

A: 2,500달러를 확률은 33%, 2,400달러를 받을 확률은 66%, 0달러를받을 확률은 1%

B: 2,400달러를 받을 확률 100%

위의 문제를 기대효용확률에 따른 기대 값을 계산하면 A는 2,409달러, B는 2,400달러가 된다. 경제학의 기대효용이론에 따르면 대부분의 사람들이 A를 선택해야 할 것이다. 적어도 확률적으로 9달러를 더 받을 수 있기 때문이다. 그러나 설문조사 결과 82%의 응답자가 B를 선택한다. 사람들은 불확실성을 기피하고 좀 더 확실한 것을 원하는 경향이 있다는 것이다.

경제학에서 실험연구를 통해서 이러한 인간의 선호도 등의 경향을 연구한 분야가 행동경제학 분야이다. 이와 같은 연구에서는 비교집단은 없어도 된다. 실험집단만 있어도 충분히 연구가 이루어지는 사례가 된다. 물론 당연히 비교집단을 이용해서 연구할 수도 있다. 여하간 연구문제설정에 따라서 비교집단의 필요성이 결정되는 연구 사례도 있다.

⌕교육학에서의 실험집단만 존재해도 되는 연구 사례

그렇다면 교육연구에서는 실험집단만 있어도 되는 연구가 있을까? 사실 실험연구가 아닌 대부분의 비실험조사가 실험집단만 있는 경우로도 볼 수 있다. 사교육비 지출이 성취도에 미치는 영향과 같은 연구는 모두 사교육비를 지출하는 경우이다. 다만 지출비용의 차이만 존재한다. 우리가 더미변수를 만들어서 사교육을 받지 않는 학생과 사교육을 받는 학생의 성취도를 비교한다면 일종의 실험집단(사교육을 받는 학생), 비교집단(사교육을 받지 않는 학생)으로 일컬을 수도 있다. 그러나 그렇지 않고 사교육비 금액의 변화가 성취도 변화에 어떠한 영향을 주는지를 보면 모두가 실험집단인 셈이다.

연구주제와 내용에 따라서 비교집단을 만들어서 실험을 하기 어려운 연구주제도 있으며 실험대상만을 선정해서 진행해야 하는 연구도 있을 수 있다. 대표적인 연구가 칙센트미하일의 몰입(Flow) 연구가 있다.

Flow는 일종의 '상태'로서 한국말로는 몰입으로 번역이 되고 있다. 완전히 일의 흐름에 빠져들어서 무아지경과 같은 상태에 있는 경우를 의미한다. 몰입상태를 좀 더 정확하게 분석하고 측정·평가하는 방법으로 칙센트미하일은 경험표집방법(Experience-Sampling Method)을 고안했다[40].

이 기법은 칙센트미하일이 1970년대에 고안한 것으로 실험대상자, 혹은 연구참가자들에게 삐삐를 1주일 동안 차고 다니게 한 뒤 삐삐[41]가 울릴 때마다 책자에 무엇을 하고 있었으며 어떤 기분상태인지를 적어 넣게 하였다. 그래서 해당 기록을 계량적으로 분석한 것이다. 삐삐가 울릴 때 사람이 직면한 도전, 그리고 같은 시각에 그가 스스로 인식하고 있는 자신의 기술 혹은 역량, 이 두 가지를 10점 만점으로 평가해서 도전과 기술 모두 그 사람의 1주일 평균보다 높으면 몰입상태에 있는 것으로 분석하였다.

이렇게 실험대상자를 분석해보니 몰입상태에 있는 시간대가 주로 자유시간보다 업무시간일 때 3배나 높게 나왔다고 한다. 청소년들을 대상으로 똑같은 방법으로 실험을 해서 데이터를 수집해보니 40% 이상의 학생들이 공부할 때나 숙제할 때 몰입상태에 있는 반면, TV를 시청할 때에는 8% 밖에 되지 않았다고 한다.

한편 자유시간 중에서는 드라이브할 때, 친구나 가족들과 대화할 때가 몰입을 가장 많이 느끼는 활동이었고, 집안 청소 등의 유지보수 활동은 가장 몰입이 낮은 활동으로 분석되었다.

이 연구방법은 나름 획기적인 아이디어이다. 왜냐하면 단순히 설문조사로 본인이 어떤 활동을 하고 있을 때 몰입감을 느끼냐고 물어보는 경우에는 응답자가 완전히 눈 가린 상태가 아니라 '아, 이 연구는 내가 뭔가 집중할 때 어떤 상황인지 등을 파악하려는 연구구나'라고 지레짐작을 할 수가 있어서 편향된 응답경향이 발생할 수 있다. 그에 따른 측정편향, 혹은 측정오류가 생길 가능성이 높다.

그런데 사람들이 실제 일상에서 업무를 하거나 여가를 즐기고 있을 때 삐삐가 울리면 그에 반응해서 당시의 활동과 기분과 상태를 적게 하는 이 연구측정방법은 상당히 기발한 아이디어다. 실험대상자가 본인이 참여한 실험이 도대체 뭘 하고자 하는 것인지를 모르는

---

40 Csikszentmihalyi(1993). The Evolving Self. 김우열 옮김. 몰입의 재발견을 참조.

41 삐삐는 일종의 호출기이다. 핸드폰이 출시되기 전에 몇 년간 유행한 적이 있다. 필자의 기억으로는 90년대 초중반에 한국에서 유행한 것 같다. 예를 들어 여자친구가 남자친구에게 삐삐를 선물해주면, 남자는 삐삐를 허리띠에 차고 다닌다. 여자친구가 삐삐번호로 전화를 걸고 8282번호를 입력하면 남자친구 허리띠에 있는 삐삐가 진동하면서 8282가 뜬다. 그러면 빨리빨리(8282) 여자친구에게 전화를 해야 한다. 필자가 여자친구에게 삐삐를 선물받았다는 건 아니다. 부모님이 필자에게 삐삐를 사줘서 술 마시고 있을 때 집에 빨리빨리 들어오라는 연락을 주로 받았었다.

상태에서 응답하기 때문에 편향이 발생하지 않는다는 측면에서 상당히 실험실에서 대상자를 관찰해서 얻는 효과와 같은 측정이 이루어질 수 있다. 우리가 일일이 몰래 실험대상자 옆에서 일에 몰입하고 있는지를 숨어서 관찰하지 않아도 되는 효과적 방법이다. 삐삐를 이용한 경험표집방법은 상당히 창의적인 측정방법이다.

XI. 마무리

지금까지 교육통계연구방법에 대해서 감을 잡고 연구논문을 작성하기 위한 방향을 잡는데 있어서 도움이 되는 여러 아이디어들을 설명하는 강의 내용을 정리해보았다. 좀 더 세부적으로 로지스틱 회귀분석 등도 포함하고 어떻게 분석해야 하는지 등을 좀 더 논의하면 좋았을 것 같다는 생각도 든다. 그렇지만 학생들과 수업을 하다보면서 지금까지 내용을 넘어서게 되면 1학기로는 부족하다는 것을 알게 되었다.

그래서 일단 한 학기 동안 학생들과 기초적인 교육통계연구방법에 대한 큰 시각을 그릴 수 있는 강의 내용만으로 마무리하고자 한다. 그렇다면 이제 II장에서 제시된 퀴즈를 한 번 풀어보자.

1 퀴즈정답 ●

첫 번째 퀴즈에 대한 답은 '바람'이다(정확히는 '바람의 방향'). 매주 수요일 점심시간대마다 바람이 맥도날드 뒤편(북동편)에서 경제학과 건물 쪽으로 불었다. 그로 인해 맥도날드 햄버거와 감자튀김의 달콤한 냄새가 학생들을 더 햄버거를 먹도록 자극했던 것이다. 그래서 수요일 점심시간에 매출이 크게 증가한 것이다.

참고로 이 퀴즈의 출처는 필자가 2002년 쯤에 미시간 주립대에서 계량경제학 수업을 수강하는데 피터 슈미트 교수님이 강의시간에 이야기한 내용에 근거하고 있음을 밝힌다. 이 이야기는 지어낸 이야기인데 인과관계분석이 쉬운 일이 아니라는 것을 설명해주기 위한 '가상의 예시'이다.

두 번째 퀴즈의 정답은 스티븐 레빗과 스티븐 더브너의 괴짜경제학(안진환 옮김) 책을 읽어보면 세부적인 분석 내용을 알 수 있다. 예전에 어느 분에게 이 퀴즈를 내드렸더니 그 책을 읽긴 했는데, 정답이 기억이 안 나신다고 하셨다. 너무나도 당연한 원인으로 생각하셨거나 별로 인상적인 이야기가 아니었나 보다. 최근에 이 정답과 관련되어서 불법화, 금지해야 한다고 해서 미국에서 다시 크게 이슈가 된 바가 있다. 답은 '낙태허용'이다. 세부적인 내용은 괴짜경제학 책을 읽어보길 바란다.

세 번째 퀴즈는 윌리엄 맥어스킬의 냉정한 이타주의자(전미영 옮김)를 읽어보면 정답을 찾을 수 있을 것이다. 답은 '구충제 제공'이다. 소화가 안되고 탈이 나고 아프면 학생들은 학교에 못나오게 된다. 학생들의 몸이 불편하면 학교에서 교과서를 무상으로 나눠주고 제반 교육자재들을 풍부하게 지원해주고 학급규모가 15명 정도로 최적화되어 있어도 출석률은 높아지지 않는다. 기본적인 복지의 중요성을 보여주는 사례인데 원출처는 Miguel and Kremer(2004)이다.

당연히 이 세 퀴즈 정답과 관련해서 수업시간에 함께 학생들과 토론하고 이야기를 나눌 것이다. 이 퀴즈를 낸 취지는 인간과 사회, 그리고 교육과 관련된 연구에서 인과관계 분석을 위한 연구가 참 어렵다는 점, 그리고 우리가 어쩌면 세상의 어떤 문제에 대해서는 정확하지 않은 정답을 가지고 있을 수도 있다는 점을 함께 고민해보기 위한 것이다.

2 몇 가지 생각들

몇 가지 생각들에 대해서 간략히 언급하고 이 책을 마무리하고자 한다.

구조방정식을 안 가르쳐주는 통계학과 교수

미시간 주립대학교 박사과정에 있을 때 통계학과의 수업을 여러 개를 수강한 적이 있었다. 나름 재미도 있었고, 듣다보니 통계 패키지도 다루는 법도 배우고 좋았다. 그런데 박사과정 지도교수께서 통계학 수업을 집중해서 듣는 필자를 그다지 좋게 여기시지 않으셨다. 교육정책이론 공부는 멀리하고 갑자기 통계학과 수업에 관심이 가 있으니 밉게 보일만 했다. 그래서 통계학과에서 통계학 수업을 좀 듣다가 멈추었다.

당시 마지막으로 통계학과에서 수강하던 수업은 행렬(matrix)로 가득 찬 다중통계분석방법론이었다. 그런데 수업시간에 강의하시던 교수님이 구조방정식 부분을 강의하지 않고 건너뛰신 적이 있었다. 그러자 함께 수업을 듣던 대학원생들이 왜 스킵(Skip)하냐고 질문을 하자 그 교수님은 구조방정식은 통계를 너무 자유스럽게(liberally) 사용해서 문제가 있는 모형이기 때문에 가르치고 싶지 않다고 하셨다.

구조방정식 모형은 심리학에서 많이 사용하는 모형이지만 비판도 많다. 기본적인 인과성을 밝히기 위한 통계분석의 조건 "다른 조건들을 통제한 후에"를 빼먹고 너무 지나치게 화살표를 과감하게 그어나가는 문제를 보여주고 있기 때문이다. 그러니 통계학과 교수님은 별로 가르치고 싶지 않았던 것이다. 하지만 학생들이 간략히 설명만 해달라고 하니 비판과 더불어 간략하게 행렬로 설명을 해주고 넘어갔던 적이 있다.

한국에서 논문심사를 하다보면 구조방정식 모형을 사용해서 분석한 경우를 간혹 보게 된다. 그러면 종속변수에 영향을 주는 여러 요인들이 통제가 안되었기 때문에 한계가 있다는 지적사항을 적어준다.

중다회귀분석에서 모형을 여러 개 만들면서, 즉 설명변수를 하나, 그리고 서 너개, 그리고 전체 모형으로 모두 넣어주는 과정에서 문화자본 계수의 값이 변화하는 것을 보았을 것이다. 구조방정식에서 설명변수들이 종속변수에 미치는 영향력은 어떻게 구조를 짜느냐에 있어서 계수의 값에 변화가 있을 수 있다.

즉, 구조방정식 모형은 우리가 비실험자료를 이용해서 나름 실험실에서 연구한 결과에 근접한 "다른 제반 변수들을 통제한 후에" 우리가 보고자 하는 주요 설명변수의 Ceteris Paribus 효과를 살펴보기에는 어려움이 있다. 그래서 구조방정식모형을 사용하지 말고 중다회귀분석을 가급적 했으면 하는 생각이다. 물론 어쩔 수 없이 구조방정식을 이용해야할 상황이면 종속변수에 영향을 주는 제반 변수들을 잘 통제해주어야 할 것이다.

⚲ 교육통계데이터 속에 감춰진 현장 이야기에 대한 고민

교장공모제 효과 연구를 해보면 예상과 다르게 교장공모학교 교사들의 만족도가 낮게 나온다. 그 이유는 무엇일까? 사실 통계연구는 주어진 혹은 조사된 변수들의 영향력이 통계적으로 유의한지 여부만 살펴보지, 영향력이 왜 없는지 혹은 있다면 왜 발생하는지에 대해 구체적으로 대답해 주지는 않는다. 그에 대한 구체적인 대답은 나름 직관적인 사고나 여러 현장 연구경험에 근거하여 연구자들이 조곤조곤 적을 뿐이지만 다 한계가 있다.

교장공모제를 시행하고 있는 학교교사와의 면담 등 질적 연구결과, 교장공모제 학교의 경우는 공모교장이 연임을 하기 위해서(공모교장은 4년 더 연임해서 총 8년을 교장으로 근무할 수 있다) 이런 저런 사업을 밀어붙이면서 학교 교사들의 만족도를 하락시키는 문제가 있다.

통계연구를 하다보면 이러한 현장의 상황을 고민하고 파악해야 할 경우가 많다. 앞에서 사례로 제시한 중다회귀분석의 문화자본의 효과를 보면 이론적으로는 학업성취도에 긍정적인 영향을 주어야 하는데 그렇지 않게 나온다. 왜 그럴지에 대해서 해당 문화자본을 측정한 문항을 세밀하게 분석하고 현장에 대한 구체적인 상황을 파악해야 한다.

학급규모의 경우도 일반적인 상식과의 다르게 클수록 학업성취도가 높게 나온다. 역으로 학급규모가 작은 학교에서 공부하는 학생들의 경우 성취도가 낮게 나온다. 그렇다면 이러한 현상을 어떻게 해석해야 할 것인가? 이는 우리가 통계적으로 통제하지 못한 변수들-사회자본이나 학생들의 네트워크(혹은 Peer Effect) 등의 영향으로 인해서라고 해석해볼 수도 있다.

그러나 학급규모는 어쩌면 학업성취도에 영향을 주지 않을 수도 있다. 학급규모가 아니라 더 중요한 요인이 있을 수 있으며 학급규모 효과가 나타나기 위해서는 여러 전제조건들이 깔려 있을 수 있다.

이러한 통계분석결과의 해석내용에 대한 고민은 좀 더 진지하게 이루어질 필요가 있다. 교육연구를 수행하는 학생들과 연구자들이 구체적인 통계데이터와 그 밑에 감춰진 여러 이야기들에 대한 고민이 필요하지 않을까 싶다. 본인이 설정한 연구문제에 따른 설명변수가 통계적으로 유의하게 나왔다고 혹은 나오지 않았다고 일희일비하는 것보다는 해당 통계결과를 있는 그대로 제시하고 숫자 밑에 감추어진 현장의 변화를 위한 여러 비밀들-교육관련 이념의 문제, 제도의 문제, 인센티브의 문제, 교수법의 문제 등-을 다 같이 해결해 나가기 위해 많은 고민을 해나가면 좋겠다.

부록

SPSS에서 Ⅵ장의 통계분석결과 산출 방법 안내

본문의 Ⅵ장에서 변수 유형에 따른 통계분석 방법을 설명하였다. 해당 통계분석방법을 SPSS에서 산출하는 방법을 간략히 설명하고자 한다. 잘 읽어 보면서 SPSS의 데이터 창을 띄운 후에 아래 언급한 내용을 따라서 잘 클릭하면 해당 통계분석 결과가 산출된다.

1 기술통계표 얻기: 평균, 표준편차, 최솟값, 최댓값, 그리고 빈도표

① SPSS 데이터 세트를 열면 윗 편에 "분석"이라는 글자가 보일 것이다. 분석을 클릭하면 "기술통계량"라는 단어가 나타날 것이다. 기술통계량에 커서를 갖다 대면 "빈도분석", "기술통계" 등의 단어가 뜨게 된다.

② 변수가 더미변수나 범주변수면 "빈도분석"을 클릭하면 '빈도분석'이라는 명칭의 조그마한 창이 뜬다. 본인이 원하는 변수를 클릭해주고 왼편 아래 '확인'을 클릭하면 빈도표가 산출된다.

③ 분석변수가 연속변수이면 빈도분석 대신에 "기술통계"를 클릭해주면 기술통계라는 조그만 창이 뜬다. 역시 본인이 분석해야 하는 변수를 클릭해주고 왼편 아래 '확인'을 클릭하면 기술통계표(평균, 표준편차, 최솟값, 최댓값)가 산출된다.

2 설명변수랑 종속변수 모두 범주변수: 카이스퀘어 테스트

① SPSS에서 "분석"을 클릭하면 기술통계량이 보인다. 그러면 "기술통계량" 위에 커서를 올리면 오른편에 빈도분석, 기술통계, 데이터 탐색, 교차분석 등이 뜨는데, "교차분석"을 클릭한다.

② 교차분석이라는 조그만 창이 뜬다. 교차분석에서 설명변수에 해당하는 범주변수를 행(O)로 클릭해서 옮기고, 종속변수에 해당하는 범주변수를 열(C)로 옮긴다.

③ 해당 조그만 창에서 오른편에 "통계량"을 클릭해서 "카이검정"을 클릭해주고, "계속"을 누른다.

④ 다시 해당 조그만 창에서 오른편의 "셀"을 클릭한 후에 빈도에 "관측빈도(O)"를 클릭해주고 퍼센트의 "행(R)"을 클릭해주고 "계속"을 클릭한다.

⑤ 일단 기본적인 설정이 된 것이다. 최종 왼편 아래 편의 "확인"을 클릭해주면 행렬표가 산출되고 카이스퀘어 값과 p-value 값이 산출된다.

3 설명변수가 더미변수이고 종속변수가 연속변수인 경우: t-test

① SPSS에서 "분석"을 클릭하면 "평균비교"가 보일 것이다. 평균비교에 커서를 올리면 "독립표본 T검정"이 보일 것이다.

② "독립표본 T검정"을 클릭하면 조그만 독립표본 T검정 창이 뜬다. 이 때 설명변수인 해당 더미변수를 클릭해서 "집단변수"로 설정해주고 "집단정의"를 클릭해서 대부분 1과 2로 코딩되어 있으니까 1,2로 입력해주고 확인을 누른다.

③ "검정변수"에 종속변수를 설정해준다. 그리고 왼편 아래 확인을 클릭하면 t-test 결과가 나온다.

④ t-test 분석결과 창에는 Levene의 등분산 검정이 표의 왼편에 먼저 나오는데, 왼쪽편에 F 오른편 칸의 유의확률이 0.05보다 작으면 바로 옆에 있는 t값이 아니라 바로 아래의 t값을 사용하고 그 오른편에 나란히 있는 유의확률을 사용하면 된다.

* 만약 F 오른편 칸의 유의확률이 0.05보다 크면 그냥 바로 옆 오른편에 있는 t값과 그 오른편에 나란히 있는 유의확률을 사용하면 된다.

4 설명변수가 3개 이상의 범주변수이고 종속변수가 연속변수인 경우: ANOVA/F-test, 그리고 사후검증

① SPSS에서 "분석"을 클릭하면 "평균비교"가 보일 것이다. 평균비교에 커서를 올리면 아래에 "일원배치 분산분석"이 보일 것이다.

② "일원배치 분산분석"을 클릭하면 조그만 일원배치 분산분석 창이 뜬다.

③ 조그만 창에서 3개 이상 범주변수를 요인으로 클릭해서 설정해주고, 연속변수인 종속변수를 클릭해 설정해준다.

④ 오른편의 "사후분석"을 클릭해서 "scheffe"를 클릭해서 설정해주고 '계속'을 누른다.

⑤ 클릭했던 사후분석 아래 "옵션"을 클릭해주면 통계량이 뜨는데 "기술통계"를 클릭해주고 '계속'을 클릭한다.

⑥ 최종 왼편 아래의 "확인"을 클릭해주면 기술통계표와 F-test 결과 값, 그리고 사후검증결과 표가 산출된다. 이 결과를 정리해주면 된다.

5 설명변수와 종속변수가 모두 연속변수: 상관관계분석

① SPSS에서 "분석"을 클릭하면 앞의 분석방법에서 제시된 많은 명령어 단어가 뜨는데 이 중 "상관분석"위에 커서를 올리면 "이변량 상관"이 보이게 된다.

② "이변량 상관"을 클릭하면 "이변량 상관계수"라는 조그만 창이 뜨게 된다. 그러면 상관분석을 할 연속변수들을 설정해주고 왼편 아래 "확인"을 눌러주면 피어슨 상관관계 표와 p-value가 산출된다.

6 설명변수가 여러 개이고 종속변수가 연속변수일 경우: 중다회귀분석

① SPSS에서 "분석"을 클릭하면 앞의 분석방법에서 제시된 많은 명령어 단어가 뜨는데 이 중 중 간부분에 "회귀분석"에 커서를 올리면 "선형"이 보이게 된다.

② "선형"을 클릭하면 "선형회귀"라는 조그만 창이 뜨는데, 독립변수들을 모두 함께 설정해주고, 종속변수를 선택해주고 왼편 아래 "확인"을 클릭해주면 기본적인 중다회귀분석결과가 산출된다.

③ R-square 값과 각 설명변수의 계수 값(B 아래 칸에 적혀 있다)과 표준오차(표준화 오류라고 적힌 칸에 해당한다) 그리고 t값과 유의확률이 표로 제시된다. 표준화 계수 베타 값도 제공되는데 이 는 설명변수를 z-score로 표준화했을 때 산출되는 계수이다. 그냥 비표준화 계수인 B와 표준화 오류의 값을 정리해주면 된다.

참고문헌

교육부(2019) 학종실태 조사자료.

교육부(2019). 학종실태 조사자료. 조승래의원실 보도자료

권순형(2021). 교사의 행정업무 투입 시간에 영향을 미치는 요인 분석. 지방교육경영, 24(2), 153-180.

김양분 외(2005). 교육만족도 지표 지수개발 연구. 한국교육개발원.

김창환 외(2014). 한국의 교육지표, 지수 개발 연구(Ⅲ): 대학생 역량지수 개발 연구. 한국교육개발원

나민주 외(2008). 교장공모제 학교의 효과 분석. 충북대학교 지방교육연구센터.

노종희(2021). 교원 직무만족의 개념화 및 측정에 관한 연구. 교육행정학연구, 19(2), 163-181.

성병창, 김달효(2007). 교육감 주민직선제에 관한 교원들의 요구와 개선 방안: 부산광역시 교육감 주민직선제를 중심으로. 교육행정학연구, 25(2), 377-399.

아리스토텔레스, 정치학. 김재홍 옮김. 길.

여유진, 김문길, 장수명, 한치록(2011). 계층구조 및 사회이동성 연구. 한국보건사회연구원

오영재, 박행모(2005). 농촌 소규모 중학교의 행정인력 운용 구조 개선에 관한 연구. 한국교육학연구 11(1), 99-119.

오영재(2004). 초등교사들이 선호하는 학교의 조건과 그 이유. 교육학연구, 42(3), 349-374.

이광현, 권용재(2022). 코로나19가 학생에 미치는 영향분석: 신체운동, 정신건강, 학업성취도를 중심으로. 부산교육종단연구 학술대회 발표 논문.

임현정 외(2011). 학교교육 실태 및 수준 분석(Ⅲ): 초등학교 연구. 한국교육개발원.

정설미, 정동욱(2022). 기초학력 지원을 위한 교육복지정책사업 조합의 시너지 효과 연구. 교육행정학연구, 40(1), 579-609.

정은하 외(2021). 가구소득에 따른 장학금 수혜가 대학생의 취업행동에 미치는 영향 분석. 교육행정학연구, 39(2), 95-122.

주현준 외, (2014). 교육지도성 연구. 양서원.

최미숙(2012). 유아의 성과 연령에 따른 정서조절전략 및 유아교육기관 적응에 대한 인지능력의 영향력. 유아교육학론집, 16(1), 235-253.

한국교육개발원 2014년 초등학교실태조사 데이터.

Berry, D.A. & Lindgren, B.W.(1996). Statistics: Theory and Methods. Second Edition. Duxbury.

Bruner, J.S. Process of Education. 교육의 과정(이홍우 옮김), 배영사.

Campbell. D.(1957). Factors relevant to the validity of experiments in social settings. Psychological Bulletin, 54(5), 297-312.

Csikszentmihalyi, M.(1993), The Evolving Self. 몰입의 재발견(김우열 옮김), 한국경제신문.

Cuban, L.(1993). How Teachers Taught. Teachers College Press.

Moore, D.S. & McCabe, G.P.(1998) Introduction to the Practice of Statistics. Third Edition. Freeman.

Diamond, J.(2998). Guns, Germs, and Steel. 총, 균, 쇠(김진준 옮김), 문학사상사.

Duckworth, A.L. et al.(2007). Grit: Perseverance and Passion for Long-Term Goals. Journal of Personality and Social Psychology, 92(6), 1087-1101.

Duckworth(2016). Grit: The Power of Passion and Perseverance. 그릿(김미정 옮김), 비즈니스 북스.

Finn, et al(2001). The Enduring Effects of Small Classes. Teachers College Records, 103(2), 145-183.

Fisher, R.(1935). The Design of Experiment. Hafner Press. Collier Macmillan Publishers.

Freedman et al.,(1997). Statistics. Third Edition. Norton.

Gardner, H.(2006). The Development and Education of the Mind: The Selective Works of Howard Gardner. 하워드 가드너의 마음의 발달과 교육, (함정현 옮김), 학지사.

Green et al(1996). School Choice in Milwaukee: A Randomized Experiment. In Peterson & Hassel (Eds) Learning from School Choice. Brookings.

Hoy, W.K. & Miskel. C.G.(1999). Educational Administration: Theory, Research, and Practice. 5th. 최신 교육행정의 이론탐색과 실제(송화섭 옮김), 학문사.

Kaufman, S.B.(2009). The Truth about the "Termites". Psychology Today.

Kahneman,D. & Tversky, A.(1979). Prospect theory. Econometrica, 47(2), 263-291.

Krueger, A.(1999). Experimental estimates of education production functions. The Quarterly Journal of Economics, 497-532

Leslie, M.(2000). The Vexing Legacy of Lewis Terman. Stanford Magazine.

Levitt, S.D. & Dubner, S.J.(2005). Freakonomics. 괴짜경제학(안진환 옮김), 웅진 지식하우스.

Likert, R.(1932). A Technique for the measurement of attitudes. Archives of Psychology, v22, 5-55.

MacAskill, W.(2017). Dong Good Better. 냉정한 이타주의자(전미영 옮김), 부키.

Miguel, E. & Kremer, M.(2004). Worms: Identifying impacts on education and health in the presence of treatment externalities. Econometrica, 72(1), 159-217.

Mosteller, F.(1995). The Tennessee study of class size in the early school grades. The Future of Children. Critical Issues for Children and Youths, V5(2), 113-127.

Nunnally, J. C., & Bernstein, I. H.(1994). Psychometric theory (3rd ed.). New York, NY: McGraw-Hill.

Oden, M. H.(1968). The Fulfillment of promise: 40-year follow-Up of the Terman gifted group. Genetic Psychology Monographs, 77, 3-93.

Rosenthal, R. & Jacobson, L.(1966). Teachers' expectancies: Determinants of pupils' IQ gains. Psychological Reports, 19, 115-118.

Simpson, E. H.(1951). The Interpretation of Interaction in Contingency Tables. Journal of the Royal Statistical Society, 13(2), 238-241.

Solon, G.(1992), Intergenerational income mobility in the United States. American Economic Review, 82(3) 393-408.

Thurstone, L.L.(1930). A scale for measuring attitude toward the movies. The Journal of Educational Research, 22(2), 89-94.

Witte, J.F. (1991). First Year Report Milwaukee Parental Choice Program. University of Wisconsin.

Wooldridge, J.M.(1999). Introductory Econometrics. South-Western College Publishing.

뉴욕타임즈 1995년 3월 7일자 기사 75 Years Later, Study Still Tracking Geniuses.

⊙ 교육학 연구 관련 연구소 등 참고 웹사이트 외 기타

*학술연구정보서비스 홈페이지: www.riss.kr
*정부 정책 보고서 제공 홈페이지: www.prism.go.kr
*한국교육개발원: www.kedi.re.kr
*한국교육과정평가원: www.kice.re.kr
*육아정책연구소: www.kicce.re.kr
*청소년 정책연구원: www.nypi.re.kr
*한국직업능력연구원: www.krivet.re.kr

*국가평생교육진흥원: www.nile.or.kr

*한국교육학술정보원: www.keris.re.kr

*서울교육종단연구 제공 서울시교육청 교육연구정보원: www.serii.re.kr/

*부산교육종단연구 제공 부산시교육청:
   www.pen.go.kr/index.pen?menuCd=DOM_000000118004001000

*경기교육종단연구자료 제공 경기도교육연구원:
   www.gie.re.kr/main/content/C0014-01.do

*교육재정데이터 제공 지방교육재정알리미: www.eduinfo.go.kr

*한국교육개발원 국가교육통계센터: kess.kedi.re.kr

*이현주와 홍지영의 조언과 압박(Advice & Push)

*Go Blue Devil(듀)! Go Spartan! Go BNUE!

이광현

서울대학교 인문대학 졸업
미국 듀크대학교(Duke University) 정책학 석사
미국 미시간 주립대학교(Michigan State University)
　　교육학박사(교육정책전공)
현) 부산교육대학교 교육학과 교수
　　한국교육사회학회 이사, 한국교육정치학회 이사 등
전) 한국교육개발원 연구위원
　　한국교육개발원 교육통계센터 교육통계분석팀장
　　2021년 대통령 직속 국가교육회의 중장기교육정책 전문위원
　　2020년 대통령 직속 국가교육회의 위원
　　2016년, 2018년, 2020년 교육부 교원양성기관 역량진단 위원
　　2016~2019년 교육부 중앙투자심사위원
　　2016~2018년 교육부 특별교부금 국가시책사업 평가위원
　　2014년 교육부 지방교육재정개혁 자문위원

교육통계연구방법론
—스토리텔링—쉽게 이야기로 풀어서 설명한 교육연구방법 Guide Book

초판발행　　　2023년 3월 1일

지은이　　　　이광현
펴낸이　　　　노　현

편　집　　　　김윤정
기획/마케팅　정성혁
표지디자인　　Benstory
제　작　　　　고철민·조영환

펴낸곳　　　　(주) 피와이메이트
　　　　　　　서울특별시 금천구 가산디지털2로 53 한라시그마밸리 210호(가산동)
　　　　　　　등록 2014. 2. 12. 제2018-000080호
전　화　　　　02)733-6771
ｆａｘ　　　　02)736-4818
e-mail　　　　pys@pybook.co.kr
homepage　　www.pybook.co.kr
ISBN　　　　　979-11-6519-344-7　93370

정　가　16,000원

박영스토리는 박영사와 함께하는 브랜드입니다.